清阮氏琅嬛僊館本周易虞氏義

第一册

清 張惠言撰

中國國家圖書館藏清嘉慶八年揚州阮氏琅嬛僊館刻本

山東人民出版社·濟南

圖書在版編目（CIP）數據

清阮氏琅嬛僊館本周易虞氏義 / (清) 張惠言撰 .— 濟南：山東人民出版社，2024.3
（儒典）
ISBN 978-7-209-14296-0

Ⅰ. ①清… Ⅱ. ①張… Ⅲ. ①《周易》- 注釋 Ⅳ. ① B221.2

中國國家版本館 CIP 數據核字（2024）第 039049 號

項目統籌：胡長青
責任編輯：趙 菲
裝幀設計：武 斌
項目完成：文化藝術編輯室

清阮氏琅嬛僊館本周易虞氏義
〔清〕張惠言撰

主管單位 山東出版傳媒股份有限公司
出版發行 山東人民出版社
出 版 人 胡長青
社　　址 濟南市市中區舜耕路517號
郵　　編 250003
電　　話 總編室（0531）82098914
　　　　 市場部（0531）82098027
網　　址 http://www.sd-book.com.cn
印　　裝 山東華立印務有限公司
經　　銷 新華書店

規　　格 16開（160mm×240mm）
印　　張 35.25
字　　數 282千字
版　　次 2024年3月第1版
印　　次 2024年3月第1次
ISBN 978-7-209-14296-0
定　　價 86.00圓（全二冊）

#《儒典》選刊工作團隊

學術顧問　杜澤遜　李振聚　徐　泳

項目統籌　胡長青

責任編輯　劉　晨　劉嬌嬌　張艷艷

呂士遠　趙　菲　劉一星

前言

中國是一個文明古國、文化大國，中華文化源遠流長，博大精深。在中國歷史上影響較大的是孔子創立的儒家思想，因此整理儒家經典、注解儒家經典，爲儒家經典的現代化闡釋提供权威、典范、精粹的典籍文本，是推進中華優秀傳統文化創造性轉化、創新性發展的奠基性工作和重要任務。

中國經學史是中國學術史的核心，歷史上創造的文本方面和經解方面的輝煌成果，大量失傳了。西漢是經學的第一個興盛期，除了當時非主流的《詩經》毛傳以外，其他經師的注釋後來全部失傳了。東漢的經解衹有鄭玄、何休等少數人的著作留存下來，其餘也大都失傳了。南北朝至隋朝興盛的義疏之學，其成果僅有皇侃《論語疏》幸存於日本。五代時期精心校刻的《九經》、北宋時期國子監重刻的《九經》以及校刻的單疏本，也全部失傳。南宋國子監刻的單疏本，我國僅存《周易正義》、《爾雅疏》、《春秋公羊疏》（三十卷殘存七卷）、《春秋穀梁疏》（十二卷殘存七卷），日本保存了《尚書正義》、《毛詩正義》、《禮記正義》（七十卷殘存八卷）、《周禮疏》（日本傳抄本）、《春秋公羊疏》（日本傳抄本）、《春秋正義》（日本傳抄本）。南宋兩浙東路茶鹽司刻八行本，我國保存下來的有《周禮疏》、《禮記正義》、《春秋左傳正義》（紹興府刻）、《論語注疏解經》（二十卷殘存十卷）、《孟子注疏解經》（存臺北『故宫』），日本保存有《周易注疏》《尚書正義》（凡兩部，其中一部被清楊守敬購歸）。南宋福建刻十行本，我國僅存《春秋穀梁注疏》、《春秋左傳注疏》（六十卷，一半在大陸，一半在臺灣），日本保存有《毛詩注疏》《春秋左傳注疏》。從這些情況可以看出，經書代表性的早期注釋和早期版本國内失傳嚴重，有的僅保存在東鄰日本。

鑒於這樣的現實，一百多年來我國學術界、出版界努力搜集影印了多種珍貴版本，但是在系統性、全面性和準確性方面都還存在一定的差距。例如唐代開成石經共十二部經典，石碑在明代嘉靖年間地震中受到損害，明代萬曆初年西安府學等學校師生曾把損失的文字補刻在另外的小石上，立於唐碑之旁。近年影印出版唐石經拓本多次，都是以唐代石刻與明代補刻割裂配補的裱本爲底本。由於明代補刻采用的是唐碑的字形，這種配補本難以區分唐刻與明代補刻，不便使用，亟需單獨影印唐碑拓本。

爲把幸存於世的、具有代表性的早期經解成果以及早期經典文本收集起來，系統地影印出版，我們規劃了《儒典》編纂出版項目。

《儒典》出版後受到文化學術界廣泛關注和好評，爲了滿足廣大讀者的需求，現陸續出版平裝單行本。共收録一百十一種元典，共計三百九十七册，收録底本大體可分爲八個系列：經注本（以開成石經、宋刊本爲主。開成石經僅有經文，無注，但它是用經注本删去注文形成的）、經注附釋文本、纂圖互注本、單疏本、八行本、十行本、宋元人經注系列、明清人經注系列。

《儒典》是王志民、杜澤遜先生主編的。本次出版單行本，特請杜澤遜、李振聚、徐泳先生幫助酌定選目。特此説明。

二〇二四年二月二十八日

目録

周易虞氏義

原附虞氏消息

嘉慶八年揚州阮氏瑯嬛僊館栞板

周易虞氏義序

昔伏羲作十言之教曰乾坤震巽坎离艮兌消息易緯曰聖人因陰陽起消息立乾坤以統天地易曰君子尚消息盈虛天行也是消息者聖人所以立卦推爻繫彖象之旨也漢時說易者皆明消息今遺文可考者鄭荀虞最著而虞氏仲翔世傳孟氏易又博考鄭荀諸儒之書故其書參消長於日月驗變動於爻象升降上下發揮旁通聖人消息之教更大明焉惜後通之者少五代時姚氏翟氏蜀才氏能傳之亦未大顯唐初以王注列學官而師說亾迨宋圖書之說興而易義更晦幸李鼎祚撰集解採虞注獨詳

國朝惠徵士棟據之作易漢學推闡納甲於消息變化之道

稍啟端緒後作周易述大旨宗虞而義有未通補以鄭荀諸儒讀者以未能專壹少之葢虞學之晦久矣武進張編脩惠言承惠徵士之緒恢而張之約而精之闡其疑滯補其亾闕糾其譌舛成虞氏義九卷又標其綱領成虞氏消息二卷其大要明乾元以立消息之本正六位以定消息之體敘六十四卦以明消息之次推九六變化以盡消息之用始於幽贊神明終於乾元用九而天下治葢自仲翔以來縣縣延延千四百餘載至今日而昭然復明嗚呼可謂盛矣余學易愧未能卒業而是書之可傳於後固學者所共知而予所深服者也編脩不幸早卒其弟子陳生善得最後定本思廣傳之而未得余素重編脩書因命之校付梓夫古之立言者非徒

華其言而已必將有以用之編脩由人事以推天道由天道以準人事往來盈縮之理禮樂刑政之具瞭然於胸惜未竟其用而於化裁通變之道僅以空言傳也然書存則其道存推而行之是在善學者則是書之足以傳編脩者又何如哉

嘉慶八年六月立秋日揚州阮元序

虞翻周易注釋文敘錄云十卷、隋書經籍志云九卷、翻字仲翔、會稽餘姚人、少好學有高氣、又善矛、太守王朗命爲功曹、朗之敗於孫策、翻時居父喪、追隨營護、到東部候官、說其長迎朗、朗遣翻還、孫策復以爲功曹、待以交友之禮、多所匡諫、策嘗納之、策攻黃祖、翻從、說華歆下豫章、還至吳、策曰、孤有征討事、未得還府、卿復以功曹爲吾蕭何守會稽、其見委重如此、出爲富春長、漢徵爲侍御史、不就、曹操爲司空、辟之、笑曰、盜跖欲以餘財汚良家耶、策薨、孫權以爲騎都尉、數犯顏諫、權不能說、又性疏直、數有酒失、權嘗因醉手劍欲擊之、大司農劉基固爭得免、其後權與張昭論神仙事、翻指昭曰、彼皆死人而語神仙、世豈有仙人也、權遂怒、左右多毀翻、乃徙翻交州十餘年卒於交州翻博學洽聞雖處罪放而講學不倦門徒常數百人為周易論語國語老子參同契注解周易日月變例周易集林律歷太元明楊釋宋其書皆亾目在三國志傳及隋唐書志自漢成帝時劉向校書考易說以為諸易家皆祖田何楊叔丁將軍大義畧同唯京氏為異而孟喜受易家陰陽其說易本於氣而後以人事明之八卦六十四象四正七十二候變通消息諸儒祖述之莫能具當漢之季年扶風馬融作易傳授鄭康成康成作易注而荆州牧劉表會稽太守王朗潁川荀爽南陽宋忠皆以易名家各有所述唯翻傳孟氏學既作易注奏上之獻帝曰臣聞六經之始莫大陰陽是以伏羲仰天縣象而建八卦觀變動六爻為六十

四以通神明以類萬物臣高祖父故零陵太守光少治孟氏易曾祖父故平輿令成纘述其業至臣祖父鳳爲之最密臣亾考故日南太守歆受本於鳳最有舊書世傳其業至臣五世前人通講多玩章句雖有祕說於經疏濶臣生遇世亂長於軍旅習經於枹鼓之間講論於戎馬之上蒙先師之說依經立注所覽諸家解不離流俗義有不當實輒悉改定以就其正又奏曰經之大者莫過於易自漢初以來海內英才其讀易者解之率少至孝靈之世潁川荀諝號爲知易臣得其注有愈俗儒至所說西南得朋東北喪朋顛倒反逆了不可知孔子歎易曰知變化之道者其知神之所爲乎以美大衍四象之作而上爲章首尤可怪笑又南郡太守馬融名有俊

才其所解釋復不及謂孔子曰可與共學未可與適道豈不其然若乃北海鄭元南陽宋忠雖各立注忠小差元而皆未得其門難以示世荀諝者荀爽也是時少府孔融善其書與翻書曰自商瞿以來舛錯多矣去聖彌遠衆說騁辭曩聞延陵之理樂今睹吾子之治易知東南之美者非徒會稽之竹箭也又觀象雲物察應寒溫原其禍福與神合契可謂探索旁通者已翻之言易以陰陽消息六爻發揮旁通升降上下歸於乾元用九而天下治依物取類貫穿比附始若瑣碎及其沈深解剝離根散葉暢茂條理遂於大道後儒罕能通之自魏王弼以虛空之言解易唐立之學官而漢世諸儒之說微獨資州李鼎祚作周易集解頗采古易家言而翻注爲多

其後古書盡亾而宋道士陳摶以意造爲龍圖其徒劉牧以爲易之河圖洛書也河南邵雍又爲先天後天之圖宋之說易者翕然宗之以至於今牢不可拔而易陰陽之大義蓋盡晦矣

清之有天下百年元和徵士惠棟始考古義孟京荀鄭虞氏作易漢學又自爲解釋曰周易述然掇拾於亾廢之後左右采獲十无二三其所述大氐宗禰虞氏而未能盡通則旁徵他說以合之蓋從唐五代宋元明朽壞散亂千有餘年區區修補收拾欲一旦而其道復明斯固難也翻之學既世又具見馬鄭荀宋氏書考其是否故其義爲精又古書亾而漢魏師說可見者十餘家然唯鄭荀虞三家略有梗概可指說而

虞又較備然則求七十子之微言田何楊叔丁將軍之所傳者舍虞氏之注其何所自焉故求其條貫明其統例釋其疑滯信其亾闕爲虞氏義九卷又表其大恉爲消息二卷庶以探賾索隱存一家之學其所未寤俟有道正焉耳嘉慶二年月日張惠言

凡經文釋文可考者從釋文餘悉依集解其有用他讀則注出之彖象文言分附各卦以集解注文往往通屬貴使相次非虞本然注文采自集解其有自他書者則言其書

周易虞氏義卷之一　張惠言學

周易上經 參同契云日月爲易虞君注云易字从日下月 彖上傳 象上傳

文言 虞氏注

☰☰ 乾下乾上 陽盈象天與坤旁通侯在四月爻變成既濟

乾元亨利貞 子夏傳云元始也亨通也利和也貞正也文言注云乾始開通以陽通陰故始通義與子夏傳同乾始者謂陽出復初探嘖索隱萬物資始故曰元以陽通陰六陽消息二五利見故曰亨利謂坤來入乾以成萬物美利利天下當位日正二四上失位變而之正則雲行雨施天下平也

初九潛龍勿用 乾爲龍陽精變化之象文言注云坤亂於上君子勿用隱在下位

九二見龍在田利見大人 二陽息至二兌爲見故稱見龍易有三才初二地道地上故在田大人謂二有君德當升坤五時舍於田之正體離物皆相見與五同義

九三君子終日乾乾夕惕若厲无咎 注 謂陽息至三二變成離離爲日坤爲夕三四人道故不稱龍

三得位故曰君子三終下體故曰終日乾成泰盡否道將反三體復初接乾生乾故曰乾乾體坎爲惕厲危也泰否之際陽道危故夕惕若厲正位故无咎

九四或躍在淵无咎四失位之正承五體坎爲淵震足動爲躍失位疑之故曰或得正故无咎

九五飛龍在天利見大人【注】謂四已變則五體離離爲飛五在天三才五上爲天道故飛龍在天利見大人也文言注云日出照物物皆相見謂若庖犧觀象於天造作八卦備物致用以利天下故曰飛龍在天天下之所利見也象曰大人造也故舉庖犧言之繫注云文王書經繫庖犧於乾五是也

上九亢龍有悔窮高曰亢四已變體巽爲高震无咎者存乎悔明當之正也繫注云乾盈動傾故有悔

用九見羣龍无首吉爻不正則道有變動乾坤用九六所以立消息正六位也乾二四上失正用九變成既濟離爲見坤爲羣乾爲龍爲首乾坤爻離乾象不見故見羣龍无首乾道變化各正性命故吉也六十四卦皆乾坤用九用六通乎二篇之爻也

彖曰大哉乾元陽稱大萬物資始資取也荀氏云六十四卦萬有一千五百二十策皆受始

於乾也。乃統天、統本也。乾元立天之本。雲行雨施、品物流形、注 已成既濟、上坎為雲、下坎為雨、故雲行雨施。乾以雲雨流坤之形、坤為形。萬物化成、故曰品物流形也、大明終始、六位時成、時乘六龍以御天、坎為月、離為日。乾鑿度曰、日月終始萬物。故曰大明終始。六位、六爻之位。初陽出震、二息兌、震春兌秋、二四上正、坎冬離夏、故曰六位時成。六龍、六陽也。御、行也。六陽消息、周三百六十五日成歲、四時乘六位以行乎天、故曰時乘六龍以御天、以言亨也、乾道變化、各正性命、保合大和、乃利貞、以乾通坤曰變、以坤凝乾曰化、乾為性、巽為命、大和、乾元也。既濟定、剛柔位當、陰陽合德、故各正性命保合大和、乃利貞矣。首出庶物、萬國咸寧、乾為首、震為出、物、陰陽之總名、坤為國、為眾、為安、謂陽出震而陰靜、易以陰從陽、故於此首發其義。

象曰、天行健、陽出震為行。傳曰、君子尚消息盈虛、天行也。不曰乾而曰健、就天行言之、君子以自強不息、注 君子謂三、人道體天、故謂三。乾健故強、天一日一夜過

周一度、故自强不息、老子曰自勝者强、勝任也、

潛龍勿用、陽在下也、見龍在田、德施普也、陽爲德、息至二、善世不伐、故施普、終日乾乾、反復道也、注至三體○、復○、故反復道、謂○否○泰○反○其○類○也○乾息至三成泰、泰成則反否、三乾乾體復初、反其復道、所以貞泰、或躍在淵、進无咎也、進謂之正、承五、飛龍在天、大人造也、造作也、亢龍有悔、盈不可久也、乾盈當變、用九、天德不可爲首也、天道變化、莫測其端也、

文言曰、元者、善之長也、乾爲積善、始○息○於○子、首出庶物、故長、亨者、嘉之會也、會、合也、以○乾○通○坤、嘉美所合、利者、義之和也、荀氏注云、陰○陽○相○和○各得其宜、貞者、事之幹也、幹、舉也、位○正○則事舉、君子乾六爻皆稱君子、體仁足以長人、謂初○息○震○、震爲仁、爲諸侯、故體仁足以長人、嘉會足以合禮、乾○以○嘉○美○亨○通○合○坤、陽稱嘉、坤爲禮、利物足以和義、陽稱物、坤爲義、坤○來○成○乾○、和順道德而理於義、貞固足以幹事、謂之○正○既○濟○定○坤爲事、以○乾○舉○坤、坤爲智、

配四德也、江承之云、晉注云土性信、故知貞配智爲四德知屬乾智屬坤君子行此四德者、故曰

乾元亨利貞、惠徵士云、四者道也、人行之則爲德初九曰潛龍勿用何謂也、

子曰、龍德而隱者也、不易世、不成名、震爲世、陽爲名、謂未出震、陽隱不見遯

世无悶、不見是而无悶、乾爲遠、陽隱、故曰遯世、坤亂於上、故不見是悶憂也、坎爲憂、消息无坎、故无悶、與復出入无疾同義樂則行之、憂則違之、確乎其不可拔、潛龍

也、注陽出初、震爲樂、爲行、故樂則行之、坤死稱憂、坤爲隱死、

在坤中、遯世无悶、故憂則違之也、確、剛貌也、乾剛潛初、坤

亂於上、君子勿用、隱在下位、確乎難拔、潛龍之志也、九二

曰、見龍在田、利見大人、何謂也、子曰、龍德而正中者也、注

中、下之中、二非陽位、故明言能正中也、言變之正、庸言之信、庸

行之謹、二之正體震、震爲言、爲行、庸、常也、震爲常、三息體坎、坎爲孚、爲法、言孚故信、行法故謹也、閑邪

存其誠宋仲子云閑防也二在非其位故以閑邪言之能處中和故以存誠言之善世而不伐德博而化乾善震世不居乾故不伐震寬仁地道廣博故德博乾交坤故化易曰見龍在田利見大人君德也注陽始觸陰觸陰交坤之正當升五爲君此用荀氏義乾二當升坤五爲君時舍於二宜利天下直方而大德无不利坤二通乾九二之德卽明言君德地數始二故稱易曰言變易始此爻九三曰君子終日乾乾夕惕若厲无咎何謂也子曰君子進德脩業注乾爲德坤爲業以乾通坤謂爲進德脩業忠信所以進德也離爲中爲忠坎孚爲信與初二爲离坎此終乾之事故所以進德脩辭立其誠所以居業也震言爲辭坎孚爲誠與上坤爲震坎此通坤之事故所以居業是謂反復道泰反否三反復體謙艮爲居也知至至之可與言幾也否將至三至之謂夕惕若厲幾者動之微吉之先見謂復初也震爲言知終終之可與存義也泰將終三終之謂終日乾乾地靜而理曰義易

以坤成乾之性，乾元常存，故繫曰成性存存，道義之門。注引知終終之，可與存義也。是故居上位而不驕。注天道三才，一乾而以至三乾成，故爲上，夕惕若厲，故不驕也。在下位而不憂。注下位謂初，隱於初，憂則違之，故不憂。又三反復道，又體乾初。故乾乾因其時而惕，雖危无咎矣。九四曰：或躍在淵，无咎，何謂也？子曰：上下无常，非爲邪也。上謂承五，下謂應初，惠徵士云，二四不正，故皆言邪。進退无恆，非離羣也。上未變體巽，巽爲進退，陽稱羣。上體三爻也。君子進德脩業，欲及時也，故无咎。君子謂四，進德脩業與三同，三四否泰之閒，故言時。九五曰：飛龍在天，利見大人，何謂也？子曰：同聲相應。注謂震巽也。庖犧觀變而放八卦，變謂日月消息，放則也。雷風相薄，故相應也。謂庚震辛巽，相得合金。同氣相求。注謂艮兌，山澤通氣，故相求也。丙艮丁兌，相得合火。水流溼，火就燥。注离上而坎下，水火不相射、戊坎己離相得合土、雲從龍、風從虎、【注】乾爲龍雲生天內經云、雲出天氣、風出地氣、故從龍也、坤爲虎、風生地、故從虎也、雲、坎也、風巽也、是謂天地定位、此庖犧則象觀變六位之列所以摩剛柔也、初震二巽貞地位、故同聲相應、五艮上兌貞天位、故同氣相求、三貞下坎水流溼也、四貞上離火就燥也、天尊貞五、坎體成於乾、雲從龍也、地卑貞二、二巽位、風從虎也、此參天兩地之數、妙萬物之本、聖人作而萬物覩、【注】覩、見也、聖人則庖犧、合德乾五、造作八卦、以通神明之德、以類萬物之情、五動成離、日出照物、皆相見、故曰聖人作而萬物覩也、本乎天者親上、本乎地者親下、則各從其類也、【注】方以類聚、繫注云、坤方道靜、故以類聚、物以羣分、繫注云、乾物動行、故以羣分、乾道變化、各正性命、觸類而長、繫注云、觸、動也、故各從其類、本天、陽爻也、本地、陰爻也、上乾下坤、謂五正乾道、三百八十四爻資始消息、上九曰亢龍有悔、何謂也、子曰、貴而无位、高而无民、繫注云、天尊故貴、以陽居陰、故无位在上、故高无陰、故无民也、賢人在下位、注繫云、乾稱賢人、下位謂初也、遯世无悶、故賢人在下位而不憂也、謂三伏復初、體乾元、潛龍上盈、入剝、初元遯世、九三在下位而不憂、謂此也、而无輔、是以動而有悔也、繫注云、謂上无民、故无輔、乾盈動傾、故有悔、文王居三、紂亢極上、故以爲戒也、案此爲上戒耳、非謂乾龍有紂德也、潛龍勿用、下也、見龍在田、時舍也、注二非王位、時暫舍也、舍息也、惠士奇云、讀如命田舍東郊之舍、終日乾乾、行事也、進德脩業、體天行、坤爲事也、或躍在淵、自試也、上下進退、自考其德業、飛龍在天、上治也、居上治下、亢龍有悔、窮之災也、亢龍雖正猶災、聖人知進退存凶、能不失正而已、乾元用九、天下治也、既濟定、惠徵士說以春秋元命包曰、天不深正其元、不能成其化、潛龍勿用、陽氣潛藏、見龍在田、天下文明、坤爲文、离爲明、終日乾乾、與時偕行、或躍在淵、乾道乃革、否泰之交、乾道革易、飛龍在天、乃位乎天德、亢龍有悔、與時偕極、乾元用九乃見天則、离爲見、坎爲則、憲徵士說以乾鑿度曰、易六位正、王度見矣乾元者始而亨者也、注乾始開通、以陽通陰、故始通、利貞者性情也乾始而以美利利天下、注美利、謂雲行雨施、品物流形、故利天下也、乾始、性也、美利、情也、不言所利大矣哉、注天何言哉、四時行焉、百物生焉、故利者大也、大哉乾乎、剛健中正純粹精也、七者、乾之性、六爻發揮旁通、發動、揮變也、當爻交錯謂之發揮、全卦對易謂之旁通情也、乾往之坤、坤來之乾、是乾之情時乘六龍以御天也、雲行雨施、天下平也、君子以成德爲行、日可見之行也、注謂初、句乾稱君子、乾六龍皆君子、陽出成爲上德、出而既成、乃爲上德雲行雨施則成离、日新之謂上德、故日可見之行、离爲見、震爲行、潛之爲言也、隱而未見、行而未成、是以君子弗用也、君子學以聚之、問以辯之、注謂二句陽在二兌爲口震爲言爲講論坤爲文故學以聚之問以辯之兌象君子以朋友講習寬以居之仁以行之注震爲寬仁爲行謂居寬行仁德博而化也易曰見龍在田利見大人君德也注重言君德者大人善世不伐信有君德後天而奉天時故詳言之陽息至二震春兌秋二當之故言後天而奉天時

九三重剛而不中注以乾接乾故重剛位非二五故不中也上不在天下不在田故乾乾因其時而惕雖危无咎矣

九四重剛而不中上不在天下不在田中不在人於三才四在人云不在人者不正故爻不稱君子也故或之或之者疑之也故无咎注非其位故疑之也夫大人者謂五與天地合其德與日月合其明乾坤交五成坎离與四時合其序消息之序剝窮於上乾五歸二成謙體坎陽生仲冬也謙息履

乾三之坤，初爲復，出震，春也。上息成离，兑初三易位，离象先成，是离夏兑秋相次，與四時合其序也。與鬼神合其吉凶。【注】謂乾神合吉，坤鬼合凶，以乾之坤，故與鬼神合其吉凶。先天而天弗違，【注】乾爲天爲先，大人在乾五，乾五之坤五，天象在先，故先天而天弗違。乾五之坤五，謂成坎也。就乾而言，四上之正成坎；就五而言，五之坤成坎，自五動，故曰先天。後天而奉天時。【注】奉，承；行，乾三之坤，初成震，息坎，謙二震爲後也。震春，初息兑秋，二息坎冬，离夏，成既濟定，四時象具，故後天而奉天時。此自初息至五，故云後天。謂承天時行順也。乾坤合德。天且弗違，況於人乎？況於鬼神乎？謂萬物覩。亢之爲言也，知進而不知退，知存而不知亾，知得而不知喪。進存得謂乾，退亾喪謂坤。其唯聖人乎！知進退存亾而不失其正者，其唯聖人乎！謂亢由失正之坤得正，六龍一德。

䷁坤下坤上 陰虛象地與乾旁通候在十月卦取息乾爻變成觀

坤元亨利牝馬之貞 注 謂陰極陽生乾流坤形坤含光大凝乾之元終於坤亥出乾初子品物咸亨故元亨也元亨皆乾爲之易者乾陽地道資生與天合德故義取凝乾出震也坤爲牝震爲馬初動得正故利牝馬之貞矣六爻皆息乾利貞獨言初者乾之元也坤不成旣濟爻位不正 君子有攸往 君子謂初乾往上息也初正則上息 先迷 乾爲先陰性迷乾滅入坤故先迷 後得主 震爲後爲主震出坤故後得主 利西南得朋 震西兌南陽息則利謂初履霜 東北喪朋安貞吉 坤滅乙癸陽消之時安以北陽則初正而吉謂上龍戰

初六履霜堅冰至 乾在西北爲堅冰坤爲暑純坤在亥微陽入凝則露爲霜荀氏曰霜者乾之命令是也震爲足故稱履霜陽震出坤順致純乾故堅冰至 六二直方大不習无不利 文言注云陽稱直乾其動也直方謂闢坤其動也闢則謂六二之動陽見兌丁體臨故大也習重也坎爲習乾二以變坎爲

正三時發嫌二失正非利故云不習无不利六爻獨此言利者明利西南得朋六二當之六三含章可貞注貞正也以陰包陽坤含乾三又陽位故特明此象也故含章章美三失位發得正故可貞也發卽動也二言動三言發者陰陽位異或從王事无成有終注謂三已發成泰乾爲王坤爲事震爲從三雖體乾不敢當王故別自取震象故或從王事乾文言九四注非其位故疑之此亦然故曰或也地道无成而有終故无成有終六四括囊无咎无譽注括結也謂泰反成否陽息至四乾有龍德故四能體坎坤不能故反坤成否四既否時故括囊不動則五正否成觀也爲囊否坤艮爲手巽爲繩故括囊在外多咎也四多懼得位卽多咎承五四不動故得位繫于包桑五動體否五故无咎陰在二多譽而遠在四故无譽六五黃裳元吉謂五動體觀坤爲帛巽爲股帛在股爲裳地色黃故黃裳自有乾元非自外至故元吉上六龍戰于野其血元黃龍謂坤盡兼乾陽故曰龍野戌

亥之閒乾坤交位也乾象既盈坤道至盛陽功既訖當反入坤中出震牝乾坤德乃備故上象龍戰也說卦曰戰乎乾言陰陽相薄也注云薄入也坤十月卦乾消剝入坤謂此也震為元黃坎為血坎者坤之精乾未成震則血而已具有震氣天地合居故元黃也

用六利永貞乾用九以交坤坤用六以息陽陽以得位為正陰以從陽為正永長也四利括囊上反龍戰知有此用則可長正故坤為永也

彖曰至哉坤元至凝一之意萬物資生惠徵士云乾坤相並俱生合於一元故萬有一千五百二十策皆受始於乾由坤而生也乃順承天明凝乾元坤厚載物德合无疆其德合天无有窮竟含宏光大宏擴也陽德光太坤含而宏之品物咸亨明受乾亨牝馬地類行地无疆震藏坤中故亦地類陽雖在地周流不息故行地无疆消息卦自謙至鼎自豫至革是也柔順利貞君子攸行坤以柔順承乾故初出之正而息先迷失道陽稱道後順得常震為常陰從陽理之常西南得朋乃與類行注謂陽得其類

月朔至望從震至乾與時偕行故乃與類行東北喪朋乃

終有慶【注】陽喪滅坤坤終復生謂月三日震象出庚故乃

終有慶、所謂餘慶此指說易道陰陽消息之大要也法象莫大乎日月月

受日光、陰陽消息之最著者、故以爲候焉庖犧觀變而放八卦、謂此也　謂陽、句月三日變而

成震出庚、月三日生明、昏見於庚、震一陽之象、至月八日成兌見丁、月上弦之時、昏

見於丁、兌二陽之象、庚西丁南、故西南得朋、由西而南、謂二陽爲朋、故兌

君子以朋友講習、文言曰敬義立而德不孤、彖曰乃與類

行、二十九日消乙入坤、月光盡滅、平旦入東方乙地、旦滅藏於癸、晦朔天地之合、

乙東癸北、故東北喪朋、由東而北、謂之以坤滅乾、坤爲喪故也、

馬君融云、孟秋之月、陰氣始著、而坤之位同類相得故西

南得朋、孟春之月、陽氣始著、陰始從陽、失其黨類、故東北

喪朋、失之甚矣、馬以西南爲申、東北爲寅、陰得其類、不可謂利、就陽不可謂喪、故云失之甚矣、而

荀君謂以爲陰起於午至申三陰得坤一體故曰西南得朋陽起於子至寅三陽喪坤一體故東北喪朋就如荀說從午至申經當言南西得朋子至寅當言北東喪朋以乾變坤而言喪朋經以乾卦爲喪耶此何異於馬也安貞之吉應地无疆注坤道至靜故安復初得正故貞吉震爲應陽正於初以承坤陰地道應故應地无疆所以喪朋猶吉

象曰地勢坤君子以厚德載物注勢力也云力載物故君子謂乾陽爲德動在坤下君子之德車故厚德載物老子曰勝人者有力也勝任也

履霜堅冰陰始凝也馴致其道至堅冰也陽稱道九家易曰馴猶順也

六二之動直以方也不習无不利地道光也陽動至二萬物化光地道動而

交陽非失位也。**含章可貞，以時發也。**三爲泰時，四卽否時，故以時發。**或從王事知**

光大也。乾爲知，三體乾成，故知光大。光大，乾坤之合，所謂王事也。**括囊无咎，愼不害也。**

坤爲害，艮爲愼，四愼承五，故不害。**黃裳元吉，文在中也。**獨陰不能爲文，坤含陽，故坤象爲文。

文言曰：美在其中。注云：美謂陽也。**龍戰于野，其道窮也。**陽道窮盡，不入坤中，无以息震。**用**

六永貞，以大終也。陽稱大，動與不動皆陽道，地道代終，故以大終。

文言曰：坤至柔而動也剛，純陰故柔，動陽故剛，謂元。**至靜而德方，**陰性靜，方闢也。

謂乾。**後得主而有常。**注 坤陰先迷，後順得常，陽出初，震爲主，

爲常也。**含萬物而化光。**靜含萬物，化則光大。**坤道其順乎，承天而時**

行。坤順乾，故稱道，謂西南得朋，與時偕行，喪朋牝陽，安貞而吉，亦時行也。**積善之家，必有餘**

慶。注 謂初。句 乾爲積善，以坤牝陽，坤雖滅陽，陽道不息，潛孕坤中，故曰牝。滅

出復震爲餘慶，謂東北喪朋，乃終有慶也。凡慶皆陽。**積不善之**

家必有餘殃【注】坤積不善以臣弑君以乾通坤極遘生巽謂乾息坤至夬浹盡陰生於巽成遘十五日月盈甲是為乾象十六日生魄以平旦沒於辛是巽象也為餘殃也臣弑其君子弑其父【注】坤消至二遯時艮子弑父至三成否坤臣弑君上下不交天下无邦故子弑父臣弑君也

非一朝一夕之故其所由來者漸矣【注】剛爻為朝柔爻為夕乾為寒坤為暑相推而成歲焉故非一朝一夕所由來漸矣陽自消剝出坤二十六卦而泰反否歷剛柔爻一百五十六陽自極夬遘乾亦二十六卦而否反泰歷剛柔爻一百五十六由辯之不早辯也辯別也惠徵士云復小而辯於物則別之早矣

易曰履霜堅冰至蓋言順也以陰順陽所以辯之直其正也方其義也【注】謂二句陽稱直乾其靜也專其動也直故直其正正乾之德也方謂闢陰開為方坤其靜也翕其動也闢故方其義也義坤

董云集解本如此据下否象注宜作儉德辟難不可營以祿

之德也。君子敬以直內、義以方外、敬義立而德不孤、注 陽息在二、故敬以直內、變正言敬、乾爲敬也。坤位在外、故義以方外、謂陽見兌、丁、西南得朋、乃與類行、故德不孤、孔子曰必有鄰也。直方大、不習无不利、則不疑其所行也、坎爲疑。陰雖有美、含之、陽稱美。以從王事、弗敢成也。地道也、妻道也、臣道也。地道无成而代有終也、坤化成物、終乾之事、不居其功。天地變化、草木蕃、注 謂陽息坤成泰、三發時、天地反也、以乾變坤、坤化升乾、萬物出震、故天地變化、草木蕃矣。震爲草木、草木物之小者。天地閉、賢人隱、注 謂四、句 泰反成否、乾稱賢人、隱藏坤中、以儉德避難、不榮以祿、故賢人隱矣。賢人卽四、陽息四、亦乾體也、隱故括囊。易曰括囊无咎无譽、蓋言謹也、謹猶愼。君子黃中通理、正位居體、注 謂五、句 坤息。體。觀。地色黃、坤爲理、以。乾。通。坤。故稱通理、五正陽位、故曰正位、艮爲居、句體謂四支也、艮爲兩肱、巽爲兩股、觀艮巽

故曰黃中通理、正位居體、美在其中而暢於四支、注陽稱美、在。五。中。四支謂股肱、暢於四支、所謂居體、發於事業、所謂正位、美之至也、陰凝於陽必戰、陰。陽。氣。不。相。薄。不。凝、爲其兼于陽也、故稱龍焉、以陰包陽、曰兼、猶未離其類也、故稱血焉、陽在坤中、未。能。成。震。猶在陰類、所。謂。牝。馬。地。類。夫元黃者、天地之雜也、天元而地黃、考工記曰、天謂之元、地謂之黃、震者乾坤之交、故色元黃

䷂震下坎上消。息。卦。乾坤會於离坎而出屯鼎、屯元。黃。之。雜。也。鼎通之、二五交、則息復、故屯鼎旁通、鼎五。應。乾。五。謂。屯。也。屯者盈也、牝。馬。行。地。盈。乎。坤。中、故名曰屯、內卦候在十一月、外卦十二月、屯有乾德、故初正而既濟定

屯元亨利貞、【注】坎二之初、二陽四陰之卦、非臨則觀來、此消息卦、故不從此例也、乾由离入坎、合坤生震、所謂其血元黃者、故以坎二之初、剛柔交震、故元亨、之初得正、故利貞矣、凡貞有二義、失位者以之正爲貞、得位者以不動爲貞、各隨其彖言之、利貞言初者、下云勿用有攸往、是即初貞之義、勿用有攸往、利建侯、【注】之外稱往、初震得正、起之欲應、動而失位、故勿用有攸往、震爲侯、凡旁通之卦、皆剛柔相易、惟屯鼎蒙革、各自坎离來、不由交往、嫌初當之四、四降鼎初、故曰勿用有攸往、初剛難拔、震未出坤體、乾初潛龍確乎不可拔、故利以建侯、老子曰善建者不拔也、

初九、盤桓、利居貞、利建侯、【注】震起艮止、動乎險中、故盤桓、初剛難拔、觸艮而止、故震起艮止、得正得民、故利居貞、艮爲宮、坤爲闔戶、在坤艮下、不出戶庭、謂君子居其室愼密而不出也、上繫引節不出戶庭云、是以君子愼密而不出也、彼注云、二動坤爲密、體屯盤桓、利居貞、故不出也、六二、屯如邅如、乘馬班如、【注】屯邅、

盤桓、謂初也、震爲馬作足、二乘初、故乘馬、取象馬者、所以行也、班、躓也、馬不進、故班如矣、陰柔疑陽乃生下乘則逆上承則順、屯陽始交陰發承陽之義不以爻位之應爲正、故三陰爻同象乘馬、二求初故乘馬初屯邅故班如匪寇婚媾、女子貞不字十年乃字、【注】匪、非也、寇謂五、坎爲寇盜、應在坎、故匪寇、下不得初、則上將求五、故止之、言所求者非此寇也、陰陽德正、故婚媾、謂三之正、二承之、陰陽德正爲婚媾也、字、妊娠也、三失位、變復體离也、復、反离爲女子、女子由离象而有故知婚媾當謂三、虞氏例不以陰陽爻爲男女、四求婚媾亦以體离也、爲大腹、故稱字、今失位爲坤、离象不見、故女子貞不字、坤數十、地數癸三動反正、离女大腹、故十年反常乃字、謂成既濟定也、六三、卽鹿无虞、惟入于林中、【注】卽、就也、虞、謂虞人掌禽獸者、艮爲山、山足稱鹿、古鹿麓通、三體艮下、鹿林也、三變體坎、坎爲叢木山下、故稱林中、本位艮下雖變尚有山下象坤爲兕虎、震爲麋鹿、又爲驚走、艮爲狐狼、皆三未變時象三變、禽走入于林中、坤震艮皆入坎故曰即鹿无虞惟入林中矣、田獵惟有虞人掌禽獸乃不驚走、三應上爲三虞者上也上乘五不及三故无虞當惟入林中而已、惟思也、坎爲思、上在山外、坎爲入爲內、故虞人矣、**君子幾不如舍、往吝、**【注】君子、謂陽已正位、幾近、也、辭舍置吝、疵也、三應於上、之應歷險、不可以往、之外曰往、動如失位、六十四卦中、多有已動正復變之應者以未能定既濟也嫌三宜然故不如、舍之、往必吝窮矣、三動成既濟屯所以成亨也陽始動唯專乃直三初即鹿陰體也、唯无繫應、故能之正、若往求之則必窮矣、**六四、乘馬班如、**【注】乘三也、謂三已變、坎爲馬、故曰乘馬、馬在險中、故班如也、或說乘初、初爲建侯、安得乘之也、初不拔則不應四、故安得乘之、**求婚媾、往吉、无不利、**【注】之外稱往、言四當求五爲婚媾、疑屯時不利有攸往、故解之、**九五、屯其膏、**【注】坎雨稱膏詩云陰雨膏之是其義也既濟上坎爲雲下坎爲雨三坎滿形而五坎難下故曰屯其膏小貞吉大貞凶小陰也小正謂四四求五三變离明故吉大陽也大正謂三三君膏屯而臣滿形非五之光凶道也上六乘馬班如注乘五也坎爲馬震爲行艮爲止馬行而止故班如也泣血漣如注謂三變時离爲目坎爲血震爲出血流出目故泣血漣如漣如泣貌三不應上故上泣

彖曰屯剛柔始交而難生注乾剛坤柔坎二交初故始交謂元確乎難拔故難生也拔拔出地也微陽專確盈而後發故曰難生謂通鼎二五然後息復難故盈也動乎險中大亨貞動震險坎屯物未生未生之時不可爲象由其動則亨貞矣雲雷動則雨建侯則寧皆動而亨貞之義雷雨之動滿形注震雷坎雨既濟下坎象雨本卦坎唯彖雲坤爲形也謂三已反正成既濟初既動正則必大通體乾之貞成既濟也坎水流坤故滿形三正成坎水下於地故曰流坤謂雷動雨施品物流形也

與乾雲行雨施品物流形同義物出屯然後有形也天造草昧宜建侯而不寧注造生也草草創物也坤冥爲昧故天造草昧天謂乾乾生物於坤中冥昧當論經法以正之如雷雨之動物

成既濟定故曰不寧言寧也三之反正由初貞也

象曰雲雷屯雷雨生物雲雷未雨難生之時君子以經論君子謂乾初坎爲經震爲講論萬物冥昧當論經法以正之如雷雨之動物

雖盤桓志行正也初雖盤桓居正則使五體皆正坎爲志震爲行以貴下賤大得民也陽貴陰賤坤爲民初正居下四陰歸之建侯之義陽居下則得民陰乘剛則班躓各自爲義六二之難乘剛也難難生也十年乃字反常也陽正位爲常陰從陽爲常即鹿无虞以從禽也因无虞而求上是從禽非初之行正也君子舍之往吝窮也求而往明也注體离故明也謂三已變四體离明故自往求不如二之不字屯其膏施未光也注陽陷陰中故未光也泣血漣如何可長也注柔

乘於剛，故不可長也。二四承陽，則不乘剛矣。

䷃坎下艮上 消息卦。坤入中宮，以剛接柔而為蒙。革巽生遘成，故蒙革旁通，猶屯鼎也。陰巽將生，乾陽蒙昧，故名曰蒙，候在正月。蒙接陰，故不成既濟。初發二五正，為觀否道也。

蒙亨。注 艮三之二。此亦消息卦，故不從臨觀來。艮者物之終始，取乾九二下坎，以剛接柔之革成巽，故從艮來而旁通革。消息取九二伏巽，故二時言納婦吉。虞不言旁通革者，闕也。亨謂二，震剛柔接。二取震體以接巽，震剛巽柔，故亨。乾坤交乃亨。蒙亨以通行時中也。匪我求童蒙，童蒙求我。注 童蒙謂五，艮為童蒙。我謂二也。震為動起，嫌求之五，故曰匪我求童蒙。五陰求陽，故童蒙求我，志應也。艮為求，二體師象。師容民畜眾，亦師傅象。坎為經。經，六經。經，法也。謂禮有來學，無往教。初筮告，再三瀆，瀆則不告。繫辭曰：問焉而以言，其受命也如嚮。注云：乾二五之坤成震巽，震為言，問謂問於蓍龜，巽為命，震為嚮，故受命。同聲相應，故如嚮。然則震巽相應有筮義也初筮謂初問於二也初承二順於師初發成兌爲口說故告也再三謂三四三逆乘非正也四遠實故瀆也瀆汚褻之意坎爲瀆初已發師象不見故不告也利貞注二五失位利變之正故利貞蒙以養正聖功也

初六發蒙利用刑人用說桎梏以往吝注發蒙之正發動初也爲蒙始而失其位發蒙之正以成兌兌爲刑人坤爲用二用之也二變在坤初子克家故曰利用刑人矣坎爲穿木震足艮手互與坎連故稱桎梏江承之云上四爻皆待二發蒙下繫於二故云互與坎連初發成兌兌爲說說讀如脫坎象毀壞故曰用說桎梏江承之云二用初之脫上四爻之桎梏應歷險故以往吝四當求初初不當往四若歷險以往必吝吝小疵也九二包

蒙吉納婦吉子克家注坤爲包應五據初初與三四同體同體師包養四陰故包蒙吉二自包四陰三四自爲瀆震剛爲夫伏巽爲

婦。革革坤成乾。二巽遘下。由蒙二接之。二以剛接柔。故納婦。故九二有伏巽。巽長女。故爲震婦。

納婦吉。不以五爲婦。五艮少男。非女也。納婦與包蒙不屬。故各言吉。二稱家。乾鑿度曰。二爲大夫。大夫稱家。震長子主器者。納婦成初。謂初已發之正。二伏巽出。使初成震爲子。故有子

克家也。六三。勿用取女。見金夫。不有躬。无攸利。注謂三。女謂三。誡上也。女者上也。三應上。取金夫謂二。初發成兌。故三稱女。兌爲

見陽稱金。乾爲金。震爲夫。三逆乘二陽。所行不順。爲二所淫。坎爲淫。兌逆說之。故爲二所淫。上九所以謂二寇也。二剛中養蒙。而於三義取金夫者。以正爲求。以邪爲淫。取義無常。其道一也。上來之三。陟陰。歷坤。故日用。故曰勿用取女見金夫矣。

坤身稱躬。坤爲身。三爲二所乘。兌澤動下。不得之應。故不有躬。澤性就下。震又動之。故失坤體。失位多凶。故无攸利也。六四。困蒙吝。遠於二。故困蒙吝。六五。童蒙吉。注艮爲童蒙。處貴承上。言承上者。爲動巽而詘。非

五求上發蒙有應於二、動而成巽、故吉也、上九、擊蒙、不利爲寇、利禦寇、注體艮爲手、故擊、上體艮亦爲蒙、謂五巳變、上動成坎、稱寇而逆乘陽、故不利爲寇矣、言上不可變、禦、止也、此寇謂二、坎爲寇、巽爲高、艮爲山、登山備下、順有師象、故利禦寇也、三應上爲二所淫、上不變而禦二、則利也、取師象者、明當禦之於早、

彖曰、蒙、山下有險、險而止、蒙、侯果曰、險被山止、止則未通、蒙昧之象、蒙亨、以亨行時中也、江承之云、謂艮三時行則行、二由艮三下、故以亨行時中也、匪我求童蒙、童蒙求我、志應也、志謂二、坎爲志、五求二應、志相通、初筮告、以剛中也、謂二發蒙、再三瀆、瀆則不告、瀆蒙也、蒙自瀆、非二之過、蒙以養正、聖功也、注體頤、故養、五多功、聖謂二、二志應、五變得正而亾其蒙、故聖功也、

象曰、山下出泉、蒙、注艮爲山、震爲出、坎泉流出、故山下出泉、山下出泉。剛柔相通。宋均注禮斗威儀云、蒙、小水也。小水可以灌注、猶童蒙可以作聖。君子以果行育德、注君子謂二、艮爲賢人、艮爲果、果淺也、艮時震爲行、行故爲果、育養也、二至上有頤養象、故以果行育德也

利用刑人、以正法也、注坎爲法、初發之正、故正法也、子克家、剛柔接也、明。二。納。頭、初。乃。成。震。勿用取女、行不順也、注失位乘剛、故行不順也、困蒙之吝、獨遠實也、陽爲實、童蒙之吉、順以巽也、坤爲順、利用禦寇、上下順也、注自上禦下、故順也

䷄乾下坎上大壯息卦、陽至大壯、過盛失正、爲陰所傷、義宜需養、故名曰需、內卦候在正月、外卦二月、交。變。成。既。濟。乾。道。也。大。壯。息。陽。故。上。別。取。終。乾。

需有孚、光亨貞吉、注大壯四之五、四陽二陰例、孚謂五、陽在二五稱孚、坎爲

孚、離日爲光、四之五得位正中、故光亨貞吉、貞謂五、正謂壯于大轝之輻也、輻當爲腹、大壯九四壯于大轝之腹、彼注云、四失位之五得正、坤爲大轝爲腹、四之五折坤、故壯于大轝之腹、正此需五也、壯、傷也、四在大壯、爲陰所傷、之五還傷坤也、利涉大川、注謂二失位、變而涉坎、坎爲大川、得位應五、故利涉大川、

初九、需于郊、利用恆、无咎、初需四、郊謂四也、乾爲野、坎爲邦、險城隍也、乾之前、故于郊、恆久也、乾爲久、二變坤爲用、五用之也、初之應險遠、宜久需、二變而後應之、九二、需于沙、小有言、終吉、注沙謂五、二需五也、水中之陽稱沙也、二變之陰稱小、大壯震爲言、兌爲口、四之五震象半見、故小有言、二未變在二、兌屬半震變應之、故終吉、正位故吉、九三、需于泥、致戎至、三需上也、上入坎深、故于泥、离爲戎、大壯五上傷陽、四上之五、折三入离、上爲戎首、致之者、謂上入于穴、致戎、舊讀致寇、鄭王肅皆作致戎、六四、需于血、出自穴、四需初也、坎爲血、二已變、初在重坎之下、故于血、四在兩坎中爲穴、本大壯震

爲出故出自穴九五需于酒食貞吉二之應成噬嗑酒食之象貞謂二也上六入于穴就三也伏入坎下故入于穴有不速之客三人來敬之終吉誠三也自外爲來不速之客謂坤體三爻也上爲戎主故牽率坤爻以就三大壯盈陽坤既就乾則終息乾體乾爲敬故敬之終吉

彖曰需須也須待也養也險在前也險坎卦以外爲前雜卦曰需不進也注云險在前故不進剛健而不陷其義不困窮矣需有孚光亨貞吉位乎天位以正中也謂五利涉大川往有功也【注】五多功故往有功也之外稱往謂二

象曰雲上於天需天須雲降雨以養物君子以飲食宴樂【注】君子謂乾坎水兌口水流入口爲飲二失位變體噬嗑爲食故以飲食陽在內稱宴宴安在內安也大壯震爲樂由樂而有飲食故取震也故宴樂

也。

需于郊，不犯難行也。坎險故難，不進需之。初利用恆无咎，未失常也。陰從陽正也。來而後往，故未失常。需于沙，衍在中也。注衍，流也。中謂五也。五有中德，澤流於二。雖小有言，以吉終也。需于泥，災在外也。謂上坎為災。自我致戎，敬慎不敗也。注离為戎，乾為敬，陰消至五，句遯臣將弑君，消息之卦，遯反大壯，大壯乾四失位，為陰所傷，遂進不需，則陰消至五而反遯矣。四上壯坤，四上之五，折坤為坎，壯于大轝之股，則不反遯，故敬慎不敗，上來終乾，敬慎不敗。需于血，順以聽也。坎為耳，二變重坎，為聽，四順聽於初也。酒食貞吉，以中正也。五中正，故二變應之。不速之客來，敬之終吉，雖不當位，未大失也。終乾，則二四上失位，故曰不當位；陽體盈，故未大失。

䷅坎下乾上　遯消卦，坎无妄，遯消乾，无妄明乾元，非消例。消卦始於訟，陽與陰爭，故曰訟，候在三月卦。

辭利見大人唯二正還成否時行也爻成既濟明五救遯乾元也

訟有孚窒句惕句中吉【注】遯三之二也四陽二陰例孚謂二坎為孚窒塞止也止遯成否不惕懼二也坎為惕二失位故不言貞遯將成否則子弒父臣弒君三來之二得中弒不得行故中吉也終凶【注】二失位終止不變則入于淵故終凶也利見大人大人謂五中正在上离在其下二利之正應之故利見大人不利涉大川謂二不變終凶五將變應之成未濟坎為大川故不利涉大川

初六不永所事小有言終吉【注】永長也坤為事初失位而為訟始訟家陽訟陰初遯坤弒父之黨二救之故不永所事謂弒事也由初以剛失位陽來訟之其始易明故卽能變正其辯明也象曰故不永所事也小有言謂初四易位成震言三食舊德震象半見故小有言初變得正故終吉也九二

不克訟歸而逋注謂與四訟、謂二與四俱訟陰故皆言不克非訟四也當遯之時三四
逼於陰故訟陰方浸長、坎爲隱伏、故逋、在坎爲逋乾位剛敢與陽訟陽不克也未之正
在上、坎濡失正、乾位剛、宜居五、今在坎失正濡讀如耎弱也坎爲濡故不克也其邑
人三百戶、句无眚、注眚、災也坎爲眚、謂二變應五、乾爲百、
坤爲戶、三爻、故三百戶、坎化爲坤、故无眚、四亦變成坤六三、食
舊德貞厲、終吉、注乾爲舊德、乾爲德遯時故舊三本遯爻居乾位故食舊德從上而吉
食謂初四二已變之正、三動得位、體噬嗑食、四變食乾、故
食舊德、三變在坎、正危貞厲、雖正而危是貞厲也得位、故終吉也、或
從王事、无成、注乾爲王、二變否時、坤爲事、故或從王事、謂三
未動二化坎爲坤則成否而三從王事先言食舊德故此言或道无成而代有終、當云地道寫脫
地字故曰无成、坤三同義也、坤三發成泰乾爲王、坤爲事震爲從、地道无成而代有終、故曰

或從王事无成有終、坤三以泰從王事、此以否從王事、皆爲地道、故義同、彼發而從王事、故有終、此未動、故但言无成、變而終吉、則亦有終也、四已易、二未正、三亦有震象

九四、不克訟句復卽命渝句安貞吉、注失位、故不克訟、渝、變也、不克訟句故復位變而成巽、句巽爲命令、故復卽命渝、卽就也、與初易位、體復、故復卽命渝、動而得位、故安貞吉、謂二已變坤安也

九五、訟元吉、能訟陰者五也、故訟元吉、

上九、或錫之鞶帶、注錫、謂王之錫命、鞶帶、大帶、男子鞶革、初四已易位、三二之正、二正、初四易、上有巽象、時三未變、三蓋衍字、巽爲腰帶、故鞶帶、乾爲王、巽爲命、上亦訟陰者、在巽上位尊、象訟而受其錫也

終朝三拕之、注位終乾上、終上言以二變時坤爲終、終三言又以离爲日、乾爲甲、日出甲上、謂四本乾、四已變三動體离、故稱朝、應在三、三變時艮爲手、四已變三爲艮手乃拕上變、故終朝三拕之、使變應己、三使上變應己、則去其鞶帶、

自三至五三爻，故三體坎乘陽，故象曰不足敬也。

彖曰：訟，上剛下險，險而健，訟。剛健乾，險坎。訟有孚窒惕中吉，剛來而得中也。謂二自三來。終凶，訟不可成也。陽不與陰成爭。利見大人，尚中正也。唯五正中，能通坤。不利涉大川，入于淵也。坎為淵，為入。失位而訟，徒成陰長。

象曰：天與水違行，訟。天行健，坎行險，故皆以行言之。天西水東，相違錯，訟始於相違也。君子以作事謀始。【注】君子謂乾三。遯傾否，故云乾。三非艮爻也。不以上乾為君子者，三來訟，遯為卦主，來變坤為作事，坤為事，坎為謀，乾知大始，故以作事謀始，明訟為乾德。

不永所事，訟不可長也。初不正，則訟長。雖小有言，其辯明也。謂三二變成離，故明。不克訟，歸逋竄也。自下訟上，患至掇也。掇當依鄭為惙，憂也。下謂陰，上謂陽遯二陰上之三訟陽二憂患至坎爲憂也象辭謂之惕食舊德從上吉也上謂五三變陽爲吉復即命渝安貞吉不失也訟不可成不失其正訟元吉以中正也

以訟受服亦不足敬也注服謂鞶帶終朝見拕乾象毀壞故不足敬乾爲敬言訟非息乾之道

䷆坎下坤上消息卦謙三降二與同人旁通陽出征陰體坎王于出征故名曰師候在四月卦貞大人爲比微陽之著也爻取通同人九二一爻之用也上反乾爲坤正五之比也剝復之際君子謹之其辭備

師句貞大人句吉无咎大人謂二體乾九二見龍在田故曰大人二當升五爲比故正大人吉无咎

初六師出以律否臧凶師之同人二下初息復以坎爲震震爲出坎爲法律故云師出以律初失位不變是不用律

九二在師中卦以五陰統於二將在師中之象在國則臣无專命吉无咎

王三錫命同人乾五爲王巽爲命師息同人由二故有此象五至二三爻故三錫

六三師或

輿尸凶。注 坎爲尸、坎爲車多眚。同人离爲戈兵、爲折首。乾首。師息至三。同人折首、坎三輿尸矣。失位乘剛无應、尸在車上。二爲坎主、故象律、三坎陰、故象尸、故輿尸凶矣。六四、師左次、无咎。體震左也、同人在巽亦左也。崔憬曰、偏將軍居左、左次、常備師也。四无應、進取不可、次舍无咎、得位故也。六五、田有禽、利執言、无咎。注 田謂二、體乾、二在田。陽稱禽。田獵也、禽獲也。离上九注云、乾二五之坤成坎、體師象、乾征得坤陰類、故獲匪其醜。禽謂此也。震爲言、五失位、變之正、艮爲執、故利執言、无咎。執言、執訊也。長子帥師。注 長子謂二、震爲長子、在師中、故帥師也。弟子輿尸、貞凶。注 弟子謂三、三體坎。二爲震主、二體震、故三獨體坎。坎、震之弟而乾之子、失位乘陽逆、故貞凶。輿尸言貞、明三之同人折首。上六、大君有命。注 同人乾爲大君、巽爲有命。師息至上、同人體成、故上象大君有命。開國承家。注 承、受也。坤爲國、二稱家、謂變乾爲

坤由師息成同人而仍變乾欲令二上居五為比故開國
為坤以取象所謂權也
承家小人勿用【注】陰稱小人坤虛无君體迷復凶坤成乾
滅以弑君小人謂上自謙至大有皆息復故體復之上復
云三復位時體師象坤為死喪坎流血故終有大敗以其國君凶注
遘乾為君坤陰滅之故以國君凶象曰反君道也故小
人勿用

彖曰師眾也貞正也能以眾正可以王矣【注】坤為眾謂二失
位變之五為比故能以眾正乃可以王矣也此明消息大義剝窮於上乾
五反三為謙謙三為復息成履謙三降二為師師二為復
息成同人師二升五為比比五為復息成大有乾坤乃合
於离故謙旁通履師旁通同人比旁通大有
於爻次謙為師師為比故二變之五為比也
剛中而應剛中
謂二應謂五陰
行險而順險坎順坤行震也
以此毒天下而民從之坎為毒馬
氏云毒治也坤為民
貞大人故民從之
吉又何咎矣

象曰地中有水師地中有水陽氣動於淵泉師之象也地能正水水以養地師之義也君子以容民畜衆注君子謂二乾二稱君子故容寬也坤爲民衆又畜養也陽在二寬以居之乾九二文言注震爲寬仁五變執言時有頤養象不言二五易位者二五易位即比此卦實成同人反坤受二故五變象頤也故以容民畜衆矣坤雖有畜象既爲民衆不得又取養故由五體頤

師出以律失律凶也初不正二之五坎象不見是失律

在師中吉承天寵也謙三天道下濟居二爲師主故曰承天寵也

王三錫命懷萬邦也坤爲邦二息復通坤故懷萬邦非升比也

師或輿尸大无功也功謂五五使不當故大无功

左次无咎未失常也震爲常豫備師之常

長子帥師以中行也震爲行

弟子輿尸使不當也

大君有命以正功也注謂五多功五動正位故正功也

小人勿用必亂邦也注坤反君道故亂邦也

䷇坤下坎上消息卦師二正五與大有旁通陰比於陽故名曰比候在四月乾德至比而成體故爻以成既濟明乾道成也

比吉〔注〕師二上之五得位衆陰順從比而輔之故吉與大有旁通五下初為復上息

原筮元永貞无咎原筮再筮也師同人震巽相通受命如嚮筮象也之五為比通大有大有乾為蓍兌為口說比艮為手手著而說又有筮象故曰原筮乾五得位乾元始正五下初息大有乾元正則五爻皆正故元永貞萃四乾元五使之正爻曰元永貞注云四變之正則五體皆正與比象同義也

不寧句方來〔注〕水性流動故不寧陰初從陽當惕厲以待其定坤陰為方上下應之故方來也

後夫凶〔注〕後謂上夫謂五也師震為夫同人巽為婦則比艮為夫大有离為婦也坎為後艮為背上位在背後无應乘陽故後夫凶也

初六有孚比之无咎〔注〕孚謂五坎也初失位變來得正五使初正故象

曰元永貞、消息之卦、五下初息、大有故曰變來、此亦兼明旁通、故无咎也、有孚盈缶、終來有它吉、注坤器爲缶、坎水流坤、初動成屯、屯者盈也、故盈缶、終變得正、故終來有它吉、在內稱來也、比卦五陰皆以比五爲吉凶、獨初則五來比之、變正爲前禽、故曰有它吉、六二比之自內、貞吉、自二應五、故比自內、正位故吉、嫌當息大有、故明之四亦同、六三比之匪人、注匪、非也、失位无應、三又多凶、體剝傷象、弒父弒君、故曰匪人、匪人謂三、言此乃比時之匪人也、剝六四剝牀以膚、彼注云、艮爲膚、剝至四、乾象毀壞、臣弒君、子弒父、比自五至初俱有剝象、初息復、二四應承於五、唯三遠五、體艮未正、剝膚之位、故獨得比象、不言之正者、匪人不能自正、須五歐之乃變正也、六四外比之、貞吉、注在外體、故稱外也、比五得位比賢、故貞吉也、九五顯比、注五貴多功、得位正中、初三以變體重明也、以已故顯比、謂顯諸仁也、震爲仁、五息初、元、三陰亦正、故顯諸仁也、王用三歐、失前禽、注坎五稱王、三敺、謂敺下三陰、不及於初、五降初爲復、故敺不及初、故失前禽、謂初已變成震、震爲鹿爲驚走、鹿之斯奔、則失前禽也、此以田獵爲喻、田立三表、三驅而止、不合圍、喻舍逆取順、邑人不戒吉、注坤爲邑、師震爲人、師時坤虛无君、使師二上居五中、故不戒告也、邑人、象傳注云、謂二也、二本師震、在坤中、故稱邑人、二使師二上居五中、眾所樂比、故不待戒告而比之、震爲言、震不見、故不戒矣、上六、比之无首凶、注首、始也、乾陽爲首、上以陰居艮背上、是无首也、注轉言始者、上亦欲比五、失之於始、故後夫、以无始故无終也、陰道无成而代有終、陰從陽、乃有終、无首凶、

象曰、比吉也、比則吉矣、比、輔也、下順從也、原筮元永貞无咎、以剛中也、五正則亦貞、爻所以定既濟、不寧方來、上下應也、上雖後夫、其義宜應、後夫凶、其道窮也、

象曰、地上有水、比、子夏傳云、地得水而柔、水得地而流、故曰比。先王以建萬國親諸侯。注先王謂五、五本乾、五乾已滅坤、故曰先王。初陽已復、謂消息至比、而復三著初息大有、義同復矣。震爲建、爲諸侯、坤爲萬國、爲腹、坎爲心、腹心親比、故以建萬國親諸侯、詩曰公侯腹心、是其義也。

比之初六、有它吉也。以比而論、初不得吉。比之自內、不自失也。不失己位、无取息陽。比之匪人、不亦傷乎。外比於賢、以從上也。上謂五。顯比之吉、位正中也。注謂离象明、正上中也、舍逆取順、失前禽也。注背上六、故舍逆、據三陰、故取順、不及初、故失前禽。邑人不戒、上使中也。注謂二使師二上居五中、比之无首、无所終也。注迷失道、故无所終也。亦體迷復、與師上同。

周易虞氏義卷之一

甲子四月阮雲臺中丞寄此刊本、依董晉卿所攜編脩手定本點校一過、廿五日古餘識

周易虞氏義卷之二

張惠言學

周易上經　彖上傳　象上傳　虞氏注

☰☴乾下巽上　消息卦通豫息陽陽畜於陰故名小畜候在四月卦辭自我西郊唯二變爲家人陰陽一家也爻變既濟明乾元始此

小畜注需上變爲巽與豫旁通豫四之坤初爲復此坤之消息也夬息入乾坤上當反陰疑陽乃生故復初之坤四爲豫豫四之坤初爲復而息夬得反四是爲小畜豫四得朋爲萃萃五之復二爲臨而息二陰反艮是爲大畜萃四反三合離坎爲蹇蹇三之復二爲臨臨而息成睽坤乃得合魂於坎故豫小畜旁通萃大畜旁通蹇睽旁通卦息豫非從需來云需上變者豫初變復至二臨至三泰至五需由需乃變小畜凡坤之消息皆兼取爻來陽卦不爲陰主也故小畜取需復小陽潛所畜者少故曰小畜畜養也小少也以一陰畜復故小以二陰畜臨則大復陽小臨陽大也凡消息旁通之卦止以初爻成卦爲義其息卦雖具臨泰等象皆不以陽盛論蓋此十二卦皆在剝夬之後復遘之前摩蕩而成非實陽息也

亨注

二失位，五剛中正，二變應之，故志行乃亨也。密雲不雨，注 密，小也。兌爲密。需坎升天爲雲，墜地稱雨。上變爲陽，坎象半見，故密雲不雨，上往也。自我西郊。注 豫坤爲自，我兌爲西，乾爲郊，雨生於西，故自我西郊。二變爲坎，則雨生西郊。

初九，復自道，何其咎，吉。注 謂從豫四之初，成復卦，故復自道。出入无疾，朋來无咎，何其咎，吉。復注云：謂出震成乾，入巽成坤，坎爲疾，謂十二消息不見坎象，故出入无疾。兌爲朋，在內稱來，乾稱道也。豫四五陰從初，初陽正息而成兌，故朋來无咎。本復初，故言自道。

九二，牽復，吉。復息至二，朋來，失位，五引之，則變而應五，故牽復。五體巽繩，二在豫艮手，五攣如，謂牽二也。得正，故吉。二初不變，至五引之乃變，故三五俱象乾，至上乃象既雨。

九三，車說輹。說讀如脫。注 豫坤爲車，爲輹。輹，說文云：車軸縛也。子夏傳云：伏兔。江承之云：輹正字當作腹，輿也。與大畜同。至三成乾，坤象不見，故車說輹。馬君及俗儒皆以乾爲車非也、夫妻反目、注 豫震爲夫爲反、巽爲妻、离爲目、今夫妻共在四、豫震爲夫、今震自下息至三、三體震、則巽宜爲三妻、故下云妻乘夫而出在外、明上妻三夫也、夫妻共在四者、离火動上、目象不正、動故巽多白眼、夫妻之目共在离、不正、夫妻反目、妻當在內、夫當在外、今妻乘夫而出在外、象曰不能正室、三體离也、离傷需飲食之道、飲食有訟、故爭而反目也、六四有孚、注 孚謂五、陽在二五稱孚、謂四承五、血去惕出、无咎、注 豫坎爲血、爲惕、惕、憂也、震爲出、變成小畜、坎象不見、故血去惕出、得位承五、故无咎也、九五有孚攣如、富以其鄰、注 孚、五謂二也、陽在二、五皆孚、攣、引也、巽爲繩、豫艮爲手、二在艮末、二失位、五欲其變、變承三爲坎、志行乃亨、故欲其變、故曰攣如、以、及也、五貴稱富、鄰謂三、兌西震東稱鄰、三體兌、五在豫爲震、二變承三、故富以其鄰、象曰不獨富、二變爲既濟、與東西鄰同義、既濟九五東鄰殺牛不如西鄰之禴祭實受其福、彼由泰來、泰震爲東、兌爲西、震動五殺坤、故曰東鄰殺牛、兌動二體離明、得正承五順三、故實受其福、此五爲東鄰同、三爲西鄰稍異也、

上九、既雨既處、尚得載、婦貞厲、注既已也、應在三、坎水零爲雨、巽爲處、謂二已變、三體坎雨、故既雨既處、三雨上處而坎雲復天、謂上亦變坎復需時坎爲車、積載在坎上、故上得積載、重坎故爲積載、尚上通字、巽爲婦、坎成巽壞、故婦貞厲、上變正也、雖正而危、陰盛將消陽也、

月幾望、君子征凶、注幾、近也、坎月離日、上已正需時成坎、正位如需時與離相望、兌西震東、八字爲一句、豫震爲坎、月在震二、小畜兌爲坎、日在兌三、日月象對、故月幾望、謂上與三相對、非二五正、故近望也、上變陽消之坎爲疑、故君子征有所疑矣、惠徵士云君子謂三也、陰盛陽消、故君子征凶、與歸妹中孚月幾望義同也、歸妹體震兌、五坎在震三、離在兌中

孚由訟坎离四之初體震兌坎在兌二离在震三故歸妹六五中孚六四皆言月幾望

象曰小畜柔得位而上下應之曰小畜以陰畜陽上下皆應健而巽乾健而陰巽剛中而志行乃亨剛中謂五二變坎爲志行也密雲不雨尚往也尚上通需上變故不雨自我西郊施未行也注九二未變故施未行矣五陽爲施不得應不行

象曰風行天上小畜風地氣也行天上散天氣於地以陰畜陽之象君子以懿文德注君子謂乾懿美也豫坤爲文乾爲德离爲明初至四體夬爲書契乾离照坤故懿文德也乾离照坤坤得畜乾

復自道其義吉也牽復在中亦不自失也注變應五故不自失與比二同義也嫌當息陽故明不失夫妻反目不能正室也有孚惕出上合志也上五也上變坎四與五合志有孚攣如不獨富也二富及三

既雨既處、得積載也、【注】與消承坎、故得積載、坎習為積也、習坎重坎也、

君子征凶、有所疑也、【注】變坎為盜、故有所疑也、

☱☰兌下乾上　消息卦、謙三爲復、上息成履、以坤履行乾德、乾陽尚微、故主坤言之、名曰履、候在六月、卦明消息爻變、既濟明乾用、

履虎尾、不咥人、亨、【注】謂變訟初爲兌也、此息謙、非由訟來、以小畜反之、故亦有變訟與謙旁通、謙三之坤初、以坤履乾、以柔履剛、履踐行也、象、爲復而息、謂坤踐行、乾德、謙三天道下濟、又以震足行息、涉兌成乾、是爲以坤履乾、以柔履剛、繫云履以和行、坤爲和、震爲行、是履乾之義、謙坤爲虎、艮爲尾、乾爲人、乾兌乘謙、震足蹈艮、故履虎尾、坤以謙震降初而息履、故震足蹈艮、坤爲虎、而艮爲尾、有履虎尾之象、既成履後、則乾有人象、而艮尾爲兌口、故又象不咥人、非以乾人履坤虎也、乾人履坤虎、則是剛履柔、兌悅而應、虎口與上絕、兌成坤滅口、與虎絕上、謂乾人絕、不相屬、故不咥人也、咥、齧、剛當位、謂五、故通、俗儒皆

以兌爲虎、乾履兌非也、此一說以爲乾履兌、乾非柔、又虎在人後、非履尾、其非易明、故曰非也、兌剛鹵、非柔也、此又一說以爲兌履乾、以乾剛爲虎、故破之云兌非柔、下又云兌不履乾、

初九、素履往、句无咎。注 應在巽爲白、故素履、凡履之道、以陰履陽、履初者四、故素履謂四。四失位、變往得正、故往、往者四也、變在外、皆稱往、不以初之四爲往者、柔履剛、初不往、无咎、无咎自謂初、初使四變、而四果往、故无咎、初巳得正、使四獨變、初使四變、辯上下之義、在外稱往、象曰獨行願也、九二、履道坦坦、幽人貞吉。注 二失位、變成震、爲道、爲大塗、故履道坦坦、坦坦寬平、亦震象也、二變履五、履之道也、訟時二在坎獄中、故稱幽人、獨於二取訟象者、謙二當之、師二先息成履、故三降初時、二有伏坎、不可云師坎、故取訟坎而稱幽人、非由訟來、故於初不言、之正得位、震出兌悅、幽人喜笑、震爲喜笑、故貞吉也、六三、眇而視、跛而履。注 離目不正、兌爲小、故眇而視、視上應也、江承之云、視者、謂察其行事而效之、

與履同義、訟坎爲曳、此亦伏坎也、謙三降初先、與伏二爲坎、坎與息復爲震、故下云變震時爲足、一說謂

二已變震也、變震時爲足、足曳、故跛而履、俗儒多以兌刑爲跛、

兌折震足爲刖、人見刖斷足者、非爲跛也、三陰將履上陽、失位故有此象

履虎尾、咥人凶、注艮爲尾在兌下、三伏陽也、艮兌互伏、故履虎尾、位

在虎口中、故咥人凶、謙艮陽伏兌下、口上屬坤、二變兌口、動故虎咥人、三陽不能出、待上易位

也、既跛且眇、視步不能、爲虎所嚙、故咥人凶、象曰位不當

也、武人爲于大君、注乾象在上爲武人、謂上也、乾金氣、又在上、故爲武人

三失位、變而得正成乾、大君乾五也、爲助也、三變與上易位、上自乾來、更與四五爲乾、故

曰武人爲于大君、志剛也、九四、履虎尾、愬愬、終吉、注體與

下絕、四多懼、故愬愬、四正當謙震履艮之位、故爲履虎尾、乾巳變坤、故不咥人也、注特解愬愬

爲懼也、體與下絕者、兌悅悅體盡、故懼也、下變體坎、得位、承五應初、故終吉、象

曰志行也。行謂初，云往也。九五：夬履，貞厲。注：謂三上已變體夬象，三上易位故，上變在四前。故夬履。夬，剛決柔也，以乾決坤，履以坤履乾爲象，故於五履帝位，正乾決坤之義。所謂辯上下定民志。四變五在坎中也，爲上所乘，故貞厲。象曰：位正當也。五本以息謙變坎爲不疚，又以四變體坎爲貞厲，居安思危，以當天位，唯能貞厲，是以不疚。

上九：視履考詳，其旋元吉。注：應在三，三先視上，故上亦視三，故曰視履考詳矣。考，稽。詳，善也。乾爲積善，故考詳。上以乾體之三爲大君，又成乾，故象積善。三上易位，故其旋元吉。旋，易也。上易三則四變成既濟定，乾元復，离三离爻來，故曰元吉。象曰：大有慶也。

彖曰：履，柔履剛也。注：坤柔乾剛，謙坤籍乾也。籍，蹈。故柔履剛。說而應乎乾，是以履虎尾不咥人。注：說，兌也。明兌不履乾，故言應也。若兌履乾，乾爲虎，兌不應虎也。若乾履兌，兌口承乾，正爲咥也。明由坤爲虎，故兌應乾爲不咥人。

亨剛中正履帝位而不疚光明也【注】剛中正謂五、謙震爲帝五帝位、明以謙三行乾居坎爲疾病乾爲大明五履帝位坎象不見故履帝位而不疚光明也

象曰上天下澤履、分定而後可履故上天下澤爲履君子以辯上下定民志【注】君子謂乾辯別也乾天爲上兌澤爲下謙坤爲民坎爲志謙時坤在乾上變而爲履故辯上下定民志也

素履之往獨行願也、四獨行往初之願也幽人貞吉中不自亂也【注】雖幽訟獄中終辯得正、震爲言故不自亂眇而視不足以有明也跛而履不足以與行也咥人之凶位不當也武人爲于大君志剛也、既濟定三在坎爲志愬愬終吉志行也、變往體坎爲志行夬履貞厲位正當也元吉在上大有慶也、陽稱大离本在三易上而元吉由乾元亨

於既濟、故大有慶在上

䷊ 乾下坤上 息卦、自否反、天地變化、故名曰泰、候在正月、卦唯言亨、明反類也、彖言萬物通、明泰則既濟、與交義同、

泰、小往大來、吉亨、注 陽息坤、反否也、泰三陽息臨、云息坤者、乾坤消息往來於否泰、自遘至否、坤成乾滅、則陽息而反泰、自復至泰、乾成坤滅、則陽消而反否、故否泰反其類、乃見消息之用、坤陰詘外爲小往、往者詘也、自內而去、乾陽信內稱大來、來者信也、自外而反、天地交、萬物通、故吉亨、

初九、拔茅茹以其彙、征吉、注 否泰反其類、否巽爲茅也、否四茹、茅根、體在地中、故茅根、否初應四、四與四同、艮爲手、四亦否、彙、類也、謂乾三陽、初應四、故拔茅茹以彙、陰隨陽詘、四拔初、與三二俱往、而泰得息、由否反泰、始於否上、益下非初之正、故取初也、否泰之義、猶乾坤、泰取反否、否則取泰息、故初爻同、彖否泰者乾坤之用、故泰成既濟、與乾同、坤息不成乾而

成觀故否息不取成泰而成益震爲征初既息得位應四征吉征吉自以泰初應四必取
應四四者四欲升二也四故否初茅茹九二、包巟用馮河、不遐遺、朋亡、得尚于
中行、注在中稱包巟大川也、馮河涉河、以足涉水曰馮、遐遠、遺亡
也、亡當爲忘失位、就巳息言變得正體坎、坎爲大川、既濟體兩坎下流故爲大川巟
爲河、震爲足、故用馮河、乾爲遠、故不遐遺、兌爲朋、坤虛无
君、欲使二上、故朋亡、二與五易位、故得上于中行、震爲行、
體復初故稱中行、故光大也、息坤至二成兌、體乾九二見龍雲行雨施、中有坎體、謂之包巟、用變之正
則以震足涉坎、故曰用馮河、用者用此包巟也、乾體在下、坤虛在上、邑人不戒、欲使居五、不可以遠忘之、二五易位
初亡其朋而震行得上于中矣、九三、无平不陂、无往不復、注陂、傾、謂否上
也、平謂三、泰三天地分、故平、天成地平、謂危者使平、易者使
傾、平易泰三也、危傾否上也、泰盈三則消外而爲否、傾是爲易者使傾、往謂消外、復謂息內、

否窮上則復初而爲泰平是爲危者使平從三至上體復終日乾乾反復道故

无平不陂无往不復謂否反成泰至三而盈當反復道乃不陂艱貞无咎勿恤

其孚于食有福注艱險貞正恤憂孚信也二之五得正在坎中三爲坎中故艱貞坎爲憂故勿恤疑當恤陽在五孚險五孚於坎坎爲孚三坎爲孚又故有孚體噬嗑二五易位食也二上之五據四則三乘二故于食有福也乘陰和故有福

六四翩翩句不富句以其鄰注二五變時四體离飛故翩翩坤虛无陽故不富坤疑乾元故廣生爲富虛則不富兌西震東故稱其鄰震兌皆謂二也四以不富故以二升五而承之得翩翩三陰乘陽不得之應象曰皆失實也三陰皆欲二升四爲之導

不戒以孚注謂坤邑人不戒坤爲邑此卦无邑人象因比言之耳故使二升五信來孚邑故不戒以孚戒告也四體震爲言二來震滅成坎故不戒以孚二上

體坎中正象曰中心願也與比邑人不戒同義也比五由師二升

比二為邑人六五帝乙歸妹以祉元吉注震為帝坤為乙帝乙紂父歸嫁也震為兄兌妹故嫁妹此謂二升五也震初息坤為帝乙二息兌為初妹上居五泰女主故二升象歸妹泰用在初故歸二者初祉福也謂五變體離離為大腹則妹嫁而孕得位正中故以祉元吉也於五言元者凝陽猶坤之黃裳故取離大腹上六城復于隍注否艮為城故稱城泰之上否之三也泰之三本否之四故取艮象坤為積土隍城下溝无水稱隍有水稱池今泰反否乾壞為土艮城不見而體復象故城復于隍也上宜體坎既濟未成故溝无水勿用師自邑告命貞吝注謂二動時體師陰皆乘陽行不順故勿用師天地雖交以坤乘乾行逆不順故泰之用在既濟於上特發此義言五未變不可用也坤為自邑謂上震為言兌為口謂三否巽為命今逆

陵陽故自邑告命三本否反成既濟而上就三告則仍否之命而已命逆不順陰道先迷失實遠應五未實故先迷而自三居上正遠欲應三故命逆故貞吝也不順五則吝

彖曰泰小往大來吉亨則是天地交而萬物通也天地交謂坤詘乾信交則定既濟二五易位乾陽物坤陰物坎爲通故萬物通上下交而其志同也乾上坤下坎爲志既濟體兩坎上下同內陽而外陰內健而外順內君子而外小人君子道長小人道消也泰息震大壯息兌夬盈乾甲

象曰天地交泰后以財成天地之道輔相天地之宜以左右民【注】后君也陰升乾位坤女主故稱后坤富稱財守位以人聚人以財故曰成天地之道五爲天位乾爲人坤爲財坤居五位尚二中行是守位以人聚人以財相贊左右助之震爲左兌爲右坤爲民反否初爲震二

爲兌、乾通坤、故左右民、謂以陰輔陽、故坤爲主、后 詩曰宜民宜人、受祿于天、言坤承乾命、故言輔相、

拔茅貞吉、志在外也、[注]外謂四也、既濟定四、體坎爲志、包巟得尚于中行、以光大也、陽爲大、既濟兩离、故光大、无平不陂、天地際也、際接也、乾盡坤接、故戒其陂、與乾二同義、翩翩不富、皆失實也、不戒以孚、中心願也、陰以陽爲實、二升五、坎爲心、以祉元吉、中以行願也、得中以行其願、城復于隍、其命亂也、坤虛无君、故命亂、

䷋坤下乾上 消卦、自泰反、天地閉塞、故名曰否、侯在七月卦、爻皆取成益反泰、

否之匪人、不利君子貞、大往小來、[注]陰消乾、又反泰也、謂三比坤滅乾、以臣弑其君、子弑其父、遯雖民子弑父、然乾未滅、故弑君弑父、并在否三、故曰匪人、陰來滅陽、君子道消、故不利君子貞、乾爲君子、正唯

九五耳，否時五當損上降初，成益息泰，而己當上位，故不利君子貞。陰信陽詘，故大往小來。

則是天地不交而萬物不通。否閉塞也。與比三同義也。比三體剝，四剝牀以膚，弑父弑君，故曰比之匪人。否三亦體剝艮膚也。

初六，拔茅茹以其彙，義具泰卦。貞吉亨。三陰上拔，上來正位，初居二亦正，陽息而吉亨也。

六二，包承，小人吉，大人否句亨。【注】否，不也。包義與泰二同。六二得正應五，雖未反泰，而承陽之義自在其中，故曰包承。小人三也。上益於下，二拔爲三，三拔爲四，四三與陽體上，弜巽弑逆不行，故小人吉。大人二也。本體坤，二直方，故曰大人。二居三剝傷位，有大人之德，不從陰亂，故大人否。應五，故通。

六三，包羞。拔四得正，故不言凶。本匪人弑，雖不成，包羞在中，故不言吉。

九四，有命无咎，疇離祉。四主拔三陰，體弜巽爲命，謂受乾命也。疇，類也。三陽爲類，並得反泰，故離四之祉。四拔則當五，否五非君，故言有命。

九五，休否，大人吉。休，美也。九五得位，體觀坤六，五美在其中，故休否大人吉。其亾其亾，繫于包桑。弜巽爲繩，故繫。弜巽爲木。荀氏曰：桑者，上元下黃，以象乾坤也。下繫曰：君子安而不忘危，存而不忘亡治而不忘亂是以身安而國家可保也彼注云危謂上則亡亦謂上上盈不久故危亡也五使上反初損上益下則五當上處故其亡其亡以乾通坤與入震出天地之美包在其中故曰繫于包桑所謂亡者保其存者也此居五之道非失位居上

上九，傾否，先否後喜。〔注〕否終必傾也。傾陂盈不可久，乾上故先否，下反於初成益，體震民說无疆，坤爲民，震爲喜，亢龍說，故後喜。

彖曰：否之匪人，不利君子貞，大往小來，則是天地不交而萬物不通也，乾不降，坤不升，故天地不交，不成既濟，故萬物不通。上下不交而天下无邦也，坤爲邦，乾爲人，坤虛无人，故曰无邦。內陰而外陽，內柔而外剛，內小人而外君子，小人道長，君子道消也。否消與觀，消艮剝滅，入於坤。

象曰：天地不交，否，君子以儉德辟難，不可營以祿。〔注〕君子謂乾，坤爲營也，營，求。乾爲祿，難謂坤爲弑君，故以儉德辟難，儉約

也、艮為慎、乾為畏故儉德、巽為入伏、乾為遠、艮為山、體遯象、謂辟難、

遠遯入山、遯時弒難將成、故君子以遠小人、否難成、乾象入艮、故君子以辟難、故不可營以祿、坤○來○營○乾、乾若入坤、則成○未○濟、故不可營以祿、營或作榮、儉或作險、

拔茅貞吉志在君也、乾○為○君、息○益○則○泰○乾○成○故志在君、大人否亨不亂羣也、

注 物三稱羣、謂坤三陰亂弒君、大人不從、故不亂羣也、包羞位不當也、居三不當、故有羞、有命无咎志行也、震為行、志在息、震四在泰正坎、故稱志、初云志在君、亦○四○也、大人之吉位正當也、以正位、故能休否、否終則傾、何可長也、注 以陰剝陽、故不可久也、上○不○益○下○則○消○成○剝○

䷌離下乾上 消○息○卦○師○二○降○初○為○復○而○息、師○震○同○人○巽○爻○乾○坤○於○二、夫○婦○同○心○之○象、故○名○曰○同○人、候○在七月、同人再息乾、乾道漸著、故卦云君子貞、明○有○既○濟○之○用○爻變各正矣、唯上不變、則成家人、又與卦互相備也、

同人于野、亨、注 旁○通○師○卦○息、師為同人、巽為同、乾為野、師○震○為○人○

義取巽震相同故取乾爲野不爲人不得以二五應爲同人也二得中應乾此乾謂五震巽同應乾合故曰同人于野亨利涉大川象注云乾四上失位變而體坎故涉大川利君子貞君子謂五五類族辯物天下志通既濟定

初九同人于門无咎注乾爲門謂同於四四變應初故无咎也正應辯類故四變應之

六二同人于宗吝宗謂五婦人謂同姓之適曰宗二在同人與乾爲巽故五曰宗二當同師震以應五若以巽上應則三四據二相攻故吝先號咷是也

九三伏戎于莽升其高陵三歲不興注巽爲伏震爲草莽離爲戎謂四變時三在坎中隱伏自藏故伏戎于莽也卦主九五通天下之志故三四待坎而同三體离戎四剛失正師爻故相攻五類族辯物四變三在坎中乃入伏就震故有伏戎于莽之象巽爲高師震爲陵以巽股升其高陵高陵震巽之顛四也四巳變三得歷四通五爻在三乾爲歲興起也動不當爲而失位故三歲不興也九

四、乘其庸、弗克攻、吉、**注** 巽爲庸、城墉也、四在巽上、故乘其庸、

四乘巽、則其謂三也。變而承五。體訟、體訟四不克、五以類訟復卽命渝。乾剛在上、族辯物

故四變弗克攻、故弗克攻則吉也、九五、同人先號咷而後笑、大師

克相遇、**注** 應在二、巽。爲號咷、號咷、號也、嘷乾爲先、巽。在乾。家、故先號

咷、師。震。在下、故後笑、震爲後笑也、同人、謂。二。同。師。震也、繫曰、或出或處、或默或語、

二人同心、其。利。斷。金、彼注云、夫出婦處、婦默夫語、則此號咷與笑、皆。震。巽。同。心。之。言也、二以巽先應五、乾、則三四相

攻號咷、師震同志而來、乾爲大、同人反師、故大師、則四變三伏、故後笑、大師謂五、二

至五體遘遇也、故相遇、五。既。遇。二。則。天。下。志。通、上九、同人于郊、无悔、

注 乾爲郊、失位无應、與乾上九同義、當。有。悔。同心之家、故

无悔、天下志已通、上必變正、坎爲悔、故當有悔、同心之家、體家人、未變、故无悔

彖曰、同人、柔得位得中而應乎乾曰同人、應乎乾、卽于野之義、同人句

曰同人于野亨利涉大川句乾行也注此孔子所以明嫌表微師震爲夫巽爲婦所謂二人同心繫引同人先號咷而後笑曰二人同心彼注云二人謂夫婦震夫巽婦坎爲心六二震巽俱體師坎故二人同心故不稱君臣父子兄弟朋友而故言人耳所以必取震巽夫婦者剝復之閒剛柔相接然後息陽也謙履震巽失中比大有无震巽唯師同人以震巽就坎乾四上失位离故特表此名與蒙革剛接柔息陰同義也變而體坎故曰利涉大川乾行也云表微明嫌者名卦止取六二一爻卦辭乃取于野取涉川非復夫婦相同之義故復出同人以表之云所同者夫婦乃曰同人于野亨利涉大川者由取乾通天下之志體坎而行也文明以健中正而應君子正也謂五唯君子爲能通天下之志注唯獨也四變成坎坎爲通爲志故能通天下之志四變成坎三坎也言五坎主天下言不謂五以類族辯物聖人作而萬物覩

象曰：天與火，同人。火者陽光，乾舍於離，天光遁火，故天與火。君子以類族辯物。注

君子謂乾，師坤爲類，乾爲族。辯，別也。乾陽物，坤陰物。以族辯三，以類辯四。體遘天地相遇，品物咸章。二五應，以乾照坤，故以類族辯物。謂方以類聚，物以羣分。孔子曰：君子和而不同，故於同人家見以類族辯物也。物辯乃可同。

出門同人，又誰咎也。初息震爲出。誰謂四。四方攻三，疑初咎也。雖初明消息，餘爻不言，義見小畜。

同人于宗，吝道也。女子外成，同于宗，吝之道。伏戎于莽，敵剛也。剛謂四。四雖變，三志未通，故尚伏戎。三歲不興，安行也。由安而行，不踐危道。師坤爲安，震爲行，乾照坤，故三歲而安。

乘其庸，義弗克也。以不正乘人，故義弗克。其吉，則困而反則也。坎爲則。

同人之先，以中直也。二中，震直，謂當以中直爲先。大師相遇，言相克也。克三四。

同人于郊，志未得也。坎爲志，未變，故于郊。

☲☰乾下離上消息卦比初動爲屯而息乾陽三息魂歸於離離中有陽故名曰大有內卦候在四月外卦五月卦唯言元亨者比已明乾體大有著其就離也象取二變則成離義益明矣爻成家人

大有、元亨、注與比旁通、息比爲大有、柔得尊位大中、應天而時行、故元亨也、彖注云謂五以日應乾而行於天也以乾亨坤故曰元亨、

初九、无交害、匪咎、艱則无咎、注害謂四、四離火爲惡人、離在四焚如死如、故爲惡人、故无交害、謂无應四、初動震爲交、比坤爲害、四在比坤中爲害、嫌初動當交之故明其无交、匪非也、无應宜咎、以惡人艱難、謂陽動比、宜遠非爲咎也、初成屯、屯難也、於消息例當五降初成復、比五陽尊降、初失位、故取初自變成屯則无咎也、變得位、艱則无咎、

九二、大轝以載、有攸往、无咎、注比坤爲大轝、乾來積上、二息、故大轝以載、往謂之五、二失位、變得正應五、故有攸往无咎矣、順天休命、嫌五未變在離有咎、

九三、公用亨于天子、

小人弗克。【注】天子謂五，三公位也。爻位三爲三公。小人謂四。二變，

得位，體鼎象，故公用亨于天子。亨讀曰饗。傳曰：天子降心以逆公，謂享三也。四

折鼎足，覆公餗。鼎變屯，四折震入兌，故曰鼎折足覆公餗。故小人不克也。謂三欲與四輔五。四小人，故不克，言當使四變。九四：匪其尩，无咎。【注】匪，非也。其位尩。鼎四

位足尩，體行不正。四失位，折震足，故尩。變而得正，故无咎。

尩或爲彭，作旁。子夏傳作旁。聲字之誤。六五：厥孚交如威如，吉。

【注】孚，信也。比坎爲孚。發而孚二，故交如。五發而二應之，四已變震爲交。乾稱威，

發得位五，乾九，故威如吉。上九：自天右之，吉无不利。【注】謂乾

也。大有乾息已成，故上爻通取一卦之義。右，助也。大有通比，坤爲自，乾爲天，

兌爲右。繫注云：兌爲口，口助爲右。故自天右之。比坤爲順，乾爲信，天之

所助者順，人之所助者信，履信思順。繫注云：比坎爲思。案履信謂坤，履乾思順。

謂乾。又以尚賢。繫注云乾爲賢人。坤比坤。又以尚賢。在乾下。故又以尚賢。故自天右之吉无不利。

彖曰。大有。柔得尊位大中而上下應之。曰大有。大陽也。比初動震爲應乾應五息也。陽息乾歸。故曰大有。其德剛健而文明。剛健乾。文明離。應乎天而時行。是以元亨。注謂五以日應乾而行於天也。象曰火在天上。應天時行唯日耳。時謂四時也。大有亨比。比初動成震爲春。至二兌爲秋。至三離爲夏。坎爲冬。故曰時行。以乾亨坤。是以元亨。

象曰。火在天上。大有。不曰日而曰火者。日中則離。陰陽相就。陽氣盛行。萬物畢納。故曰大有。日中則盛如火。故曰火在天上。君子君子謂乾。以遏惡揚善。順天休命。注遏。絕。揚。舉也。乾爲揚善。坤爲遏惡爲順。以乾滅坤。體夬揚于王庭。夬以剛決柔。乾爲王爲揚。通剝艮爲門庭。故曰揚于王庭。以乾滅坤。亦決柔義。故取夬象。故遏惡揚善。

乾爲天休、二變時巽爲命、故順天休命、以坤歸乾、故順天休命。

大有初九无交害也、注 害謂四、在大有、无交四、可。大轝以載、積中不敗也、坤爲敗。公用亨于天子、小人害也、注 小人謂四也。匪其尩无咎、明辯折也、注 折之离、故明辯折也、离明震辯兑折、折辯人明非實。鼎體、故能變而无咎、四在乾則尩、乾爲人、故象足尩、在坤爲鼠、晉四也、三上易位體小過、有飛鳥之象、艮爲穴、動出穴中、飛而不高、碩鼠之象、故曰晉如碩鼠、在震噬胏得金矢、噬嗑四也、艮爲膚、陽爲骨、肉有骨謂之胏、离火熯之、故爲乾胏、金矢毒害之物、离爲兵、下震動之、矢象、故曰噬乾胏得金矢、在巽折鼎足也、鼎四在坎爲鬼方、未濟四也、變之正體師、坤爲鬼方、爲三所伐、故曰震用伐鬼方、在离焚死、离在四、爲下火所炎、故曰焚如、二至五體大過死象、故曰死如、在艮旅于處言无所容、旅四也、彼注云、巽爲處、四焚棄惡人、失位遠應、故旅于處言无所容也、在兑睽孤孚厲、睽四、睽孤遇元夫、交孚厲无咎、彼注云、孤顧也、在兩陰閒睽、五顧三、故曰睽孤、震爲元夫、謂二已變、動而應震，故遇元夫也。震爲交，坎爲孚，動而得正，故交孚厲无咎矣。三百八十四爻獨无所容也。離四象曰无所容也，此知惡人宜焚死，死无所容矣。

厥孚交如，信以發志也。信謂比五坎孚，乾又爲信。四已變，二坎爲志也。

威如之吉，易而无備也。乾德恆易，易四之徃也。五體夬，有戎爲備，發以變四，夬象不見，故易而无備也。

大有上吉，自天右也。明此爲卦德，非爻位也。

䷎ 艮下坤上　消息卦，乾盡剝上而入坤，上來反三，歸魂之始。乾盈於上，謙而居三，故名曰謙。三之初爲復，息履，與履旁通，遊魂之變也。候在十二月。乾來爲謙，謙三降二爲師，師二升五爲比，消息之次也。陽宜正五，故爻義不之師而之比。卦明乾來初，明履息上；三爻明升五，消息之義備矣。

謙，亨。【注】乾上九來之坤，乾盡坤中，上來反三。與履旁通，三之初爲復，息履。天道下濟，濟，成也。上之三，故曰下。故亨。坤交乾則亨。彭城蔡景君說剝上來之三。剝上卽乾上，義亦一也。不見乾元之正，故不用也。

君子有終。【注】君子謂三，乾稱君子

艮終萬物。說卦曰：艮也者，東北之卦也，萬物之所以成終而成始也。彼注云：萬物成始乾甲，成終坤癸，艮東北，是甲癸之間，故萬物之所成終而成始，是艮終。故君萬物剝由艮入坤，謙反坤濟艮，終則有始，天行也。

子有終。

初六：謙謙君子，用涉大川，吉。謙息履，三降初，乾上謙居三，三又降初，故爲謙謙君子。三坎升五，又體坎爲大川，初坤爲用，故用涉大川吉。

六二：鳴謙，貞吉。三降履初，二息體震，爲善鳴，故曰鳴謙。息則失位，正而承三，故貞吉。

九三：勞謙，君子有終，吉。坎爲勞，艮爲終，不以變論，與師上開國承家義同。

六四：无不利，體三有實，故无不利。撝謙。荀氏云：撝，舉也。陰欲撝三，使上居五，尋師坤虛无君，使二上居五成比，故師五曰利執言，比五曰邑人不戒。泰四不富以其鄰，邑人不戒，注云與比五同義，然則謙雖之師，亦志在比五。上六注云利五之正，四亦宜然。撝謙當如荀氏說也。撝者，艮爲手，成比則四在艮體中。

六五：不富以其鄰，坤虛，故不富。鄰謂三，三在謙爲震，在履爲兌，震東兌西，稱鄰，謂以三居五。利用侵伐，體師五變，利執言，故利用侵伐。无不利。又言无不利者，坤爲利，嫌變坤不利。上六：鳴謙利用行師征邑國、注應在震、故曰鳴謙、體師象、震爲行三、震上行、故曰行師、坤爲邑國、利五之正、已得從征、行師征邑國者五也、上利用之、故利用行師征邑國、

象曰、謙亨、天道下濟而光明、乾來居三、是天道下濟、陽來成坎、息履成離、離日坎月、故光明也、地道卑而上行、坤納乾成震、坤在上、震爲行、故卑而上行、天道虧盈而益謙、注謂乾盈履上、虧之坤三、故虧盈、謙息履、非履變謙、履象剝上下是也、此自亢龍盈不可久、虧之坤三、云盈履上者、不可云盈乾上、又不可云盈剝上、因假履上見義耳、剝復之閒、卦无實象、故多假義、與履訟坎同、貴處賤位、上貴三賤、故益謙、地道變盈而流謙、注謙二以坤變乾盈、乾盈於上、坤出遇遘、品物咸章、至二成遯、乾滅之始、消至剝盡、本由於二、二以坤變乾盈、謂此也、云謙二者、不可云坤二、又不可云遯二、故亦假言謙二、坎動而潤下、水流溼、既濟兩坎、下坎爲溼、謙得既濟下坎也、故流謙也、鬼神害盈而福謙、注鬼謂四、神

謂三、遊魂在四、歸魂在三、四䛐三信、故鬼謂四、神謂三、皆乾精也、坤爲鬼害、乾爲神福、

盈則䛐坤而爲鬼、謙則信乾而爲神、故鬼神害盈而福謙也、**人道惡盈而好**

謙【注】乾爲好、爲人、坤爲惡也、故人道惡盈、乾盈則就坤、故人道惡盈、從上之三、故好謙矣、乾來爲好、故

謙尊而光、卑而不可踰、【注】天道遠、故尊光、自上來、故尊、息履离、故光、三位賤、故卑、坎水就下、險弱難勝、故不可踰、

君子之終也、坎离納乾坤、故艮終萬物、

象曰地中有山謙、地柔而山剛、乘天陽也、地中不盈、地也、地謙廣以益山之高、山謙高以益地之大、

君子以捊多益寡稱物平施、【注】君子謂三、捊取也、艮爲多、坤爲寡、陰有陽則多、无陽則寡、乾爲物爲施、坎爲平、謙乾盈益謙、艮爲多、實乾爲多也、捊乾益坤、稱量也、以坎量而平乾、故以捊多益寡稱物平施、

謙謙君子卑以自牧也、牧養牛人也、坤爲牛、震爲人、驅之鳴、故象牧、坤爲自三降初、卑以自牧、

謙貞吉中心得也注中正謂二坎爲心也謂三正勞謙君子

萬民服也本坤故曰萬民无不利撝謙不違則也坎爲則四本坎五變又爲坎故不違則利用侵伐征不服也坎艮險阻故又爲不服象鳴謙志未得也可

用行師征邑國也雖鳴謙應三而志未得故可使三升居五五變體坎坎爲志是得志

䷏坤下震上消息卦坤盡支上而入乾乾元索坤之四爲豫息爲小畜爲坤遊魂之變豫怡也陰得陽而喜樂故名曰豫內卦侯在二月外卦三月卦爻皆取息小畜乾元入坤也爻至五五上不變則成需坤之遊魂也

豫利建侯行師注復初之四與小畜旁通復初者乾元也陰麗陽而生豫四之坤初爲復息小畜陰始凝陽坤爲邦國震爲諸侯初至五體比象四利復初息小畜故利建侯比先王以建萬國親諸侯不以四震爲侯者屯注云善建者不拔震在初體潛龍確乎不拔乃建侯也三至上體師象故行師四震下行故爲行師

初六鳴豫凶注應震善鳴凡豫陰道在陰而不能正則豫失位故鳴豫凶

也、初不取息者、義取四復初、故不言初變。六二、介于石、【注】介、纖也、纖介微意、與四爲艮、艮爲石、故介于石、繫以豫二知幾、注云、知四當復初、則此介謂幾之纖微如石、不終日、貞、句吉、【注】與小畜通、應在五、終變成離、息小畜至五、則四成離、故日終變、離爲日、不終日、成泰時也、似謂得位、欲四急復初、由二中正得位、故能知幾、欲四復初息正、己得休之、小畜乾爲天休、故不終日貞吉、坤欲四復如師、謙欲二三升。

六三、盱豫悔、遲有悔、盱張目也、小畜離爲目、六三失位目不正、爲盱、在陰、故豫遲、謂四之初息而三不卽正也、五變在艮、故爲遲。九四、由豫、大有得、勿疑、朋盍戠、【注】由、自、從也、羣陰之豫、皆由四也、據有五陰、坤以衆順、故大有得、得羣陰也、陽稱大、坎爲疑、故勿疑、當復初、息小畜、故云勿疑也、小畜兌爲朋、息至四、泰時、盍合也、坤爲盍、盍戠聚會也、坎爲聚、坤爲衆、衆陰並應、故朋盍戠、四復初息至兌、兌通坎、坤陰並息陽、戠舊讀作撍作宗也、京氏作撍、荀氏作宗、六

五、貞疾恆不死、注恆常也、坎爲疾、在豫坎中、小畜上不應、變五正在坎、故貞疾
在坤、坤爲死、也、六二震爲反生、位在震中、五在豫不應二、與坤體絕、
小畜二不正无應、二五不取應五之坤則爲死、故貞疾恆不死也、上六冥豫成有
渝、无咎、注應在三、坤爲冥、渝、變也、三失位无應多凶、變乃
得正體艮成、艮爲成、成有渝者三也、由艮變也、故成有渝无咎、上得位、三變則有應
故无咎
彖曰、豫剛應而志行、謂四復初、息小畜、乾陽皆應、坎爲志、震爲行、坎爲震、故志行、順以動、
坤順震動、四復初、動乎順、豫、豫順以動、故天地如之、而況建侯行師乎、
注小畜乾爲天、坤爲地、如之者、謂天地亦動以成四時、而
況建侯行師、言其皆應而豫也、天地以順動、故日月不過
而四時不忒、注豫變通小畜、坤爲地、動初至三成乾、故天

地以順動也。過謂失度，忒差迭也。謂變初至需，至五成需，离爲日，坎爲月，皆得其正，故日月不過。動初時震爲春，至四兌爲秋，至二卽兌，云四者，四兌位定，對下刑罰清而言。至五坎爲冬，离爲夏，四時爲正，故四時不忒。通變之謂事，蓋此之類。繫注云：事謂變通趨時以盡利天下之民謂之事業也。

聖人以順動，則刑罰清而民服。注 清猶明也。動初至四兌爲刑，至坎爲罰，坎兌體正，故刑罰清。坤爲民，乾爲清，兌坎皆息乾，故清。以乾乘坤，故民服。復初爲聖人，乾息，故聖人以順動也。

豫之時義大矣哉。注 順動天地，使日月四時皆不過差，刑罰清而民服，故義大也。

象曰：雷出地奮，豫。陽升出地，萬物皆喜。先王以作樂崇德，殷薦之上帝，以配祖考。復乾，故曰先王。象雷出地，故作樂。乾爲德，息乾，故崇德。說文云：作樂之盛稱殷。薦，進也。薦上帝配祖考謂大饗上帝於明堂以文武配是也復初萬物之始天行之成故爲上帝小畜离饗明而治爲明堂坤爲鬼乾盈甲復初故乾小畜加故乾小畜乾爲父復乾爲祖四下初加爲震體復故配祖考也

初六鳴豫志窮凶也注體剝蔑貞剝初故志窮凶也四坎爲志失位故窮初在剝初故凶也

不終日貞吉以中正也二中正故知幾

盱豫有悔位不當也

由豫大有得志大行也由坎息震坎爲志震爲行故志大行

六五貞疾乘剛也五乘四坎爲疾正坎又爲疾貞疾故不死生於憂患恆不死中未亡也變得中不應坤故未亡

冥豫在上何可長也謂小畜成上體巽爲長

䷐震下兌上消息卦泰息至蠱當反否隨來通蠱兌陰從震夫明乾元復正也故名曰隨自否來者乾坤之合侯在二月成既濟

隨元亨利貞无咎注否上之初剛來下柔初上得正故元亨乾元復正故元亨初上既正天行消息終成既利貞无咎濟故利貞陽降陰升非詭之道嫌於有咎故曰

无咎、此與蠱旁通、不言者、蠱變泰入否、故通隨爲義、隨通蠱、蠱入泰、不必取蠱也、

初九、官有渝、貞吉、出門交有功、官主也、渝變也、應四、艮爲官、爲門、震爲出、四失位、變而交初、三已正、則與五成离、五多功、四有离體、故交有功、四象曰有孚在道明功也、謂此、

六二、係小子、失丈夫、注應在巽、巽爲繩、故稱係、小子謂五、兌爲少、故曰小子、丈夫謂四、體大過老夫、故稱丈夫、承四隔三、故失丈夫、三至上有大過象、故與老婦士夫同義、大過九二老夫得其女妻、注云二體乾老、故稱老夫、隨四體大過九二、爲老夫、三體大過初六、爲老婦、五則大過之士夫、故爲小子、二不體大過、故失丈夫也、體咸象、咸取女、三女也、二夫死大過、大過棺椁之象、故爲死、老夫故夫死也、故每有欲嫁之義也、

六三、係丈夫、失小子、隨有求得、利居貞、注隨家陰隨陽、三之上无應、上係於四、失初小子、與四爲巽、故係初亦爲小子者、對四乾爲老夫、震長男、是小子也、故係丈夫失小子、艮爲居、爲求、謂

求之正得位遠應利上承四承四然後能變正故利居貞矣九四隨有獲貞凶有孚在道以明何咎注謂獲三也三係丈夫失位相據在大過死象故貞凶象曰其義凶矣孚謂五陽在五爲孚初震爲道三已之正四變應初得位在离故有孚在道以明何咎象曰明功也九五孚于嘉吉注坎爲孚陽稱嘉四已變坎爲位五正故吉也上六拘係之乃從維之注應在艮艮手爲拘巽爲繩兩係稱維故拘係之乃從維之在隨之上而无所隨故維之三未正故无所隨與三共係於五故兩係稱維也乾鑿度曰上六用待九五拘繫之維持之明被陽化而陰欲隨之象曰上窮是其義也王用亨于西山注否乾爲王謂五也有觀象故亨亨讀如饗觀盥而不薦祭亨之象兌爲西艮爲山故用亨于西山也用用上也上自坤升爲用艮兌之象由上升而成故曰用亨于

西山

彖曰：隨，剛來而下柔，動而說，隨。注否乾上來之坤初，故剛來而下柔。陰之隨陽，由剛下之，夫婦之義。動震說兌也。大亨貞无咎而天下隨時。注乾爲天，坤爲下，震春兌秋，三四之正，坎冬离夏，四時位正，時行則行，故天下隨時矣。隨時之義大矣哉。惠徵士云：陽倡而陰和，男行而女隨，故義大。

象曰：澤中有雷，隨。澤中有雷，陰隨陽息。君子以嚮晦入宴息。君子謂乾上也，坤爲晦，震爲嚮，宴安，坤德也，息滋也。嚮晦入安息，養夜氣，震道也。

官有渝，從正吉也。震爲從，謂從初，初正也。出門交有功，不失也。四上隨五，嫌初失四，故曰不失。

係小子，弗兼與也。注已係於五，不兼與四也。係丈夫，志舍下也。下謂初。隨有獲，其義凶也。有孚在道，明功也。注

死在大過故凶也功謂五也三四之正离爲明故明功也

孚于嘉吉位中正也注凡五言中正中正皆陽得其正以此爲例矣爲五例

拘係之上窮也注乘剛无應故上窮也惠徵上云係於丑則不窮

䷑巽下艮上消息卦泰否之閒猶剝復也泰之息卦終於蠱剛上柔下乾元失位名曰蠱蠱事也飭也泰久則墮壞當整飭而有事也與隨旁通通變不倦隨則反泰乾道也侯在三月卦取通隨先變成漸蠱坤道反否不成既濟爻初正則成家人

蠱元亨注泰初之上與隨旁通剛上柔下乾坤交故元亨也

利涉大川注謂二失位動而之坎故利涉大川也二五失位不言五者二上易五故爻云幹父用譽

先甲三日後甲三日注謂初變成乾乾爲甲至二成离离爲日謂乾三爻在前前後自以乾之故次對後乾爲前

先甲三日、賁時也、變三至四體离、至五成乾、乾三爻在後、故後甲三日、无妄時也、此所謂與隨旁通也、飭事之道盡飾而无亾、故因通隨見義

初六、幹父之蠱、有子考、句无咎、厲終吉、注幹正、蠱事也、文言曰貞固足以幹事、猶言立事、非壞而正之、泰、乾爲父、坤爲事、故幹父之蠱、初上易位、艮爲子、父死大過稱考、故有子考、父以有子而稱考、謂初伏陽也、初上易位、謂泰初之上、變而得正、故无咎厲終吉也、初變體夬、故厲、大畜須養、故終吉、艮爲終

九二、幹母之蠱、不可貞、注應在五、泰坤爲母、故幹母之蠱、亦坤爲事也、泰以乾爲主、唯二承五、象母蠱、餘皆父蠱也、失位、故不可貞、注義凡言貞者、之正也、凡言不可貞者、正守也、此或失之、不可貞者、謂當與五易位、不可自正而已、旁通卦皆自正、三四不變、故五待二易位、變而得正、故貞而得中道也、此釋象傳

九三、幹父之蠱、小有悔、无大咎、二變涉川、坎爲悔、三不變陷坎中、故小有悔、正位、故无大咎

六四、裕父之蠱、往見

吝注裕不能爭也裕亦寬意震爲寬陰柔故爲裕也孔子曰父有爭子則身不陷於不義四陰體大過本末弱故裕父之蠱兌爲見變而失正故往見吝象曰往未得是其義也往變也戒言不可變六五幹父之蠱用譽注譽謂二也二多譽二五失位變而得正故用譽上九不事王侯注泰乾爲王坤爲事應在於三震爲侯坤象不見故不事王侯王侯皆指三上不變无應故不事王侯高尚其事注謂五已變巽爲高艮陽升在坤上上艮爻卦本坤體故曰艮陽升坤上故高尚其事

彖曰蠱剛上而柔下巽而止蠱注泰初之上故剛上坤上之初故柔下上艮下巽故巽而止蠱也剛柔交通巽順而止其所然後可以有事蠱元亨而天下治也乾爲天坤爲下陽升陰降以乾治坤是天下治利涉大川往

有事也。往變之五也，坤爲事。二上有坤，故往有事。先甲三日，後甲三日，終則有始，天行也。注易出震，消息歷乾坤，象乾爲始，坤爲終，故終則有始。出震爲復，至泰爲乾，則反否而終；退巽爲遘，至否爲坤，則反泰而始。否泰反類，象乾坤。乾爲天，震爲行，故天行也。明出震，爲飾蠱之道。

象曰：山下有風，蠱。左傳云：風落山謂之蠱。風者所以宣滯毓財。君子以振民育德。注君子謂泰乾也。坤爲民，初上撫坤，故振民。振者，舉而有之。乾稱德，體大畜須養，故以育德也。

幹父之蠱，意承考也。復成乾。幹母之蠱，得中道也。五在震爲道。幹父之蠱，終无咎也。裕父之蠱，往未得也。注往失位，折鼎足。四變則體鼎，九四折鼎足，故未得。幹父用譽，承以德也。注變二使承五，故承以德。二乾爻，故稱德矣。不事王侯，志可則也。志則皆坎象，明上九

之高尚可與乾爲既濟初云意承考亦謂二上五既濟坎爲意

䷒兌下坤上息復陽始大進臨臨於陰故名曰臨臨者大也與遯旁通遯息於臨臨消於遯也臨十二月卦也動成泰而後既濟

臨。元亨利貞。注陽息至二。與遯旁通。遯消至二。剛浸而長。乾來交坤。動則成乾。謂三。故元亨利貞。至于八月有凶。注與遯旁通。臨消於遯。六月卦也。於周爲八月。遯弑君父。故至于八月有凶。荀公以兌爲八月。兌於周爲十月。言八月失之甚矣。

初九。咸臨。貞吉。注咸。感也。以陽感陰。所以成大。故初二皆曰咸臨。惠徵士云卦唯初與四二與五二氣感應。故謂之咸。得正應四。故貞吉也。

九二。咸臨。吉。无不利。注得中多譽。兼有四陰。體復初元吉。故无不利。

六三。甘臨。无攸利。既憂之。无咎。注兌爲口。坤爲土。土爰稼穡作甘。兌口銜坤、故曰甘臨、當臨之時、物无不大、故六爻皆臨。三以陽體朋陰、故甘臨。失位乘陽、故无攸利。言三失位无應、故憂之。六三坤爻、含章、故能憂之。亦以三正後二變體坎、爲憂也。動而成泰、故咎不可長也。可字衍。

六四：至臨、无咎。注 至下也、謂下至初應、當位有實。實、陽也。故无咎。

六五：知臨、大君之宜、吉。乾爲知、大君、陽居五也。三已正成泰、坤虛无君。二五易位成既濟、故曰知臨大君之宜、與泰六五同義也。

上六：敦臨、吉、无咎。敦、厚也。坤爲厚、上據坤終、故敦臨。二已上五、既濟定、故吉无咎。

象曰：臨、剛浸而長。注 剛謂二也。兌爲水澤、自下浸上、故浸而長也。浸、漸也。說而順、剛中而應。注 說、兌也。順、坤、剛中謂二也。四陰皆應之、故曰而應。大亨以正、天之道也。注 大亨以正、謂三動成乾天、句得正爲泰。天地交通、故亨以正天之道也。天之道、謂成泰則二升五定既濟也。注不言者、因泰可知。至于八月有凶、消不久也。

天地盈虛與時消息

象曰澤上有地臨、臨者大也澤、水之大也、地大容澤澤大浸地故曰臨君子以教思无窮容保民无疆、注君子謂二也、震爲言、兌口講習學以聚之、問以辯之、體乾九二、坤爲思、剛浸長、故以教思无窮、容寬也、二寬以居之、仁以行之、坤爲容爲民、故保民无疆矣、

咸臨貞吉志行正也、震爲行、初本復卦震爻、故曰行正、感四坎故稱志、咸臨吉无不利、未順命也、坤爲順、遯巽爲命、二浸長成遯凶、故未順命、甘臨、位不當也、既憂之、咎不長也、謂憂則必正、故咎不長、至臨无咎、位當也、釋文云一本作當位實非、今謂虞本或宜作當位實、大君之宜、行中之謂也、中謂二、震爲行、言二升五、敦臨之吉、志在內也、內謂二、

䷓坤下巽上　消否、九五正、觀示坤陰、故名曰觀、觀與大壯旁通、觀息於大壯、大壯消於觀也、觀八月卦

也。消卦不成既濟。上三正爲蹇。言難也。

觀盥而不薦，有孚顒若。注觀，反臨也。觀消卦，不言消否者，正陽，故取反臨。以五陽觀示坤民，故稱觀。盥，沃盥。謂祭將灌時先沃手。薦，羞牲也。孚，信，謂五。陽在五。顒顒，君德有威容貌。若，順也。坎爲水。觀坤道，五正位，則上之三，故有坎象。坤爲器，艮手臨坤，坎水沃之，盥之象也，故觀盥而不薦。坤爲牛，上之三，坤象不見，故不薦。孔子曰：禘自既灌，吾不欲觀之矣。馬融云：祭祀之盛，莫過初盥降神；及薦簡略，則不足觀。巽爲進退，容止可觀，進退可度，則下觀其德而順其化。上之三，五在坎中，故有孚顒若。下觀而化。詩曰：顒顒卬卬，如珪如璋。君德之義也。

初六：童觀，小人无咎，君子吝。注艮爲童。自臨反觀，初先之上爲艮，上來居艮處，故童觀。艮指初，非初觀上。陰小人，陽君子。陰，初六也。陽，臨初伏位。初位賤，以小人乘君子故无咎陽伏陰下故君子吝矣六二闚觀利女貞注臨兌爲女竊觀稱闚兌女反成巽巽四五得正故利女貞臨五來居兌巽女處故女貞二得位不淫視言四五得正者五比四不應二也艮爲宮室坤爲闔戶小人而應五故闚觀女貞利不淫視也初二臨陽之位又坤未成无民象故爲小人六三觀我生句進退注坤爲我三自我也臨震爲生生謂坤生民也震爲坤故曰生民與九五同義五象注云坤爲民謂三也巽爲進退故觀我生進退謂五二觀示坤民進退三欲五二正上來易己臨震進之五得正居中故象曰未失道六四觀國之光利用賓于王注坤爲國臨陽至二天下文明反上成觀進顯天位故觀國之光謂五也王謂五陽陽尊賓坤坤爲用爲臣四在王庭艮爲門庭四諸侯位故在王庭賓事於五故利用賓于王矣詩曰莫敢不來賓莫敢不

來王、是其義也、九五觀我生、句 君子无咎、注我身也、亦坤爲身、

謂我生三字疑衍 生謂生民、三坤也、臨二與三爲震故五亦我之震生象反、震爲反生、

坤爲死喪、嫌非生民、故不言民、言生則民見、陽爲君子、在。臨。二。

失位、之。五。得道處中、故君子无咎矣、上九觀其生、句 君子

无咎、注應在三、三體臨震、故觀其生、上當易之故不云我生 君子謂

三、之。三。得正、故无咎矣、

彖曰、大觀在上、注謂陽息臨二、直方大、臨者大也、在。觀。上。故

稱大觀、由臨息泰、反否退觀、觀爲消卦、聖人神。道。設。敎。特取臨。二。反。五。爲義故異其文曰大觀 順而

巽、中正以觀天下、注順坤也、中正謂五、五。以。天。神。道。觀。示。

天。下。咸服其化、賓於王庭、四用賓于王是也 觀盥而不薦有孚顒

若下觀而化也、觀天之神道而四時不忒、注忒差也神道

謂五乾爲道乾陽之信者爲神二五之坤成离日坎月是也臨體乾二上正坤五成始乎艮潔齊乎巽故曰神道乾道變化自成坎离故三上易位臨震兌爲春秋三上易位坎冬离夏春者陰陽之著故臨震兌先見冬夏秋者陰陽之微故五得位乃易三日月象正四時由日月故四時不忒聖人神道設教而天下服矣注聖人謂乾退藏於密而齊於巽兌爲密以神明其德教臨教思无窮反觀神故道故神明其德教聖人設教坤民順從而天下服矣

象曰風行地上觀風者天之教所以觀示萬物臨震行坤故行地上先王以省方觀民設教觀消卦臨乾未成故曰先王坤爲方爲民三上易位离見艮止故省方觀民

初六童觀小人道也臨陽伏下陰得從之是爲道也陽爲道闚觀女貞亦可醜也觀我生進退未失道也震爲道二進五退故未失道觀國之光尚賓也尚上也謂五觀我生觀民也注坤爲民謂三也坤體成故觀

民也、不兼初二者、初二有臨伏陽不得以坤言民觀其生、志未平也、注坎爲志

爲平、上來之三、成坎、故志未平矣、上爲五志也、

周易虞氏義卷之二

周易虞氏義卷之三

張惠言學

周易上經　彖上傳　象上傳　虞氏注

☲☳震下離上　陰消至否弑父弑君乾五通坤流坎生震上來復三乃反泰象故噬嗑之豐爲否反泰中閒消息在益恆之前名噬嗑者嗑合也乾坤當合於中孚當否之時未能卽合故象噬嗑之上來反三四五乃正是也候在十月卦取之豐爲消息之豐則反泰故四五取成既濟上九爻別明之益消息

噬嗑亨利用獄【注】否五之坤初坤初之五剛柔交故亨也坎爲獄艮爲手離爲明四以不正而係於獄上當之三蔽四成豐折獄致刑由四不正故上當折之兌爲折爲刑人貴三坎正位故无敢折獄故利用獄坤爲用也乾入通坤故有用象

初九屨校滅趾无咎【注】屨貫趾足也震爲足坎爲校震沒坎下坎水日滅故屨校滅趾震體以初爲主故獨象屨校初位得正故无咎六

二噬膚滅鼻无咎注噬食也艮爲膚爲鼻鼻沒水坎中隱藏不見坎爲隱伏故噬膚滅鼻中四爻在頤中各有食象所噬之物還是當爻之象荀氏以當爻噬人非矣取乘剛剛謂初初否五體震二乘之爲下仁故噬之易又得正多譽故无咎六三噬腊肉遇毒小吝无咎注三在膚裏故稱肉四陽爲骨二爲膚三在膚裏稱肉離日熯之爲腊坎爲毒故噬腊肉遇毒毒謂矢毒也四金矢失位承四故小吝與上易位利用獄成豐故无咎也九四噬乾胏肉有骨謂之胏陽爲骨離乾之得金矢乾爲金離爲矢金矢毒害之物四體離焚棄惡人故得金矢利艱貞吉四五易位體屯故利艱貞三上已變既濟故吉也六五噬乾肉得黃金貞厲无咎注陰稱肉位當離日中烈故乾肉也乾金黃故得黃金乾陽亦謂四也四失位毒害則爲金矢與五易位則爲黃金貞正之正厲危也體屯變而得正故无咎上九何校滅耳凶何負也在

坎校上，故何校，坎爲耳，水自下没上，故滅耳。繫曰：惡積而不可弇，罪大而不可解。注云：謂陰息遘至遯，子弑其父，故惡積而不可弇；陰息遯成否，以臣弑君，故罪大而不可解也。尋此卦初爻義取小懲大戒，上爻義取惡積罪大者，此本否上，否終則傾，宜下反於初成益，故先否後喜。今上不下反，坤弑遂行，五降於初以救之，故初无咎而上凶。

彖曰：頤中有物曰噬嗑。注物謂四，則所噬乾胏也。取九四爻辭。頤中无物，則口不噬，故先舉頤中有物曰噬嗑也。象辭未有以卦象者，故釋其義。

噬嗑而亨，剛柔分，分乾降坤，分坤升乾，是以亨。**動而明，雷電合而章，柔得中而上行。**動雷謂震，明電謂離，坤初升五，故柔得中。五升則四入獄，上乃之三折之，故云上行。震爲行也。或以坤上爲上行，則經當云上行而得中，違失甚矣。**雖不當位，利用獄也。**不當位謂五。

象曰：雷電噬嗑，稽覽圖曰：雷有聲名曰雷，有光名曰電，則電亦雷也。雷之發必先有光而聲隨之，故言雷電。則雷動而上，電明而下，噬嗑象也。言皆至，則雷後及電，乃爲豐象。降陰下迎，陰起而陽氣自上薄之，則爲雷。乾通

坤否噬而後嗑之象也**先王以明罰勑法**否乾爲先王坎爲罰爲法離爲明上之三正坎故明罰勑法也

屨校滅趾不行也注否坤小人以陰消陽其亾其亾故五變滅初否坤殺不行也殺讀曰弑云五變滅初變初成趾滅於坎下非謂滅去初陰**噬膚滅鼻乘剛也**乘初同體亦小徵大戒故无咎**遇毒位不當也**明无咎由之正**利艱貞吉未光也**屯五施未光謂陽陷陰中**貞厲无咎得當也**之正故當**何校滅耳聰不明也**坎正則聰今不正故凶明之三折坎則離明也

䷕離下艮上陽息至泰巳正既濟坤來入乾成賁賁初之四爲旅否象見矣爲泰反否中間消息在蠱隨之前猶息卦噬嗑豐也名曰賁者賁飾也太平之功立文盛當反質故曰賁无色也飾而不親則否道候在八月五利往則永貞成既濟化成天下江承之云卦成家人明權也亦通

賁亨注泰上之乾二乾二之坤上柔來文剛離爲文自外曰來謂二陰

陽交故亨也小利有攸往注小謂五往者之正卦唯五上失位故小謂五五失正動得位體離以剛文柔剛謂三柔謂四五變分三成離爲文故小利有攸往

初九賁其趾舍車而徒注應在震震爲足故賁其趾也應在艮艮爲舍坎爲車徒步行也位在下故舍車而徒陽爲質陰爲文賁之義以柔飾剛賁初者四四體震故賁其趾四在止體下屬於坎不堅應初故初舍之位在下者惠徵士云古者大夫乘車初爲士也六二賁其須須待也二无應待五之正二則賁之歸妹六三歸妹以須注云須需也彼待四正與此同也九三賁如濡如永貞吉上下交之故賁如體坎水故濡如永貞謂五正則六爻皆正五分三剛以文柔三守正以待五上變則吉與元永貞義近也六四賁如皤如白馬翰如匪寇句婚媾五變文四故賁如在巽爲白故皤如皤白貌坎爲馬白馬爲翰坎爲寇謂三也婚媾謂初也戒四當賁初六五賁于丘園束帛戔戔吝終吉注艮

爲山，五半山，故稱丘。木果曰園，艮爲木果，故賁于丘園也。言五陰賁於艮。六五失正，動之成巽，巽爲帛，爲繩，艮手持，故束帛以艮斷。巽爲齊，故斷。故戔戔。失位无應，故吝。變而得正，故終吉矣。

束帛戔戔，委積之貌。上九，白賁，无咎。注 在巽上，故曰白賁。乘五陰，變而得位，故无咎矣。

彖曰：賁亨，柔來而文剛，故亨。柔謂二，剛謂三。分剛上而文柔，柔謂四，五變分三上，屬成离，剛亦謂三也。下注云二五分是也。故小利有攸往，天文也。注 謂五利變之正，成巽體离，艮爲星，离日坎月，巽爲高，五天位，离爲文明，日月星辰高麗於上，故稱天之文也。文明以止，人文也。注 人謂三，三位三人，乾爲人，文明离，止艮也。震動离明，五變據四，二五分則止文三，上下兩离交集於三，二五分三之文，則皆止於三，故以三爲人文也。觀乎天文以察時變。【注】日月星辰爲天文也。泰震春兑秋，賁坎冬離夏，巽爲進退，日月星辰進退盈縮，謂朓側朒也。說文云：晦而月見西方謂之朓，朔而月見東方謂之縮朒，側卽朒也，朒，月始生也。歷象在天成變，故以察時變矣。觀乎人文以化成天下。【注】泰乾爲人，五上動，體既濟。此由泰來，泰成既濟，五既變則還體泰，泰道長，故上終變成既濟，九三爻曰永貞是也。賁離象三體重離，重明麗正，故以化成天下也。

象曰：山下有火，賁。山下有火，文在其中而見乎外。君子以明庶政，无敢折獄。【注】君子謂乾。泰乾，離爲明，坤爲庶政，故明庶政。五變明坤也。坎爲獄，三在獄得正，故无敢折獄。噬嗑四不正，故利用獄也。

舍車而徒，義弗乘也。惠徵士云：初爲士，故義弗乘。賁其須，與上興也。上謂五，震爲興。永貞之吉，終莫之陵也。艮爲陵。六四當位疑也。坎爲疑，四在坎，疑賁三匪寇婚媾終无尤也終應初六五之吉有喜也注五變之陽故有喜凡言喜慶皆陽爻白賁无咎上得志也注上之正得位體成既濟故曰得志坎爲志也

䷖坤下艮上陰消觀九月卦也乾鑿度曰夫陰傷害爲行故剝之爲行剝也當九月之時陽氣衰消而陰終不能盡陽小人不能決君子也謂之剝言不安而已剝通夬夬消於剝剝息於夬也卦不變爻義三爲謙五爲觀上爲艮爲坤皆明消息

剝不利有攸往注陰消乾也剝復消息之要故本乾而言與夬旁通自夬剛長卽有剝消剝又有夬故旁通爲義以柔變剛小人道長子弒其父臣弒其君故不利有攸往也謂上也上變則乾盡

初六剝牀以足蔑貞凶注此卦坤變乾也動初成巽巽木爲牀猶車盧也牀以安人復震在下爲足故剝牀以足剝窮則復故初巽卽伏震二則

不言伏兑也蔑无貞正也消陽无可貞也三无咎而初蔑貞者三剝成當反初剝始未能正也失

位无應故蔑貞凶剝則凶矣失位无應極言之以起其凶震在陰下象曰以

滅下也六二剝牀以辨蔑貞凶注指間稱辨說文采辨別也象獸指爪

分別也讀若辨辨判也故曰指間稱辨剝剝二成艮艮爲指二在指間故剝

牀以辨无應在剝故蔑貞凶也六三剝无咎消二坤成剝體已就故直

言剝剝窮於上乾魂先返三三返成艮成終成始故无咎六四剝牀以膚凶注辨上稱

膚艮爲膚以陰變陽至四乾毀故剝牀以膚臣弒君子弒

父故凶矣否至三弒父弒君剝至四乃成弒者否消未然剝道已著乾未毀猶不爲切近忠厚之至六

五貫魚以宮人寵无不利注剝消觀五巽爲魚爲繩艮手

持繩貫巽故貫魚也此言五自巽爲艮艮爲宮室人謂乾五句以

陰代陽五貫乾爲寵人陰得麗之故以宮人寵此言五自艮復爲巽

也。乾鑿度曰：陰貫魚而欲承君子是也。宮人謂乾五不稱后者，剝統於上，五不得正尊位，巽為長女，是宮人寵於乾者，羣陰所麗也。動得正成觀，故无不利也。自剝之復，上來反三五，來復初，故三五爻象如此消息歸魂，非實之變，故上成頤，又成坤，各為義。

上九，碩果不食，君子德車，小人剝廬。注 艮為碩果，謂三已復位，有頤象，頤中无物，故不食也。此言上不變也。夬乾為君子，為德，坤為車，為民。乾在坤，故以德為車。此言上變之坤，剝上就夬五，純坤載乾，故德車，民所載。小人謂坤，艮為廬，上變滅艮，坤陰迷亂，故小人剝廬也。坤先迷後得主，即此之謂。卦辭不利有攸往，利上不變者，陽道无盡也。爻辭之坤者，陽自坤出震，不從上反初，故取坤載乾也。

彖曰：剝，剝也，柔變剛也。雜卦曰：剝，爛也。注云：陽得陰孰，故爛。此柔變剛之義。不利有攸往，小人長也。順而止之，觀象也。君子尚消息盈虛，天行也。

注 坤順艮止，謂五消觀成剝，故觀象也。剝雖消，上不變乾，猶觀示羣陰為君子。乾息為盈。自復至夬。坤消為虛。自遘至剝。故君子尚消息盈虛天行也。消息皆乾道。則出入无疾反復其道。解見復卦。易虧巽遘也。易乾元也。消艮剝也。出震復也。息兌夬也。盈乾虛坤。故於是見之耳。日月為易。剝復易之大。故發之。

象曰山附於地剝。山附於地。基大則安。剝而不陁。上以厚下安宅。上謂上九。非君位故曰上。厚下。坤也。宅。艮也。厚下以安宅。則剝而不窮。

剝牀以足以滅下也。復震滅陰下。坤滅藏。故曰滅。剝牀以辨。未有與也。與應也。五未之正。故未有與。剝之无咎。失上下也。失之於上。卽反於下。剝牀以膚。切近災也。以宮人寵。終无尤也。艮為終。上變坎為尤。體觀。故終无尤。君子德車。民所載也。坤為民。坤載乾。故民所載。小人剝廬。終不可用也。陰必麗陽。故坤出震。坤為用也。

䷗震下坤上息卦之始，乾剝入坤，上九反艮爲謙，歷謙履師同人比大有，而乾坤合於离坎，屯鼎受之。復出於震，故名曰復。文言注所謂以坤牝乾，滅出復震爲餘慶也。與遘旁通。繫曰：龍蛇皆蟄，是也。十一月之卦。卦取陽息成泰，交取正位成既濟，皆乾道。

復，亨。注陽息坤，坤牝陽，故與遘旁通，巽佽反。曰息坤。震下剛反交初，故亨。還反也。

出入无疾，朋來无咎。注謂出震成乾，入巽成坤，坎爲疾。十二消息不見坎象。由復歷臨至泰，反觀成剝，入坤爲乾之消息六卦；由遘歷遯至否，反大壯成夬盈乾，爲坤之消息六卦。凡得乾坤之卦八，震巽兌艮卦各二，不見坎离，蓋日月成八卦之象，乾坤合東，震巽合西，艮兌合南，坎离入中宮，其處空虛，离爲日光，震巽兌艮皆可見，离象坎爲月精，晦朔之交，不可見也。故出入无疾。兌爲朋，在內稱來，五陰從初，初陽正，句息而成兌臨時，故朋來无咎矣。反復其道，七日來復。注謂乾成坤，剝消反出於震而來復，陽爲道，故復其道。剛爲晝日，消乾六爻爲六日。剛來反初，故七日來復，天行也。虞氏易例日數並以爻數解之。惠徵士以日爲月，非也。利有攸往。注陽息臨成乾，泰時小人道消，君子道長，故利有攸往矣。

初九。不遠復，无祇悔，元吉。乾爲遠，七日來復，滅乾復震，故不遠復。鄭云：祇，病也。坎爲心病，爲悔。出入无疾，故无祇悔。乾元正，故元吉也。六二。休復，吉。休，寬仁之意。震爲寬仁。二得正，不變，下體初震，故休復而吉。六三。頻復，厲，无咎。注頻，蹙也。三失位，故頻復厲。說文曰：頻，水厓。頻蹙不前，三處震終，虢虢畏懼。震爲足，變坎動。大川將變而懼，故謂之頻。离爲目，目上震懼，頻蹙之象。而之正，故无咎也。六四。中行獨復。注中謂初。惠徵士云：董子以中者天地之太極。極中也，即復之初也。震爲行，初一陽爻，故稱獨。四得正應初，故曰中行獨復，以從道也。謂初已復，四宜從之。俗說以四位在五陰之中而獨應復，非也。謂鄭氏說。四在外體，又非內象。震體在外，即不爲中，不在二五、何得稱中行耳。六五、敦復、无悔。敦、厚也。坤爲厚、故敦復。變而得正、坎爲悔、三動成離、故无悔矣。上六、迷復、凶、有災眚。【注】坤冥爲迷、高而无應、故凶。五變正時、坎爲災眚、故有災眚也。用行師、終有大敗、以其國君凶。【注】三復位時而體師象、故用行師。謂五未變、師震爲行、坤爲用、用行師。故陰逆不順、坤爲死喪、坎流血、故終有大敗。五變師體坎、大敗。故遘乾爲君、滅藏於坤、坤爲異邦、故國君凶矣。君卽五也、三行師五出、象險逆、故遘乾爲君。至于十年不克征。【注】坤爲至、爲十年、陰逆坎臨、當爲險字誤。故不克征。謂上負險、人不能征。謂五變設險、故帥師敗、喪君而无征也。復陽之微、尤惡陰逆、故上六象如此。

象曰：復亨、句剛反動而以順行、句是以出入无疾、朋來无咎。

【注】剛從艮入坤、謙艮也。從反震、艮有反震象。故曰反動、坤順震行、

故而以順行、陽不從上來反初、明自謙至、鼎消息、故不言剛自外

來、是以明不遠之復、入坤出震義也、反復其道、七日來復、

天行也、陽生於子、消於午、天之大數七也、利有攸往、剛長也、復其見天地

之心乎、注 坤爲復、目下也、言自坤爲復、必先歸魂於謙、故三復位時有离坎也、坤既爲復、則朋來

无咎、利有攸往、故泰見乾坤也、謂三復位時、离爲見、坎爲心、謙坎履离陽並在三、

息臨成泰、乾天坤地、故見天地之心也、由坎离爲乾坤、故見天地之心、

象曰、雷在地中、復、雷陽氣也、先王以至日閉關、商旅不行、后不省

方、注 先王謂乾初、乾已入坤、故稱先王、至日、冬至之日、陽生子中、坤是爲冬至、

闔爲閉關、震爲大塗、剝艮爲門、伏遘巽爲利市、關象、巽爲商旅、爲近利市三倍、

遘巽伏初、故商旅不行、遘象曰、后以施命誥四方、今隱復

下、故后不省方、宋衷云、不省四方之事、將輔遂陽體成致君道是也、以復爲陽始、遘

則陰始天地之始陰陽之首已言先王又更言后后君也遘象注云后繼體之君則謂初乾也六十四卦唯此重耳

不遠之復以脩身也坤爲身剛反通坤故以脩身休復之吉以下仁也仁謂初震爲仁頻復之厲義无咎也危者安其位中行獨復以從道也陽爲道謂初敦復无悔中以自考也考省也坎爲心离明察之五位上中故中以自考迷復之凶反君道也注遘乾爲君坤陰滅之以國君凶故曰反君道也

☰☳震下乾上遯消乾子弑父上之初出震反生陽无所亾故名曰无妄妄亾也此爲消卦之始故雜卦曰无妄災也候在九月卦辭元亨利貞與乾同然消卦不能成既濟故三不變則上亦不變而成益否道也

无妄元亨利貞注遯上之初此所謂四陽二陰非大壯則遯來也依例當三之初此上之初者消卦之始特正乾元與否上成益同義剛來交初體乾故

元亨、正。乾。元。三四失位、故利貞也、卦三四上皆失位、獨言三四者、爻位三上相易、三正
則上亦正、因卦辭別出上匪正、故獨言三四、不及上也、卦雖利貞、其貞者四耳、三繫於四、不肎與上易位、故上有匪
正之象、**其匪正有眚、不利有攸往、**注 非正、謂上也、三上易位正也、三不
變而上變。四已之正。上動成坎、故有眚、坎為眚、此屯坎也、是為匪正、若三變成既濟、則
不為眚。變而逆乘、天命不右、故不利有攸往矣、上不變則成益、故不利有
攸往

初九无妄、初為卦主、物所由无妄者、故直曰无妄、**往吉、**注 謂應四也、釋往義、四失
位、故命變之正。彖所謂大亨以正、四變得位、承五應初、故往吉、在
外稱往也、**六二不耕穫、不菑畬、則利有攸往、**注 有益耕象、
无坤田、四未變、故不耨、此耨字當為耕、或經當為耨、疑不能明也、震為禾稼、艮為
手、禾在手中、故稱穫、謂四變无田而有田故不耨而穫、田在初、一歲曰菑、

在二二歲曰畬、初爻非坤、故不菑而畬也。四變則坤在二、得位應五、利四變之益、則坤體成、有耒耨之利、故利有攸往、往應五也。謂天之所助者順。

六三、无妄之災、或繫之牛、行人之得、邑人之災。注上動體坎、屯坎故稱災、由三不變故上體屯、是以三為卦之災、四動之正、坤為牛、艮為鼻為止、巽為桑為繩、繫牛鼻而止桑下、故或繫之牛也、四為巽而繫三為坤、故或繫之牛。乾為行人、四也、坤為邑人、三也。乾四據三、故行人之得、四繫三為有所得、三係於四、故邑人之災、三係四不變上獨變成屯、故災。或說以四變則牛、四坤為牛、應初震、震為行人也、坤為死喪、三坤為災、故曰行人得牛邑人災也、此言初得四三受災、義亦大同、但不備也。

九四、可貞、无咎。注動得正、故可貞、承五應初、故无咎也。

九五、无妄之疾、勿藥有喜。注四巳之正、上動體坎、坎為疾、故曰无妄之疾也。外三皆坎疾歸於五故曰无妄之疾巽爲木、艮爲石、故稱藥、坎爲多眚、藥不可試、故勿藥有喜、康子饋藥、某未達、故不嘗、此之謂也。

上九、无妄、句上○本○无○妄○行則災也行有眚、无攸利。注 動○而○成○坎○、故行有眚、乘剛逆命、故无攸利、天命不右、行矣哉。

彖曰、无妄、剛自外來而爲主於內、自上來之初、震爲主也。動而健、剛中而應、大亨以正、天之命也。注 動震也、健大亨謂乾也。大亨、初○初體乾、故謂乾。剛中、謂五、而應句二、句大亨以正、變○四○承○五○、初乾使四變、故曰以乾爲天、巽爲命、故曰大亨以正天之命也。其匪正有眚、不利有攸往、无妄之往、何之矣、天命不右、行矣哉。注 謂四○巳○變、上動體屯、坎爲泣血漣如、故何之矣、天五也、巽爲命、右。助也。四已變成坤。天道助順。上動逆乘巽命。故天命不右。上變巽滅。天命不右。故行矣哉。言不可行也。馬君云天命不右行。非矣。

象曰。天下雷行。物與无妄。注與。謂舉也。皆妄亾也。失也。謂雷以動之。震爲反生。萬物出震。无妄者也。萬物皆生。无所亾失。故曰物與无妄。序卦曰。復則不妄矣。故受之以无妄。陽氣既復。物无所亾。而京氏及俗儒以爲大旱之卦。萬物皆死。无所復望。失之遠矣。有无妄然後可畜。不死明矣。若物皆死。將何畜聚。以此疑也。

先王以茂對時育萬物。注先王謂乾。初也。初故遯。乾故曰先王。乾盈爲茂。亦初乾也。茂盛也。艮爲對時。艮爲時。對之者初乾。體頤養象。萬物出震。故以茂對時育萬物。言物皆死。違此甚矣。

无妄之往，得志也。【注】四變應初，夫妻體正，震巽爲夫妻，故往得志矣。男女睽而其志通，故得志。不耕穫，未富也。【注】四動坤虛，故未富也。行人得牛，邑人災也。言三不變，由繫四也。可貞无咎，固有之也。【注】動陰承陽，故固有之也。无妄之藥，不可試也。爻注云，坎爲多眚，藥不可試。无妄之行，窮之災也。无妄矣而又行，則窮而災。

䷙乾下艮上 消息卦，萃五之復二成臨，通萃爲大畜，二陰畜陽，凝陽於四，故名大畜，候在八月，成既濟。

大畜利貞。【注】大壯初之上，其德剛上也。坤之消息，兼從爻例，初之上，非正例，亦殊之。與萃旁通，二五失位，故利貞。此萃五之復二成臨，臨者大也。已具小畜。至上有頤養之象，故名大畜也。亦兼取頤名畜，小畜无養象，故知此名不正，取頤。不家食吉，利涉大川。【注】二稱家，謂二五易位成家人，家人體噬嗑食，是爲家食，故利涉大川，應乎天也。二爲天德，五應

而變二五既正上變既濟重坎相承故曰涉大川不成家人故曰不家食

初九有厲利巳巳止也初應四二正四體坎故有厲初本復爻出入无疾故利巳不犯災也九二車說腹注萃坤爲車爲腹坤消乾成故車說腹說讀如脫二爲萃息之主故特取此象不言其變正應五者方言陽息於初三爻互明之腹或作輹也九三良馬逐注乾爲艮馬震爲驚走故稱逐也息至三乾成乾既成則四五二陰速反震亦成利艱貞吉日閑輿衛注謂二巳變三在坎中故利艱貞吉利二變也乾成則二變天道也離爲日二至五體師象坎爲閑習坤爲車輿乾人在上乾爲人萃坤爲乾人在車上震爲驚衛講武閑兵故曰日閑輿衛也利有攸往注謂上應也五巳變正上動成坎坎爲志故利有攸往與上合志也六四童牛之告元吉注艮爲童也萃艮五巳之正四在巽也萃坤爲牛萃坤在艮故曰童牛告謂以

木楅其角、大畜畜物之家、惡其觸害、養物者必去其害、豶豕亦是也、艮爲手、爲小木、此。大。畜。艮。也。巽爲繩、繩縛小木、橫著牛角、艮巽在坤上、故曰童牛之告、消息之義、主於二、陰畜陽、陰見於巽、故五。變。而。巽。得。畜。陽。故。坤。元。凝。於。四也、畜陽者陽毓陰中、坤之遊魂、故。畜。乾。而。象。取。坤。牛。也。遘。巽。未成、故曰童牛、乾坤相合、得。巽。而。定。故曰告、萃。息。乾。而。反。於。坤、故五又象豶豕、得位承五、故元吉而喜、喜謂五也、六五豶豕之牙、吉、注二。變。時坎爲豕、不更取坤者、二五易位也、劇豕稱豶、令不害物、豕去雄稱劇、大畜息陽、至。五。而。反。於坤、故取豶豕之象、三至上體頤象、五。變。之剛、巽爲白、震爲出、剛白從頤中出、牙之象也、動而得位、豶豕之牙吉、

上九、何天之衢、亨、注何當也、衢、四交道、乾爲天、震艮爲道、以震交艮、故何天之衢、何讀如負何之何、亨、上變坎爲亨、二五未變之象也、交於天道、故變坎定既濟

彖曰大畜剛健篤實句輝光日新【注】剛健謂乾篤實謂艮艮成終始故篤實二已之五利涉大川互體离坎既濟體兩离坎离爲日故輝光日新也其德剛上而尚賢大壯初升上故剛上艮爲賢人能健止大正也【注】健乾止艮也二五易位故大正健止則必正舊讀言能止健誤也畜陽非止乾故云誤也不家食吉養賢也【注】二五易位成家人今體頤養象故不家食吉養賢也頤象曰聖人養賢以及萬民謂艮爲賢人乾下養上故此體頤爲養賢也利涉大川應乎天也天德定既濟二升五則上亦變故涉大川震爲應也

象曰天在山中大畜陽光皆天也山畜天陽故能生萬物君子以多志前言往行以畜其德【注】君子謂乾乾爲言震爲行此象不取乾爲言似非也當是震爲言爲行傳寫誤耳坎爲志乾知大始震在乾前故志前言往行

萃五下之復二、則上成坎、復下震也、息二又震也、至三有乃成乾、乾前有二震、萃坎臨之、故多志前言往行也

頤養象、故以畜其德矣、德陽也

有厲利已、不犯災也、注 謂二變正、四體坎、故稱災也、坎爲災 車說腹、中无尤也、二得中之正、得位、故无尤、利有攸往、上合志也、上動與三皆體坎、爲合志 六四元吉、有喜也、四本小畜、陽少、不能凝元、得五易二、始能有元也、喜謂五陽、即五云慶、賁注云凡言喜慶皆陽爻、 六五之吉、有慶也、注 五變得正、故有慶也、喜慶一也 何天之衢、道大行也、注 謂上據二陰、乾爲天道、震爲行、故道大行矣、道大行、故能變既濟

䷚ 震下艮上 消息卦、與大過旁通、即坎离之象也、坤入於乾、歷豫小畜萃大畜蹇睽而陰陽合於大過、頤大過體復一爻、陽伏巽中、頤通大過、巽伏震初、遘於是生、頤者養也、大小畜之盛也、候在十一月、天地合、故成既濟

頤貞吉【注】晉四之初與大過旁通頤通大過反巽爲震晉四之初者晉乾遊魂卦也養正則吉謂三之正五上易位成既濟定故頤貞吉反復不衰與乾坤坎離大過小過中孚同義反復不衰謂上下如一八卦皆陰陽之合終則又始故反復不衰乾歸魂於離而息坎出震坤歸魂於坎而息離遘巽與坎離剝復之合也大過積坎頤積離陰道重故大過頤爲曳遘之合小過內離外坎中孚內坎故不從外離二卦消息之并故泰否之合八卦同義也臨觀四陰二陽之例或以臨二之上兌爲口故有口實也博異解

觀頤【注】離爲目故觀頤觀其所養也晉離也晉離四之初上成艮艮爲賢人是以離目下觀養賢

自求口實【注】或以大過兌爲口頤自晉來息大過故取兌口爲象或以臨兌爲口異解坤爲自艮爲求口實頤中物謂其自養自養謂三之正五上易位坤虛正則實鄭元劉表並以下動上止象頤故名頤虞既取兌爲口則頤非象頤直取養義耳至噬嗑取頤中有物乃是因頤卦爲象非頤卦本象頤也鼎注云六十四卦獨鼎言象明頤非

象矣

初九，舍爾靈龜，觀我朵頤，凶。注 晉。离為龜，四之初，故舍爾靈龜，坤為我，震為動，朵貌動，謂四失离入坤，遠應多懼，四多懼，朵頤謂初，爾謂四也，四求初，初養不足貴，故凶，故凶矣。六二，顛頤，顛，馬蹶也。三變二在坎為馬，乘剛，故顛

拂經于丘頤，征凶。江承之云：拂經，反常，謂五失位也，五失位而承於上體艮半山為丘，義在養上，非能應二，故曰拂經于丘頤，二征則凶。六三，拂頤，貞凶，十年勿用，无攸利。注 三失位，體剝，體剝牀以膚，不正相應，上三不正，皆弑父弑君，故貞凶。貞謂三，動也，由頤之上，上正五，而三變應之，則定既濟，上未變而三先變，動无所應，雖正猶凶，坤為十年，動无所應，故十年勿用无攸利也。坤為用，云勿用，故知謂動也，三道大悖，雖變猶凶，十年數極，上變則利。六四，顛頤，吉。虎視眈眈，其欲逐逐，无咎。注 晉。四之初，謂三已變，故顛頤，晉四本坎也，三變又為坎，故象顛而易馬，與屯四乘

坎馬同義屯四亦三變而乘坎馬坤爲虎離爲目眈眈下眎貌眎初逐逐心煩貌坤爲吝嗇坎水爲欲故其欲逐逐應初之專得位應初故无咎二无應故顚頤而凶四有應故顚頤而吉謂上已反與五易位三成離三成離故不繫四於坎與二異也故上施光也六五拂經居貞吉不可涉大川注失位故拂經无應順上故居貞吉艮爲居也居則貞而吉義在養賢涉上成坎自我往曰涉五宜變當從上反不可自五往亦養賢之義乘陽无應故不可涉大川矣陽謂上上九由頤厲吉注由自從也體剝居上眾陰順承故由頤失位故厲以坤艮自輔故吉也利涉大川注失位故厲之五得正成坎坎爲大川故利涉大川

象曰頤貞吉養正則吉也雜卦曰頤養正也彼注云謂養三五五之正爲功三出坎爲聖與蒙以養正聖功同義觀頤觀其所養也謂以下養上艮爲養賢自求口實觀其

自養也、謂三五正坤實天地養萬物、頤坤大過乾震生巽長艮山兌澤坤爲萬物山澤之物无不生長聖人養賢以及萬民、注乾爲聖人、大過體復一爻故爲聖人謂初也艮爲賢人、頤下養上、以初養艮故聖人養賢、坤陰爲民、皆在震上、震謂初以貴下賤大得民、四貴降初爲下賤故以及萬民頤之時大矣哉、頤時天地合日月望陰陽往來物所以生故大也

象曰、山下有雷頤、雷伏山下天地以陽養萬物君子以愼言語節飲食、君子謂初乾震也震爲言艮爲愼愼言語也大過兌口坤虛无實艮爲節故節飲食也惠徵士以君子謂三正體坎震象也

觀我朶頤、亦不足貴也、初下養賢四在艮故爲初所養陰非賢人故不足貴六二征凶、行失類也、類謂應二當待五正十年勿用道大悖也、注弒父弒君故大悖也、顛頤之吉上施光也、上謂五正三成离故施光居貞之吉順以

從上也順謂坤也之五故得位由頤厲吉大有慶也注變陽得位故大有慶

䷛巺下兊上消息卦義具頤名大過者雜卦曰大過顛也聖人取爲棺椁之象蓋乾老坤生故大者過也不言死陽无絕也初體復一爻陰凝乾繼世承祀矣候在十月卦取二正成咸陰陽感也爻過以相與女妻有子續陽之義

大過棟橈注大壯五之初或兊三之初四陽二陰之卦例由大壯來或兊三之初者坤盡於亥至大過而生遘亥兊下成巽坤之始終也此與頤旁通不言者畧也繫辭傳藉用白茅苟錯諸地而可注以頤坤爲地棟橈謂三巽爲長木稱棟初上陰柔本末弱本初末上故棟橈也橈下屈也兊反巽也兩巽相承故全卦象棟而本末弱橈獨在三者下巽本體任重三居上下之際故不勝而橈也上巽反承在三爲下橈在四則爲上隆下橈必傾上隆猶可任利有攸往亨注謂二也象曰大者過謂二失位故知往謂二剛過而中雖過而中失位无應利變

應五之外稱往故利有攸往乃亨也

初六藉用白茅无咎【注】位在下稱藉巽柔白爲茅故藉用白茅失位咎也承二過四應五士夫故无咎矣初過應五義具二也承二應五所謂藉也九二枯楊生稊老夫得其女妻无不利【注】稊稺也楊葉未舒稱稊巽爲楊木近澤是楊也乾爲老老楊故枯乾至大過嬗陰故枯遘陰故又生稊生華陽在二也十二月時周之二月二五爻獨以爻當月者大過時重陰始故陽義全二體臨五體支也兌爲雨澤枯楊得澤復生稊二无應今過應上生稊之象楊少則稊而老則華故上爲稊初爲華二體乾老故稱老夫女妻謂上兌兌爲少女故曰女妻大過之家過以相與老夫得其女妻故无不利初過四應五上過三應二是謂過以相與九三棟橈凶九四棟隆吉有它吝【注】隆上也橈之反應在於初己與五意在於上反比

上爲巽故棟隆之象故棟隆吉失位動入險而陷於井故有它吝二失位利有似往四亦失位變則成井故戒其不可變也然九二不取利正之義則四有它亦謂不可與初耳注似非也

九五枯楊生華老婦得其士夫无咎无譽【注】陽在五也夬三月時周之五月枯楊得澤故生華矣五爲楊猶四棟皆取反巽也或者初巽老婦爲枯楊得士夫爲生華老婦謂初巽爲婦巽長女故象乾爲老巽入乾體故初亦老故稱老婦也士夫謂五大壯震爲夫兌爲少故稱士夫五陽兌取大壯震爲夫者兌本女也然則二亦以大壯乾爲老夫注畧耳五過二使應上二過五使取初五得位故无咎陰在二多譽今退伏初巽爲退伏非由二退也故无譽體遘淫女故過以相與使應少夫象曰亦可醜也舊說以初爲女妻上爲老婦誤矣馬君亦然荀公以初陰失正當變數六爲女妻二陽失正數九爲老夫

以五陽得正位不變、數七爲士夫、上陰得正、數八爲老婦、但以數多少爲老少、此何異俗說也、悲夫、學之難、而以初本爲小、反以上末爲老、後之達者詳其義焉、上六過涉滅頂凶无咎、注大壯震爲足、兌爲水澤、震足沒水、故過涉也、涉者之過也、頂、首也、乾爲頂、頂沒兌水中、故滅頂凶、謂大過之時、乾沒於陰、乘剛咎也、得位故无咎、與滅耳同義也、噬嗑上九、坎水自下沒上、故曰滅耳、與此滅頂相似、噬嗑由否之泰消息卦、否上不反坤、弑父弑君、故曰何校滅耳凶、此本大壯陰傷陽、五已之初而上陰滅乾、故凶、與滅耳同義、然大過之時、坤生乾沒、上妻二生子、得位續陰、非其咎也、

象曰、大過、大者過也、注陽稱大、謂二也、大過體坎、二爲主、二失位、故大者過也、棟橈、本末弱也、本末謂初上、陰柔故弱、剛過而中、巽而說行、利有攸往、乃亨、注剛過而中謂二、說兌也、故利有攸往、

以其得中又巽而說行故利變應五也說行者大壯震爲行大壯震五之初故亨大壯四失位爲二陰所傷五之初陽得位陰不能傷二變應之其亨宜矣與遯二同義遯二消陽子弑其父三來之二成訟弑逆不行失位終凶復變應五故同義也大過之時大矣哉注國之大事在祀與戎藉用白茅女妻有子繼世承祀故大矣哉自坤盡入乾歷豫小畜萃大畜蹇睽而入大過乾精凝坤乾老坤孕故女妻繼世坤爲鬼故巽白茅承祀此大過消息之義

象曰澤滅木大過兌澤巽木木水所生而水或滅木木不得地也陽陰所牝而陰終消陽陽不得位也大過陽之終君子知微故發獨立不懼之義君子以獨立不懼遯世无悶注君子謂乾初復初也方消陽伏巽中巽坤陰之始也陰始著故不言聖人則陽始消故初陽伏入巽下體復一爻潛龍之德故稱獨立不懼憂則違之乾初同義故遯世无悶也

藉用白茅柔在下也初爲下老夫女妻過以相與也注謂二過

初與五，五過上，與二、初比二而二使之過與五、獨大過之爻得過其應、初本應四四不橈乎下故過與五、上本應三三不可有輔故過與二、故過以相與也、棟橈之凶，不可以有輔也、注本末弱、故橈、輔之益橈、故不可以有輔、陽以陰爲輔也、謂上陰。棟隆之吉，不橈乎下也、注乾爲動直、自二至四乾成故能不橈、遠初近上、初承二三應五上然應二比五四其位也、故不橈下也、枯楊生華，何可久也、老婦士夫，亦可醜也、注乾爲久、枯而生華、故不可久也、婦體遘淫、故可醜也、過涉之凶，不可咎也、大過宜凶、非陰之咎、

䷜坎下坎上 乾二五之坤、陽陷陰中、故名曰坎、於消息卦、乾盡入坤三息會離乾五征坤成坎陽得其常、故曰習坎、坎方伯之卦也、初六冬至、上六驚蟄、卦辭取二正爲比、陽初息卦、爻二不變、陽微未出坤也、至上仍取二變、

習坎有孚【注】乾二五之坤與離旁通乾歸大有坤二五乃交乾而爲離離息成坎日月會王于爻觀上之二、二陽卦例習、常也、八純卦唯坎加習者嫌陽陷險非正故明之陽息險中是其常也重亦常義故象曰重險孚信、謂二五、水行往來朝宗于海不失其時、如月行天、坎在天爲月、在地爲水、水之潮汐應月之行故以明坎之有孚故習坎爲孚也、維心亨、行有尚【注】坎爲心、中陽在乾二五旁行流坤、旁行者、四周、於六十四卦、行陰陽會合、故亨也、行謂二、尚謂五也、二體震爲行、動得正應五、故行有尚往有功也、重險則陷故二宜之正

初六習坎入于坎窞凶【注】習、積也、自陽德言則習爲常自險勢言則習爲積位下故習坎爲入、坎中小穴稱窞、兩坎之下是坎中之窞上无其應、初二失正、故曰失道凶矣、明求小得亦失道故也

九二坎有險求小得【注】陽陷陰中、故有險、位在坎不能自出險中故曰坎而又有險謂上更遇坎也據陰有

實、故求小得也、據初陰陽爲實陰爲小、六三、來之坎坎、句險、句且枕、句入于坎窞、句勿用、注坎在內稱來、在坎終坎、故來之坎坎、三无應、來就下坎而枕、止也、人臥則枕、艮爲止、三失位終坎故來之坎坎故枕爲止乘二則險、承五隔四、故險且枕入于坎窞、初在重坎之下、坎窞也三下就坎、則既險矣、且上就艮、則在〇體〇師〇三與脫尸故勿用、坎之下而亦入於坎窞也字六四、尊酒句簋、句貳用缶、注震主祭器、敬則用祭器、故有尊簋、此非祭禮坎爲酒、簋、黍稷器、周禮旗人爲簋、簋以瓦爲之、亦三至五缶類坤象、震爲稼爲黍稷也、有頤口象、震獻在中、震爲獻、故爲簋、坎爲木、震爲足、下坎在頤中、也坎酒在上、尊酒之象、君尊有豐、以木爲之、若豆而貳、副也、卑言震爲足者、以其在下、坤爲缶、禮有副尊、元酒也、燕禮、君尊故貳用缶耳、坎〇坤〇際〇瓦大兩有元酒、乾、四上承五、剛〇柔〇之交〇、尊酒、饗禮〇、簋食〇禮、貳用缶、燕〇禮〇也〇內約自牖、句終无咎、注坎爲內也、四陰小、故約、艮為牖、坤為戶、艮小光照戶、句牖之象、貳用缶、故內約自牖、謂四順承五也、饗食之禮、賓席牖間、至燕正臣禮、不敢煩褻尊者、為苟敬、席於阼階之西北面、故貳用缶、則內約自牖矣、得位承五、故无咎、九五、坎不盈、禔既平、无咎、注盈、溢也、艮為止、謂水流而不盈、坎為平、禔、安也、艮止坤安、故禔既平、謂坤為坎也、得位正中、故无咎、上六、繫用徽纆、寘于叢棘、三歲不得、凶、注徽纆、黑索也、觀巽為繩、艮為手、上變入坎、故係用徽纆、繫當作係、寘、置也、坎多心、說卦坎於木為堅多心、故叢棘、獄外種九棘、於經无考、未知虞所據、故稱叢棘、二變則五體剝、觀上為二、故取二變為象、剝傷坤殺、故寘于叢棘也、不得、謂不得出獄、艮止坎獄、乾為歲、五從乾來、三非其應、故曰三歲不得凶矣、彖曰習坎、重險也。注兩象也、天險地險、故曰重險也。五天位、二地位。

水流而不盈、盈溢也、謂五、艮爲止、水流不溢。行險而不失其信。注信謂二也、震爲行、水性有常、消息與月相應、故不失其信矣。維心亨、乃以剛中也。謂二五。行有尚、往有功也。注功謂五、二動應五、故往有功也。天險不可升也。注謂五、五在天位、五從乾來、體屯難、故天險不可升也。地險山川丘陵也。注坤爲地、乾二之坤、故曰地險、艮爲山、坎爲川、半山稱丘、丘下稱陵、故曰地險山川丘陵也。王公設險以守其邦。注王公大人、謂乾五、坤爲邦、乾二之坤成坎險、震爲守、有屯難象、故王公設險以守其邦、離言王用出征以正邦是也。險之時用大矣哉。自離成坎、兌秋、震春、坎冬、離夏、因時設險、故曰時用。

象曰：水洊至，習坎。剝復相𡏖，如水續流。陸績云：水再至通流，不舍晝夜，有似於習，故君子象之，以常習教事，如水不息。君子以常德行，習教事。注君子謂乾五，在乾稱大人，在坎爲君子。惠徵士云：五坎不盈，德盛而業未大，故稱君子。坎爲習，爲常，乾爲德，震爲行，巽爲教令也。觀巽坤爲事，故以常德行習教事也。坎會乾出震，常德行也；變觀，習教事也。

習坎入坎，失道凶也。習坎，其位也；入坎，其失道也。陽爲道，初失位，故曰失道。求小得，未出中也。動應五，則出險中。來之坎坎，終无功也。艮爲終，功謂五。三不能承五，在坎終坎，其道也。亦體師三，師或輿尸，大无功也。尊酒簋，剛柔際也。注乾剛坤柔，震爲交，故曰剛柔際也。坎不盈，中未光大也。注體屯五中，故未光大也。屯五屯其膏，施未光也。以在坎中，成既濟體离，則光大也。上六失道，凶三歲也。謂變觀上陽爲道，故失道。

䷝離下離上　坤二五之乾陰麗於陽故名離離者麗也於消息卦為乾之舍謙師比三息而乾坤合於離與坎旁通離陰麗坎陽也方伯卦初九夏至上九白露變正坎

離利貞亨畜牝牛吉

（注）坤二五之乾與坎旁通于爻遯初之五卦例二陰柔麗中正故利貞亨中正謂五伏陽乾盡歸離而出於坎坤者乾之牝離之陰麗乎坎之陽也坤二五之乾而凝元在二乾二五之坤而出坎在五故二元吉而五利貞五正則二體皆變成坎故下云畜牝牛畜養也坤為牝牛乾二五之坤成坎體頤養象故畜牝牛吉唯坎中正故能麗坤俗說皆以離為牝牛失之矣

初九履錯然敬之无咎

坎震為足初在其下震履未成故錯然也錯雜也乾五未出諸爻皆不能變唯二凝元有陽義則下三成乾乾為敬四惡人初變應四則見侵故敬之无咎

六二黃離元吉

坤六五也體黃裳故黃離凝乾之元故元吉

九三日昃之離

兌為西巽為入故日昃

不鼓缶而歌則大耋之嗟凶

離為大腹缶象也坎三當艮為手震為笑言則鼓缶而歌也三不能

變，則下體成乾，乾爲老，三乾盡，體大過死，故大耋也。巽呼號，兊口舌，故嗟矣。九四突如其來如，焚突，逆子也。坎四當震，震爲長男，坎爲中男，艮爲少男，四未能變，乘乾三，男皆逆乘父，故突如。上下之交，故來如。如在二火間，故焚如。死如體大過，故死如。棄如二已正，體乾，乾爲野，大過棺椁象，毀四在野上，故棄不葬。六五出涕沱若自目曰涕，离爲目，由离出，坎象水出目，故出涕沱若。戚嗟若吉。注

坎爲心，震爲聲，坎震兊爲口，离兊故戚嗟若。動而得正，尊麗陽，

故吉也。上九王用出征，有嘉折首，獲匪其醜，无咎。注王謂

乾，乾二五之坤成坎，體師象，震爲出，故王用出征。首謂坤

二五來折乾，离之二五也，伏陽出，先折二五，故曰折首。二五會，折乾者，故謂之首也。故有嘉

折首嘉陽爲醜類也。乾征得坤陰類，謂五陽既出，初三四上皆變而爲坤，故曰陰類。

乾陽物，故獲非其醜，无咎矣。

象曰：离，麗也。麗，附著之意，陰必附於陽，故乾合坤元而爲离。日月麗乎天，注乾五之

坤成坎爲月，五伏陽出，上先成坎。离爲日，下仍本离。日月麗天也。乾爲天。百穀草木麗乎地。注震爲百穀，坎震。巽爲草木，离巽。坤爲地，乾二五之坤成坎震，體屯，屯者盈也，盈天地之間者唯萬物，萬物出震，故百穀草木麗乎地。重明以麗乎正，乃化成天下。注兩象，故重明。兩象，离坎也。离日坎月。爲重明，所謂明兩作。正謂五，陽變之坤來化乾，陽變之坤，謂坤二五之乾。以麗乾五，坤爲化，故曰化乾。以成萬物，謂离日化成天下也。化坎由离，此以上指釋利貞也。柔麗乎中正，故亨。注柔謂五陰，中正謂五，伏陽出在坤中，畜牝牛，故中正而亨也。是以畜牝牛吉也。

象曰：明兩作离。注兩謂日與月也，乾五之坤成坎，坤二之乾成离，离坎日月之象，故明兩作离。离以麗乾爲義，故作成。明兩作，謂日月。

也日月在天動成萬物故稱作矣或以日與火爲明兩作也大人以繼明照于四方注陽氣稱大人則乾五大人也乾二五之光繼日之明坎月坤爲方二五之坤震東坎兌西震離兌離南坎北故曰照于四方

履錯之敬以辟咎也咎謂四初不變辟之黃離元吉得中道也中謂二乾爲道日昃之離何可久也焚如其來如无所容也四惡人无所容故焚死棄也六五之吉離王公也王公大人也乾五王用出征以正邦也注乾五出征坤故正邦也坤爲邦

甲子五月朔日點易上經畢古餘識于江寧郡署西偏讀易畫梅之室

周易虞氏義卷之三

周易虞氏義卷之四　　張惠言學

周易下經　彖下傳　象下傳　虞氏注

☱☶艮下兌上　消息卦在否，次漸。漸女歸待男行，咸以乾感坤，爲反泰之始也。候在五月，變成旣濟。

咸亨，利貞，取女吉。注　咸，感也。坤三之上成女，乾上之三成男，由否來。乾坤氣交以相與，止而說，男下女，故通，利貞取女吉。貞謂初四易位，少男下少女，親迎之義。初四正，則中男正乎外，中女正乎內，故取女吉。

初六，咸其母。注　母，足大指也。艮爲指，坤爲母，故咸其母。失位遠應之四，得正，故志在外，謂四也。咸家男下女，四感初，初乃之四。然初之志則常在四也。母非動始，然足之行先於母。

六二，咸其腓，凶，居吉。腓，脛腨也。巽爲股，二最在下，腓之象。艮注云巽長爲股，艮小爲腓是也。感之者三也。凡感之道近則通，二五正應，近爲三感，故凶。陰道承陽，故居而比三，雖凶，吉也。

九三，咸其股，執其隨，往吝。注　巽爲股，謂二也。三與二俱爲股

三二相感非謂二獨為股也巽為隨艮為手故稱執謂三當執守於三二乃隨之

應於上初四已變歷險故往吝往謂之上**九四貞吉悔亾憧憧往來朋從爾思**【注】失位悔也應初動得正故貞吉而悔亾矣憧憧懷思慮也之內為來之外為往欲感上隔五感初隔三故憧憧往來矣四為咸心无所不感初上舉其遠者故有往來之象兌為朋少女也謂上艮初變之四坎心為思故曰朋從爾思也謂四既正則上亦從也四與上非男女之感故轉兌為朋象

九五咸其脢无悔【注】脢夾脊肉也謂四已變坎為脊故咸其脢五感上也通體坎為脢亦如三之股脢不動象五不應二得正故无悔舍二感上嫌有悔故云无悔

上六咸其輔頰舌【注】耳目之閒稱輔頰四變為目離也坎為耳兌為口舌故曰咸其輔頰舌輔頰在耳目之閒與舌不相接而相通上應三三在齊坎之閒輔頰也上為兌舌也上感於五不得之三而與

三通氣以言語相感故曰咸

其輔頰舌象曰媵口說也

彖曰咸感也陽始感陰柔上而剛下柔坤三剛乾上二氣感應以相與鄭氏云與猶親也止而說男下女止艮說兌艮男兌女是以亨利貞取女吉也

天地感而萬物化生初四正既濟定天地行變化既成萬物故萬物化生一說謂咸反泰也序卦云有天地然後有萬物注云謂否反成泰天地壹壺萬物化醇聖人感人心而天下和平注乾為聖人否乾初四易位成既濟坎為心為平故聖人感人心而天下和平此保合太和品物流形也觀其所感而天地萬物之情可見矣注謂四之初以離日見天坎月見地縣象著明萬物見離故天地萬物之情可見也

象曰山上有澤咸君子以虛受人注君子謂否乾乾為人坤為虛謂坤虛三受上故以虛受人乾坤感應陽施陰受故曰君子艮山在

地下爲謙、在澤下爲虛、澤在山上、源出山中、山虛受之。

咸其拇、志在外也。謂初志應四、初之四坎爲志。雖凶居吉、順不害也。二在否體坤、坤爲順、爲害、三來坤壞二坤中、故順不害。咸其股、亦不處也。志在隨人、所執下也。【注】巽爲處女也、男已下女、以艮陽入兌陰、故不處也。當咸之時、已有男下女之象、凡士與女未用、皆稱處矣。二女三士、故三二同在巽體、亦不處也。志在於二、故所執下也。貞吉悔亡、未感害也。【注】坤爲害也、今未感坤初、體遯弑父、故曰未感害也。未感則害、必貞吉乃悔亡。憧憧往來、未光大也。【注】未動之离、故未光大也。謂感上亦以求正也。咸其脢、志末也。四支謂之末、五正坎心、爲末之志、上與五爲脢、脢從然後可正末。咸其輔頰舌、滕口說也。【注】滕、送也、不得之三、感於五、山澤通氣、故滕口說也。

䷟巽下震上泰息卦遯益否反泰也故注云與益旁通乾坤天地終則有始恒久之道故名曰恒內卦候在六月外卦七月否之反泰由益反下无取於恒恒特明乾坤終始之義耳故變又成益所以爲恒久不已也恒則化成必先正位故先言利貞明既濟也後言利有攸往明成既濟乃反益也爻上不變云在益上明三當立不易方也

恒亨无咎利貞利有攸往【注】恒久也與益旁通恒乾通益坤乾初之坤四由泰來剛柔皆應故通乾坤交故无咎失位咎也剛柔應故无咎利貞矣謂變復成益三不易方成既濟定初利往之四終變成益則初四二五皆得其正終則有始否泰相尋恒益反復故利有攸往也

初六浚恒貞凶无攸利【注】浚深也初下稱浚故曰浚恒初失位變體潛龍故浚恒貞益成則死坤中故凶无攸利益初宜吉而凶者未定既濟非損上益下也九二悔亡【注】失位悔也動而得正處中多譽故悔亡也九三不恒其

德或承之羞貞吝卦變成益三上失位三宜立不易方則上亦不變而既濟定所謂聖人久於其道而天下化成也乾爲德坤爲恥三不守乾則二四與爲坤故或承之羞至承羞而後貞雖正猶吝九四田无禽注田爲二也地上稱田乾二九无禽爲五也禽獲也陽出征陰則有獲在五多功九四失位利二上之五已變承之故與師五田有禽同義曰田无禽凡二五易位者四多利五變言二五皆非其位故象曰久非其位安得禽也六五恆其德句貞婦人吉句夫子凶注動正成乾乾五故恆其德婦人謂初巽爲婦終變成益震四復初婦得歸陽從一而終故貞婦人吉也震乾之子而爲巽夫故曰夫子終變成益震四從巽死於坤中故夫子凶也初上爲四從震而吉四下爲初從巽死坤中此沒恆所以凶也故三立不易方乃各正性命也使初四正者乾五故言之上六震恆凶注在震上故震恆五動乘陽故凶不變在益上故

凶三正定既濟則非乘陽也

象曰恆久也剛上而柔下乾初上坤四下雷風相與蜀才云分乾與坤雷也分坤與乾風也巽而動剛柔皆應恆恆亨无咎利貞久於其道也乾爲久陽爲道凡不變者不足恆故利貞乃久於其道天地之道恆久而不已也注泰乾坤爲天地謂終則復始有親則可久也繫注云陽道成乾爲父震坎艮爲子本乎天者親上故有親此終變成益乾坤歷生六子故曰有親有始讀曰又利有攸往終則有始也日月得天而能久照注動初成乾爲天至二離爲日至三坎爲月故日月得天而能久照也四時變化而能久成注春夏爲變陽信秋冬爲化陰詘變至二離夏至三兌秋至四震春至五坎冬至此誤應云變至二離夏兌秋至三震春至五坎冬故四時變化而能久成謂乾坤成物也聖人久於其道而天下化

成注聖人謂乾、君子即乾三、乾爲道、故久於道、三不易方、初二已正、四五復位、成既濟定、此論爻變也、卦三上得位、三久其道不乾、與上易則益、初二四五正位、成既濟道變化、各正性命、有兩離象、重明麗正、故化成天下、觀其所恆、而天地萬物之情可見矣、注以離日照乾、坎月照坤萬物出震、故天地萬物之情可見矣、與咸同義也、

象曰、雷風恆、雷風至、變而恆、君子以立不易方、注君子、謂乾三也、乾爲易、爲立、坤爲方、乾初之坤四、三正不動、乾爻唯三正、故立不易方也、

浚恆之凶、始求深也、注乾初爲淵、故深矣、失位變之正、乾爲始、故曰始求深也、九二悔亡、能久中也、變得位、是能久中、不恆其德、无所容也、諸爻皆正、三獨失位、故无所容、久非其位、安得禽也、注云、言二五皆

非其位。婦人貞吉，從一而終也。注：一謂初，終變成益，以巽應初震，故從一而終也。夫子制義，從婦凶也。注：震沒從巽，入坤，故從婦凶矣。坤爲義，以乾制坤爲制義。震恆在上，大无功也。注：終在益上，五遠應，故无功也。五應二，不能比上，上不得五，故无功而凶。上六在益上，故凶。三不易方，則上不變成既濟，非震恆矣。

䷠艮下乾上 消遘，陰道長，陽當退，故名曰遯。與臨旁通。臨至八月有凶，謂遯也。遯六月卦也。卦不變消時也。爻取三消成否，上來反四成既濟，明泰否之義，與時行也。

遯亨。注：陰消遘二也。宜與臨旁通，不言署也。艮爲山，巽爲入，乾爲遠，遠山入藏，故遯。乾人入藏於遠山。以陰消陽，子弒其父。艮爲少男，變乾爲艮，故子弒父。小人道長，避之乃通，故遯而通，則當位而應，與時行也。當位謂五，應謂二，二陰道長，弒父弒君，由應五利貞，故陽不傷，遯之而通。小利貞。注：小，陰，謂二，

得位浸長以柔變剛故小利貞二得位貞矣浸長則非正利貞者謂執用黄牛之革也

初六遯尾厲勿用有攸往注艮爲尾也初失位動而得正故遯尾、初動則去其尾遯厲、句之應成坎爲災、之四成坎故厲在艮宜靜遯消方長必至否乃能復濟初在艮中時止則止故宜靜若不往於四則无災矣、否既成上既來變三四來之初則可往

六二執之用黄牛之革莫之勝說注艮爲手稱執、二執三否坤爲黄牛、二執三在成否之後故取否坤艮爲皮、四變之初則坎水濡皮、離日乾之、皮濡而乾乃成革故執之用黄牛之革、陰浸而長三消成否二小利貞故上來之三仍爲艮四之初而執三在坎中也此則三動而復出與旅三同故旅上喪牛五動成遯注云六二執用黄牛則旅家所喪牛也莫、无也、勝能、說解也、說讀如脫乾爲堅剛、乾上巽爲繩、上來時、四未變爲巽繩、艮爲手、持革縛三在坎中故

莫之勝說也。九三，係遯，有疾厲，畜臣妾吉。注厲，危也。巽爲宜脱繩字三在巽故係消坤失位有係於上故係遯四變時九三體坎，坎爲疾，故有疾厲。此二所謂執用黄牛之革據上來之三也遯陰剝陽，三消成坤，與上易位，坤爲臣，兌爲妾。上來之三，據坤應兌，據四初未動言故畜臣妾吉也。雖有疾厲然以乾畜坤兌終成既濟故吉也

九四，好遯，君子吉，小人否。注否乾爲好爲君子，三消成否四乃之初故稱否乾陰稱小人，動之初，故君子吉。四以乾入坤故吉陰在四多懼，故小人否。初遯尾厲故否得位承五，故无凶咎矣。

九五，嘉遯，貞吉。注乾爲嘉，剛當位應二，故貞吉。謂三已變成否也上來之三成坎，四已易初

象曰：以正志也。坎爲志

上九，肥遯，无不利。注乾盈爲肥。四五上皆乾由乾而遯故曰好遯嘉遯肥遯也遯皆變去五不變故曰貞吉二不及上，故肥遯无不利。象曰：无所疑也。二執

三謂執上，然二不能及上，上遯之三，二乃得執之，入坎，坎爲疑，疑有疾厲，不利。

彖曰：遯亨，遯而亨也。遯乃得通。剛當位而應，與時行也。注 剛謂五，而應句二句。艮爲時，故與時行矣。小利貞，浸而長也。臨云剛浸而長，注以兌澤解之。此亦曰浸長者，臨至八月有凶，遯二消臨兌，故亦取澤象。虞雖不說，可以例求。遯之時義大矣哉。陰消之際，時行則行，否反成既濟，故義大也。

象曰：天下有山，遯。弑亂之時，天下无邦，唯山可遯。君子以遠小人，不惡而嚴。注 君子謂乾，乾爲遠，爲嚴。小人謂陰，坤爲惡，爲小人，故以遠小人不惡而嚴也。二陰浸長，三消入坤，是小人也。乾上反三，據坤，四動，初既濟定，是遠小人不惡而嚴。

遯尾之厲，不往何災也。之四成坎，爲災也。執用黃牛，固志也。坎爲志，謂上來之三，四變之初。係遯之厲，有疾憊也。畜臣妾吉，不可大事也。注 三

動入坤坤爲事故不可大事也故上來之三君子好遯小人否

也嘉遯貞吉以正志也謂三已變否上之三四正初五在坎爲志正肥遯无不

利无所疑也謂之三坎爲疑

䷡乾下震上陽息泰過盛而爲陰傷故名曰大壯壯傷也與觀旁通大壯二月卦也卦辭正五成需陽過當止故曰大壯止也爻成既濟五正則陽道成

大壯利貞【注】陽息泰也壯傷也物過則傷不云傷而云壯者陰陽之辭方言曰凡草木刺八北燕朝鮮之間謂之策或謂之壯郭璞注云今淮南亦呼壯爲傷是也大謂四失位爲陰所乘兌爲毀折傷陽不失位不致傷也與五易位乃得正故利貞也

初九壯于趾征句凶有孚【注】趾謂四征行也震足爲趾爲正當作征初得位四不征之五故凶趾征猶言趾之征也凡應不相得則傷四不應初故初傷而凶江承之云經文言征非言不征如虞讀似四征五而初傷殆非也趾謂四征謂初四失位初不得應故傷

若遂動而應四則凶唯不動而待四之五己得應之則有孚也壯于趾爲句征凶爲句象曰壯于趾其孚窮也趾征不連讀明甚坎爲孚謂四上之五成坎己得應四故有孚九二貞吉注變得位故貞吉九三小人用壯君子用罔貞厲注應在震也三陽君子九三小人謂上上逆故用壯陰方逆乘傷陽不應三謂二已變離離爲罔罔羅也三乘二故君子用罔體乾夕惕故貞厲也三陷於罔故危羝羊觸藩羸其角羝羊壯羊也藩籬也羸綴繫也三體兌兌爲羊在乾故曰羝震爲竹木謂上二陰在陽前爲藩乾爲首三乾上故爲角兌爲剛鹵三欲觸上反見羸謂二已變體巽爲繩也荀氏以三觸四而危之三爲君子其明不觸四也九四貞吉悔亾藩決不羸壯于大轝之腹注失位悔也之正得中與五易位故得中故貞吉而悔亾矣體夬象故藩決震四上處五則藩毀壞故藩決不羸坤爲大轝爲腹四之五折坤故壯于大轝之腹而

象曰：尚往者，謂上之五。六五，喪羊于易，无悔。注 四動成泰，坤爲喪也，乾爲易。四上之五，兌還屬乾，體乾九五，有乾德，故曰易。故喪羊于易，動各得正而處中和，故无悔矣。上六，羝羊觸藩，不能退，不能遂，无攸利，艱則吉。注 應在三，故羝羊觸藩。謂上不應三，使三觸藩，故无攸利，明三所觸者上矣。遂，進也。謂四已之五，體坎，上能變之巽。能衍字。巽爲進退，故不能退，不能遂。不能進退，言爲巽之不可退則失位，上則乘剛。退謂上爲巽，退於己則失位，進於五則逆乘剛也。故无攸利。坎爲艱，得位應三，利上。不變居坎則得位，藩既涉三自應之，利居五上。故艱則吉。

象曰：大壯，大者壯也。陽爲大。剛以動，故壯。剛乾動震，動而過剛，謂四失位，爲陰所乘，故傷也。大壯利貞，大者正也。注 謂四進之五，乃得正，故大者正也。正大而天地之情可見矣。注 正大，謂四之五成需，以

离日見天坎月見地故天地之情可見也矣

象曰雷在天上大壯雷陽氣震震陰而爲聲在天上陽盛而傷故震也失位而傷非禮弗履之義君子以非禮弗履震足履乾履非所履四正成坎震足不見故曰非禮弗履君子謂乾陽履以坤柔履剛故嘉會合禮此以震剛履乾故非禮弗履其義同也

壯于趾其孚窮也注應在乾終故其孚窮也窮於孚故傷九二貞吉以中也注動體离故以中也二宜陰中小人用壯君子罔也上方傷陽三宜正守乃惡而觸之纍角宜矣藩決不羸尚往也尚上也謂之五喪羊于易位不當也四五不當位故喪羊乃无悔不能退不能遂不詳也詳祥同艱則吉咎不長也注乾善爲詳不得三應故不詳也咎爲長動失位爲咎不變之咎故咎不長也

䷢坤下离上觀消卦陰進居五故名曰晉晉進也不曰進而曰晉者以陽爲義日中觀之大也故雜卦

曰晉晝也、侯在二月、卦辭初動成噬嗑、消道也、取陽義、故爻成既濟、

晉康侯用錫馬蕃庶晝日三接【注】觀四之五、四陰例、晉進也、謂四進居五、上行也、坤爲康、康安也、初動體屯震爲侯、故曰康侯、康侯猶寧侯、謂初爲震也、坤震爲馬、坤爲用、故用錫馬、惠徵士讀錫貢之艮錫諸侯所以享王、爲多、坤爲眾、故蕃庶、蕃當作繁、離日在上、故晝日、三陰在下、故三接矣、觀四之五以離日接乾、初正坤故三陰在下、三接三享也、

初六晉如摧如貞吉罔孚裕无咎【注】晉進、摧憂愁也、應在四、故晉如、失位故摧如、動得位故貞吉、應離爲罔、曰衍字坎稱孚、坤弱爲裕、四雖孚而在罔、則四在坤而裕、變欲四之五成巽、初受其命、巽爲命、故无咎也、正位得應、故无咎矣、六二晉如愁如貞吉受茲介福于其王母【注】震爲脫字、當云震爲行、故晉如、謂初已變二在震也、應在坎上、故愁

乙

如得位處中故貞吉也二无應嫌當變應五乾爲介福艮爲手四五易位
體艮坤爲虛二也故稱受艮手持福與二二受之介大也謂五已正中乾
爲王坤爲母故受茲介福于其王母九五乾也消坤中故爲王母六三
衆允悔亾注坤爲衆允信也土性信故衆允三失正與上
易位則悔亾故象曰上行也此則成小過不據初正也小過故
有飛鳥之象焉此幷解九四碩鼠由三上易位也小過飛鳥則碩鼠也自杵之利見
碩鼠出入坎穴蓋取諸此也繫曰自杵之利取諸小過九四晉如碩鼠
貞厲碩鼠五技鼠也离爲飛鳥上之三离象壞震爲動艮爲穴動出穴中飛而不高故爲碩鼠正居坎故危
六五悔亾失位爲悔之正故亾矢得勿恤往吉无不利注矢古誓字
誓信也勿无卹憂也五變得正坎象不見故誓得勿卹往
有慶也誓得信得也往謂之正上九晉其角惟用伐邑厲吉无咎貞

吝、【注】五已變之乾爲首、位在首上稱角、故晉其角也、坤爲邑、動成震而體師象、坎爲心、故維字誤、當爲惟用伐邑、心謂五也五未正體師、已正體坎、惟思也、言思欲伐邑、謂五使上之三伐坤也、得位乘五、故厲吉无咎而貞吝矣、得位故吉无咎、乘陽故吝、

彖曰、晉、進也、明出地上、順而麗乎大明、離爲明、順坤、麗離、大明謂乾也、五乾位、陰順麗陽、故麗乎大明、謂觀四之五也、柔進而上行、是以康侯用錫馬蕃庶、晝日三接也、以四麗五、柔進上行、以離接乾、是康侯用錫馬於王、晝日三接之象、

象曰、明出地上、晉、日出於地、進而照地、君子以自照明德、【注】君子謂觀乾、乾五乾也、乾爲德、坤爲自、離爲明、乾五動、以離日自照、故以自照明德也、就陽而言、爲乾五動、

晉如摧如、獨行正也、裕无咎、未受命也、【注】初動震爲行、初一

稱獨也五未之巺故未受命也四裕在坤初受巺命受茲介福以中正也衆允之句志上行也注坎爲志三體坎三之上成震故曰上行也碩鼠貞厲位不當也謂當之五矢得勿恤往有慶也注動之乾乾爲慶也惟用伐邑道未光也謂五已正離爲光上之三伐邑五得光也五陽爲道

䷣離下坤上臨息卦吹升陽雖升而未光猶傷於陰故曰明夷也訁陽當有所誅殺故曰明夷誅也侯在九月五出成既濟

明夷注夷傷也臨二之三二陽例而反晉也兼取反卦非消息例侯果云晉與明夷往復不已故見暗則伐取之亂則治取之明入地中故傷矣利艱貞注謂五也五失位變出成坎爲艱故利艱貞矣

初九明夷于飛垂其翼離爲飛晉時離在上今反下故垂翼君子于行三日不

食、晉四下初體震爲行晉初動體噬嗑食初從四下不從坤變故不食离爲日自四至初三爻故三日不食有攸往主人有言。震爲主人爲言應在震故有攸往而有言六二明夷于左股、本臨三在震震爲足初趾二股也震爲左故左股用拯馬壯吉、拯子夏傳作抍舉也壯傷也震爲馬謂臨二震在坤下失位而傷三之二舉之得位而吉九三明夷于南狩得其大首、體師以坎征坤离爲南故南狩此本离上也离上有嘉折首不可疾貞、坎爲疾疾貞正乎坎也言當征五成既濟也季札聞周南召南曰猶有憾謂疾貞也六四入于左腹坤爲腹體震爲左獲明夷之心、于出門庭、本晉初也在艮下艮爲門庭今體震故出坎爲心明夷之心三也四應初歷險近得於三故獲明夷之心于出門庭矣六五箕子之明夷利貞上六不明晦初登于天、後入于地、注應在三、离滅坤下、故不明晦晉時在上麗乾故登于天照四國今反在下故後入于地失其則

彖曰、明入地中、明夷、謂反晉坎爲入內文明而外柔順以蒙大難、文

王以之【注】以。用也。三喻文王。大難謂坤。上謂坤爲弒父迷亂荒淫。若紂殺比干。三幽坎中。象文王之拘羑里。震爲諸侯。喻從文王者。謂四也。紂懼出之。故以蒙大難。得身全矣。離文明也。柔順坤也。蒙。遭也。虞以紂懼諸侯而出文王。未知所本。足以正史記之失。利艱貞。晦其明也。內難而能正其志。箕子以之【注】箕子。紂諸父。故稱內難。五乾天位。今化爲坤。箕子之象。坤爲晦。乾爲大明。故晦其明。箕子正之。出○五成坎。體離重明。麗正。坎爲志。故正其志。箕子以之。而紂奴之矣。

象曰。明入地中。明夷。君子以莅衆。用晦而明【注】而。如也。君子謂三。體師象。以坎莅坤。坤爲衆。爲晦。離爲明。故用晦如明也。雖在晦。猶自明也。

君子于行義不食也荀氏云暗昧在上有明德者義不食祿也六二之吉順以則也坎爲則謂二順三南狩之志乃大得也坎爲志入于左腹獲心意也入坤宜比三箕子之貞明不可息也五正則重明麗正故不息初登于天照四國也謂晉時在坤上坤爲四國後入于地失則也謂反在坤下三坎爲則三在下不應上上失之

䷤离下巽上遯消卦次訟陰陽一家故名曰家人候在五月三權變受上成既濟消卦正位多由家人此發例也卦不變消卦之正

家人利女貞注遯初之四也二陰例女謂离巽二四得正故利女貞也

初九閑有家悔亡應四在坎爲閑閑防也初夫四婦三未動震巽未成故閑之悔也三動則悔亡六二无攸遂在中饋貞吉二得地正坤道從陽故无攸遂三動體頤二在頤中五在頤上艮手

饋養故在中饋居正應五故吉九三家人嗃嗃悔厲吉馬氏云嗃嗃悅樂自得貌今當從之三動震爲喜樂故嗃嗃失位故悔厲天地正故吉婦子嘻嘻終吝嘻嘻樂笑无節也婦巽子震也三終爲坤而不正位則悅樂之過而婦子嘻嘻矣謂當與上易位六四富家大吉注三變體艮艮爲篤實坤爲大業得位應初順五乘三比據三陽故曰富家大吉順在位也謂順於五矣九五王假有家勿恤吉假大也乾五稱王家謂二坎爲恤謂三也三變則五五交二无憂而吉上九有孚句威如終吉注謂三已變與上易位成坎坎爲孚故有孚乾爲威如自上之坤故威如上乾體易則得位故終吉也

象曰家人女正位乎內男正位乎外男女正天地之大義也

注遯乾爲天三動坤爲地男得天正於五遯五不變女得地正於二成既濟二不變故天地之大義也離巽皆女女以男爲家故三動正天地則二五男女

正內外矣、三本正位、變坤復易上成既濟、所謂權也、家人有嚴君焉、父母之謂也、父母乾坤也、乾爲君、坤爲后、后亦君也、父子兄弟夫婦所以各正、由父母正、故三動然後既濟定、父父子子、兄兄弟弟、夫夫婦婦、【注】遯乾爲父、艮爲子、三五位正、故父父子子、父尊子卑、三動時震爲兄、艮爲弟、初位正、當言初五位正、上已言三五、故省文、故兄兄弟弟、兄先弟後、三動時震爲夫、巽四爲婦、初四位正、故夫夫婦婦也、夫內成、婦外成、而家道正、三上易位、六爻皆正、正家而天下定矣、成既濟定、雲行雨施天下平、

象曰、風自火出家人、火天氣、風地氣、火則生風、風得風而火盛、猶男女之道相須而成、君子以言有物而行有恆、君子謂九三、遯艮賢人也、三動成震爲言爲行、納上成坎爲法、故有物有恆、與乾九二庸言之信、庸行之謹同義、

閑有家、志未變也、坎爲志、謂三、六二之吉、順以巽也、坤爲順、巽謂五、家人

嗃嗃，未失也。終納上，故未失。婦子嘻嘻，失家節也。坎爲節，三上易，則體兩坎，爲家節。

富家大吉，順在位也。得位順五，故順在位。

王假有家，交相愛也。【注】乾爲愛也。二稱家。三動成震，五得交二，初得交四，故交相愛。震爲交也。

威如之吉，反身之謂也。【注】謂三動坤爲身，上之三成既濟定，故反身之謂。此家道正，正家而天下定矣。

䷥兌下離上　消息卦，通遯，遯三之復二成臨，坤五麗乾五，微陰始著，陰陽之氣自此而分，故名曰睽。序卦曰：睽，乖也。彖曰：天地睽而其事同，義在乾五伏陽出通坤五，故先睽而後同。候在十二月。卦唯言五應乾消息之義，爻取五正則定既濟，明乾元也。與小畜、大畜亦同義。

睽，小事吉。【注】大壯上之三，四陽之例。雜卦曰：睽，外也。亦謂陽動而外也。在繫蓋取，繫蓋取者，繫云：弧矢之利，以威天下，蓋取諸睽。此彖云：柔進而上行，故知與蓋取同无妄二之五也。小謂五，陰稱小，得中應剛，五遯乾，故吉。

初九悔亡，喪馬勿逐自復，見惡人，无咎。注无應，悔也。四動得位，故悔亡。應在于坎，坎爲馬，四而（衍）失位，之正入坤，坤爲喪，坎象不見，故喪馬。震爲逐，艮爲止，故勿逐。坤爲自，二至五體復象，故曰復。（當以二變，四至初體復。云二至五，似非。）四動，震馬來，故勿逐自復也。离爲見，惡人謂四。（四离焚棄，故惡人。）動入坤，初四復正，故見惡人以避咎矣。九二遇主于巷，无咎。注二動體震，（二失）位，故震爲主，爲大塗，艮爲徑路，大道而有徑路，故稱巷。變動而得正，故无咎而未失道也。六三見輿曳，注离爲見，坎爲車，爲曳。（當以四動坤爲輿，直取坎車，似非。）故見輿曳。（輿謂四也。）其牛掣，注四動坤爲牛，爲類。（爲類未詳，疑字之誤。）牛角一低一仰，故稱掣。离上而坎下，其牛掣也。其人天且劓，无初有終，注其人謂四，惡人也。

四睽五顧三三失位故所見輿牛人皆四也黥額爲天割鼻爲劓无妄乾爲天
震二之乾五以陰墨其天乾五之震二毀艮割其鼻也兌
爲刑人故其人天且劓失位動得正成乾故无初有終象
曰遇剛是其義也九四睽孤遇元夫交孚厲无咎注孤顧
也釋名有此文在兩陰閒睽五顧三故曰睽孤體离故爲目說文云睽目不相
視也四失位不承五而顧三故曰睽孤也震爲元夫謂二已變動而應震故遇
元夫也震爲交坎爲孚坎動成震故交孚動而得正故交孚厲无
咎矣六五悔亡厥宗噬膚往何咎注往得位悔亡也謂動正
動而之乾明五變四乃能變乾爲宗謂五本與乾五爲體二體噬嗑故曰噬
四變時艮爲膚故曰厥宗噬膚也宗謂乾五伏陽非謂二應變得正成
乾乾爲慶故往无咎而有慶矣上九睽孤見豕負塗載鬼

一車。注睽三，顧五，故曰睽孤也。离爲見，坎爲豕，爲雨，四變時坤爲土，土得雨爲泥塗，四動艮爲背，豕背有泥，故見豕負塗矣。坤爲鬼，坎爲車，變在坎上，故載鬼一車也。（四變也。豕鬼背，謂五。五未變，上失正，所見如此。）先張之弧，後說之壺。注謂五。巳變，乾爲先，應在三。（五變上，乃與三相應。）坎爲弧，离爲矢，（三象）本張弓之象也。（謂三不應己。）故先張之弧。四動震爲後，說猶置也。（說讀如稅。）兌爲口，离爲大腹，坤爲器，大腹有口，坎酒在中，壺之象也。之應歷險以與兌，故後說之壺矣。（四動，三乃與上相應，坎象不見，壺空置矣。）匪寇，句婚媾，往遇雨則吉。注匪，非。坎爲寇，之三歷坎，故匪寇。（謂三匪與上爲應。）陰陽相應，故婚媾。（謂上易三。）三在坎下，故遇雨。（下坎爲雨。）與上易位，坎象不見，各得其正，故則吉也。（成既濟定。）

彖曰：睽，火動而上，澤動而下。注 离火炎上，澤水潤下也。无妄二之五，二動爲火，五動爲澤。二女同居，其志不同行。注 二女离兑也。坎爲志，离上兑下，无妄震爲行，巽爲同，艮爲居，二五易位，震巽象壞，故二女同居，其志不同行也。巽艮體皆壞，則同居者原其在无妄而言，非即謂离上兑下爲同居，女道外成，离兑爲姊妹，故原在家爲同居。說而麗乎明，柔進而上行，得中而應乎剛。注 說兑，麗离也。明謂乾，乾五伏陽，即蹇五也。當言大明以麗於晉。麗疑當爲例，晉言麗乎大明，大明謂乾。此亦當然，與晉同，則脫字也。柔謂五，无妄巽爲進，從二之五，故上行。剛謂應乾五伏陽，非應二也。與鼎五同義也。鼎應屯五乾，睽應蹇五乾。是以小事吉。天地睽而其事同也。注 五動乾爲天，四動坤爲地，故天地睽。惠徵士云：乾上坤下，象天地否，故天地睽。坤爲事也，五動體同人，故事同矣。男女睽而其志

通也注四。動。艮爲男、兌爲女、故男女睽、惠徵士云、咸。兩。象。易、故男女睽、坎
爲志爲通、故其志通也、萬物睽而其事類也注四。動。萬物
出乎震、區以別矣、故萬物睽、震。生。兌。殺、故區以別矣、坤爲事爲類、故
其事類也、睽之時用大矣哉、離夏兌秋坎冬、四。變。震春、故日時惠徵士云、非。義。之。常。故
日時用也、

象曰、上火下澤、睽、君子以同而異、君子謂。乾。五。伏。陽、伏陽出成巽爲同、四動三上易位
既。濟。定、乾。坤。別、故以同而異、

見惡人、以避咎也、遇主于巷、未失道也、注動得正、故未失道、

見輿曳、位不當也、三。失。位。故。見四顧之、无初有終、遇剛也、注動正成
乾、故遇剛、剛謂。上。三、與上相易、交孚无咎、志行也、注坎動成震、故志
行也、厥宗噬膚、往有慶也、慶謂乾。五。陽、遇雨之吉、羣疑亾也、注

物三稱羣、謂坎三爻也、坎爲疑、三變坎敗、故羣疑亡矣

䷦艮下坎上消息卦、通睽萃四、既息五、則下反三而爲蹇、蹇三之復二成睽、睽五應蹇五、乾坤乃通、陽老入重坎、始蹇難、故名曰蹇、坤德至蹇而復、故卦辭利西南不利東北、與坤同也、侯在十一月、成既濟、坤元復也、

蹇利西南【注】觀上反三也、觀上卽萃四、萃觀上之四也、坤德成觀、又二陽之例、故不言萃四、坤西南卦、五在坤中、坎爲月、月生西南、故利西南、往得中、謂西南得朋也、此言乾五當使三之復二成睽也、三之睽成震兌、西南得朋、五居坤中以應睽五、故曰利西南、與坤同義、然則往得中者、謂三往居二中、爻就一卦言、以外體爲往、卦就消息言、以之卦爲往、義各有當也、不利東北【注】謂三也、艮東北之卦、月消於艮、喪乙滅癸、故不利東北、言喪乙滅癸、明不但以艮爲東北也、則西南亦指震兌、其道窮也、則東北喪朋矣、利見大人【注】離爲見、大人謂五、二得位應五、故利見大人往有功也、此乃據爻義言之、貞吉【注】謂五當位正邦、坤爲

邦乾正坤故貞吉也。明初當正

初六：往蹇來譽。注：譽謂二。二多譽也。失位應陰，往歷坎險，故往蹇。蹇以見險而止為義，故諸爻並言往來。內卦則以外卦為往，外卦則以變為往。變而得位，以陽承二，故來而譽矣。

六二：王臣蹇蹇，匪躬之故。注：觀乾為王，五也。坤為臣，二也。為躬，坎為蹇也。蹇亦險難。之應涉坤，二五俱坎，故王臣蹇蹇。君臣同難。觀上之三，折坤之體，臣道得正，故匪躬之故。象曰：終无尤也。

九三：往蹇來反。注：應正歷險，故往蹇。反身據二，故來反也。江承之云：反當謂三反之復二成臨。息睽注似非。

六四：往蹇來連。注：連，輦。蹇，難也。輦亦難意，故通訓之。在兩坎閒，進則无應，進謂變往。初已正，故无應。故往蹇。退初介三，故來連也。

九五：大蹇朋來。注：當位正邦，故大蹇。江承之云：九三之復二成臨。臨者大，故大其蹇。睽兌為朋，故朋來也、九五以乾通睽、故大其蹇、三之復二爲兌西南得朋、獨於九五言通睽者、消息在五、三往得中、五所爲也、上六往蹇來碩、吉、利見大人、注陰在險上、變失位、故往蹇、上无所往、故知以變爲往、碩謂三、艮爲碩、退來之三、故來碩、得位有應、故吉也、離爲見、大人謂五、之三歷五、故見大人、故利見大人矣、

彖曰、蹇、難也、險在前也、前、外也、諸爻言往蹇、以險在前、見險而能止、知矣哉、注離見坎險、艮爲止、觀乾爲知、謂五體觀乾、故知矣哉、蹇利西南、往得中也、謂三之復二得中、震西兌南、不利東北、其道窮也、謂三在坤中、坤東癸北、陽道窮、利見大人、往有功也、注大人謂五、二往應五、五多功、故往有功也、當位貞吉、以正邦也、謂五正坤、坤爲邦、蹇之時用大矣哉、注謂坎月生西南而終東北、震象出庚、兌象見丁、乾象盈甲、巽象退辛、艮象消丙、坤象窮乙、喪滅於癸、終則

復始以生萬物、故用大矣、三之復二成震兌、五乾照之爲陽息變之四成巽艮滅於坤爲陰消、故備時用、蹇坤乾之合陽將老、故又發此義、

象曰、山上有水蹇、山上有水、地險山川、故爲蹇難、君子以反身脩德注君子謂觀乾、體乾九三、故曰君子、坤爲身、觀上反三、故反身、陽在三進德脩業、故以反身脩德、觀乾德外著、反之於內、體乾之夕惕、孔子曰、德之不脩、是吾憂也、

往蹇來譽、宜待時也、注艮爲時、謂變之正以待四也、王臣蹇蹇、終无尤也、尤亦悔意、坎也、終无尤、言不嘿於坎、往蹇來反、內喜之也、注內謂二、陰也、謂二是陰爻、非通初六言之、爻注云反身據二、是其義也、往蹇來連、當位實也、陽爲實、謂初變正應四不以來連爲患、大蹇朋來、以中節也、五中節、故能睽而同、是以朋來、惠徵士說以中庸曰發而皆中節、往蹇來碩、志在內也、坎爲志、三在內、利見大

人以從貴也五乾爲貴言上應三則比五

䷧坎下震上臨息卦次明夷陽動而交坤陰始解散故名曰解候在二月卦辭成屯消息震也屯則既濟定故爻至上而三正

解利西南注臨初之四、二例陽坤西南卦、初之四得坤衆、故利西南往得衆也此說西南與坤注違蓋非也四在震二往之五成兌震西兌南西南得朋正坤五故利西南往得衆也无所往其來復吉注謂四本從初之四失位於外而无所應初亦失位不相應也故无所往宜來反初復得正位故其來復吉也二往之五四來之初下云夙吉知二往之五四乃得來之初成屯體復象故稱來復吉矣有攸往夙吉注謂二也夙早也離爲日爲甲乾爲甲離亦爲甲日所出也日出甲上故早也四變則離不見故夙吉九二失正早往之五則吉故有攸往夙吉往有功也。

初六无咎。注：與四易位，體震得正，二已之五，故體震。故无咎也。失位宜咎，之正故无咎。初四變不言貞者，解主九二，二貞則諸爻皆正。九二田獲三狐，得黃矢，貞吉。注：二稱田，體乾九二在田。田，獵也。體坎离則象獵。變之正，艮爲狐，坎爲弓，离爲黃矢，矢貫狐體。二离黃矢之正，艮體見，故獲狐。二之五，歷三爻，故田獲三狐，得黃矢。二上五，艮狐象；四下初，又艮；二三四三爻皆狐，故三狐。三解悖离復見，故得黃矢。之正得中，故貞吉。六三負且乘。注：負，倍也。二變時艮爲背，繫曰：作易者其知盜乎，注云：否上之二成困，三暴慢以陰乘陽；二變入宮爲萃，五之二奪之成解，故曰上慢下暴，盜之招，謂此也。此就爻變另爲一例，此注以繫解之者，三伏陽解悖，六三非能自正，故以致盜言之，取困三暴二入宮也。又本象二變之五爲萃，正與困二入宮同。或者五既正後，四逼三暴，不能之初，五復之二奪之，故三伏陽出還成乾也。解悖四乃之初。謂三以四艮倍五也。五在艮後，故三以四艮倍五。五來寇三時謂五之二奪之成解也坤爲車萃坤三在坤上故負且乘小人而乘君子之器坤爲器乾爲君子乾在坤上稱君子德車故象曰亦可醜也致寇至貞吝注五之二成坎坎爲寇盜五之二失正故爲寇盜上位慢五下暴於二慢藏悔盜繫注坎心爲悔坤爲藏困兌爲見藏而見故慢藏也故致寇至貞吝伏陽出三則貞矣可醜故吝也象曰自我致戎又誰咎也九四解而母朋至斯孚注二動時艮爲指四變之坤爲母母大指也坤艮兼象指故解而母四解坤臨兌爲朋四本臨之兌坎爲孚兩至母而成母四爲二之朋自四謂二往也二之五成坎故斯孚四陽從初故朋至斯孚矣六五君子惟有解吉有孚于小人注君子謂二之五得正成坎坎爲心故君子惟有解吉惟思也君子思解則解矣小人謂五陰爲小人乾鑿度曰陰失正爲小人君子升位則小人退在二故有孚于小人坎爲孚也

三陽出，二亦爲坎

上六，公用射隼于高庸之上，獲之，无不利。注上應在三，句公謂三，伏陽也。凡公皆三也，六三暴慢，故知三伏陽三，乾君子赦過宥罪謂此也。离爲隼，三失位，動出成乾，貫隼入大過死象，离矢坎弓乾人發之，故公用射隼于高庸之上。同人注云巽爲庸獲之无不利也。既濟定故无不利。

彖曰：解，險以動，動而免乎險，解。注險坎，動震，解二月，雷以動之，雨以潤之。春分雷動地中下坎爲雨也物咸孚甲，萬物生震，震出險上，故免乎險也。震爲出，坎解爲雨，故免乎險。解利西南，往得衆也。謂二之五之外故往也无所往，其來復吉，乃得中也。復初爲中，中正也，天元之正也，二已之五，四來體復，故乃得中也有攸往夙吉，往有功也。謂二之外爲往五，五多功也天地解而雷雨作，臨乾解坤，故天地解雷雨作而百果草木皆甲宅。惠徵士云皮曰甲，根

日宅乾爲百果震爲草木离爲甲艮爲宅解之時大矣哉解之時震時也萬物出故大

彖曰雷雨作解陽升爲雷陰下爲雨君子以赦過宥罪注君子謂三伏陽取三伏陽者臨二陽息乾三當正臨來之卦升明夷皆三正位故解伏陽出以解悖也出成大過坎爲罪入則大過象壞故以赦過二四失位皆在坎獄中三出體乾兩坎不見震喜兌說罪人皆出故以宥罪謂三入則赦過出則宥罪公用射隼以解悖是其義也

剛柔之際義无咎也注體屯初震剛柔始交故无咎也謂二五已正故體屯九二貞吉得中道也注動得正故得中道五乾爲道也負且乘亦可醜也自我致戎又誰咎也注臨坤爲醜也義无取於臨坤不可云萃坤故僭言臨坤坤爲自我以离兵伐三故轉寇爲戎甚三之罪艮手招盜繫注云二藏坤時艮手招盜謂二欲五伐三故誰咎也解而毋未當

位也初四失位君子有解小人退也注二陽上之五五陰小人退之二也公用射隼以解悖也注坎爲悖三出成乾而坎象壞故解悖也

周易虞氏義卷之四

卌曾初生之日校點此卷於江寧郡署西偏讀易
畫梅之室時服荃有事於嬰

孫不暇寫梅美古餘識

周易虞氏義卷之五

張惠言學

周易下經　彖下傳　象下傳　虞氏注

䷨兌下艮上　泰息卦次既濟消之始損陽益陰失位故曰損謂泰不久也候在七月二五正成益上之三既濟必成益者損衰益盛也

損有孚元吉无咎可貞利有攸往

注　泰初之上損下益上以據二陰故有孚元吉无咎　自初之上自上之三坎為孚泰初乾元損成既濟由上故元吉失位宜咎元吉故无咎皆泰之上一爻當之　艮男居上兌女在下男女位正故可貞利有攸往矣　繫曰天地壹壺萬物化醇男女構精萬物化生彼注云艮男兌女乾為精損反成益萬物出震此言男女位正者正明構精化生所以可貞非謂此為貞也可貞謂二五正也二五失位二當貞五則成益萬物化生則上益三而亦正也利有攸往謂三與上爻辭同義損家損下故二益五自二往上益三則自三往

曷之用二簋可用享　坤為用謂二正五成益上為宗廟震長子主祭坤為器艮手執器享

祭之象、簋黍稷器、圓曰簋、方曰簠、周官旅人爲簋、則簋以瓦爲之、坤爲土、上之三成兩离、离火燒土而中虛、體乾爲
圓、在祭器則簋也、謂益道成既濟、定未耨之利、薦之宗廟、當泰之後、王者治定制禮也、惠徵士用鄭義、以木器而圓、
爲簋取益時震象、謂二升五、用二簋以享於上、上右五而益三、乃成既濟、今謂象注二簋應有時、謂春秋損剛益柔、
謂冬夏既濟既定、四時乃備、二簋之象、明當在上、益三之後、

初九、祀事遄往、无咎、酌損之、注祀、祭祀、坤爲事、二簋用享、故舉祀事、謂
二也、用享者二、遄速、酌取也、二失正、初利二速往合志於正、正當
爲五、得正无咎、无咎亦謂二、己得之應、故遄往无咎、酌損之、象曰、
上合志也、注未言酌損之義、惠徵士云、謂五酌上之剛以益三、案象注云終成既濟、四注云三上復坎、惠
說是、祀舊作已也、九二、利貞、征凶、弗損益之、注失位、當之正、
故利貞、征行也、震爲征、不貞則失正毀折、體爲震、兑故不征之五
則凶、征當爲貞聲之誤也、二有應於五、震性行、故戒其不正而之應於五也、二之五成益、小

損大益貞之五亦損下故小損故弗損益之矣謂弗慮其損當益五也六三三

人行則損一人注泰乾三爻爲三人乾爲人震爲行故三人

行謂泰三爻拔茅茹損初之上故則損一人一人行則得其友注

一人謂泰初之上此一人行損剛益柔反來益三此言得友故一人行兌

爲友謂三初之上據坤應兌上來益三由三往之上故上值言應兌而已或疑損剛益柔四

字當在應兌之下著脫字失處耳然三不言利有攸往者三往之上當在五正之後也故則得其友

言致一也致一謂天地化醇男女化生六四損其疾使遄有喜无咎注

四謂二也與初同義四得位遠應初二疾上五已得承之謂二

之五三上復坎爲疾也二坎體故稱疾亦象稱上有孚之義陽在五稱喜故

損其疾使遄有喜二上體觀得正承五故无咎矣三正四在坎疾

故明之无咎六五或益之十朋之龜弗克違元吉注謂二五已

變。成。益。故或益之、或者不主之辭不可云上益之故云或坤數十兌爲朋三上失位、三動離爲龜、十謂神靈攝寶文筮山澤水火之龜也、見爾雅故十朋之龜。三。上。易位。成。既。濟。故弗克違、惠徵士云不違龜筮也元吉矣、上九弗損益之无咎貞吉注損。上。益。三。也、上失正、之三得位、故弗損益之无咎貞吉弗損而益三也失位咎之正故无咎矣貞吉動。成。既。濟、故大得志、象傳義利有攸往、得臣无家、注謂。三。往。之。上、故利有攸往、自內曰往至是始往三。二。五。巳。動。成。益、坤爲臣、三。變。據坤成家人、故曰得臣、動。而。應。三。成。既。濟。則家人壞、故曰无家、

彖曰、損、損下益上、其道上行、謂泰初之上損而有孚元吉无咎可貞利有攸往、由乾道上行故損之道如此所謂天地壹壼萬物化醇曷之用二簋可

用享二簋應有時。注時，謂春秋也。損二之五，震二月，益正月，春也。損七月，兑八月，秋也。謂春秋祭祀以時思之。艮爲時，震爲應，故應有時也。損剛益柔有時。注謂冬夏也。二五已易，成益坤爲柔，謂損益上之三，成既濟，坎冬離夏，故損剛益柔有時。損益盈虛，與時偕行。注乾爲盈，坤爲虛，損剛益柔，故損益盈虛，謂泰初之上，損二之五，益上之三，變通趨時，故與時偕行。損由泰反否，衰之始也。聖人於此明與時偕行之義，謂持泰之道，損而有孚，反益而成既濟，人道備矣。

象曰：山下有澤，損。山下有澤，潤通乎上，損下益上之象也。澤以滌山，山以鎮澤，徵忿窒欲之義也。君子以徵忿窒欲。注君子泰乾，乾陽剛武爲忿，坤陰吝嗇爲欲，損乾之初成兑，兑説，故徵忿。徵，鄭康成及劉𪐙皆云：清也。蜀才作澄。葢古借作澂，卦取

兌澤訓清是也初上據坤艮爲山故窒欲也窒塞也山象窒塞

祀事遄往上合志也（注）終成既濟初欲二上欲其謂二上合酌上以益三也志於五也

九二利貞中以爲志也（注）動體離中故爲志也上來之三二離在坎爲志

一人行三則疑也（注）坎爲疑上益三成坎故三則疑

損其疾亦可喜也（注）二上之五體大觀象故可喜也

六五元吉自上右也（注）三兌爲右右助也自上益三所以右五故元吉

弗損益之大得志也（注）謂二五已變上下益三成既濟定離坎體正故大得志

䷩震下巽上否反泰消息卦否終必傾上反於初先否後喜三陽以交而下則泰成否泰拔茅以此也

損上益下中行得位故名曰益益與恆旁通明益之道當恆也其實益反泰不由恆故恆終變還成益而益卦義不取恆候在正月三正由上益三成既濟故曰益盛之始也卦取渙者明三伏陽與爻告公同義

益、利有攸往、注否上之初也、與損同 損上益下、其道大光、二。利。
往。坎。應五、言應坎者明。當成既濟 故利有攸往、中正有慶也、利涉大
川、注謂。三。失。正、動。成。坎、體渙、坎爲大川、故利涉大川、渙舟
楫象、木道乃行也、
初九、利用爲大作、元吉无咎、注大作、謂耕播、耒耨之利、蓋取
諸此也、坤爲用、乾爲大、震爲作、故利用爲大作、體。復。初。得
正、朋來无咎、所。以。反。泰、故元吉无咎、復。初。元。吉。也、震三月卦、三當爲二、日中
星鳥、春分也、日中星鳥、敬授民時、故以耕播也、益正月卦、啟。蟄。郊。而。祈。穀。農事
之始、益民之大、莫若農 六二、或益之十朋之龜、弗克違、永貞吉、注謂。
上。從。外。來。益。也、以。反。泰、則。上。下。益。初、以。爻。定。既。濟、則。上。來。益。三、故或益之、二五卦主益三。
所。以。益二、二得正遠應、利。三。之。正。己得承之、坤數十、損。兌。爲。朋。

謂三變离爲龜故十朋之龜、成卦在初反泰在上當否之時陽不正位不能反泰故上之必先來益三而後下益初上下初成損體兌故曰十朋之龜明上當益初朋來无咎也注云損兌爲朋其旨微矣

坤爲永上之三得正故永貞吉王用享于帝吉注震稱帝、王謂五否乾爲王體觀象艮爲宗廟此享帝而取宗廟以其祭感生帝也禮曰王者禘其祖之所自出以其祖配之而立四廟鄭注云祖所出謂五帝即南郊之祭也三變折坤牛、體噬嗑食故王用享于帝得位故吉明不王不禘乾鑿度曰孔子曰益之六二或益之十朋之龜弗克違永貞吉王用享于帝吉益者正月之卦也天氣下施萬物皆益言王者之法天地施政教而天下被陽德蒙教化如美寶莫能違害永貞其道咸受吉化德施四海能繼天道也王用享于帝者言祭天也三王之郊一用夏正天道三微而成一著三著而成一體方此之時天地交萬物通故泰益之卦皆夏之正也此四時之正不易之道也故三王之郊一用夏正所以順四時法天地之通道也

六三益之用凶事无咎注坤爲事、三多凶、上來益三得正、故益用凶事无咎、凶事

喪事也。坤爲死，三陽伏坤中，上來益之，但象凶事而已。**有孚**句**中行告公用圭**。注 公謂三伏陽也。上來益三，而云三伏陽者，明上當下初，益三非正也。三動體坎，故有孚。震爲中行爲告，震爲行爲告，中字誤衍耳。位在中，故曰中行。中行謂初，初體復初九，復六四中行獨復，注云中謂初，震爲行，正此也。必云位在中者，中爲內，初在內乃得稱中行，明非初雖震不得爲中行也。三公位，乾爲圭，乾之三，故告公用圭。公謂三伏陽，圭謂上。初欲上來益己，而反泰，故先欲三上復正，上來益三，初爲之也。初以上益三，伏陽出，則上益初，是初以上之圭告於三之伏陽，此所以有孚。圭，桓圭也。公執桓圭。**六四，中行告公從**。注 中行謂震位在中，震爲行爲從，故曰中行。謂初也，嫌與三異義，故更說之也。公謂三，三上失位，四利三之正，己得以爲實，故曰告公從矣。告公者初也，從者四也，四與初正應。**利用爲依遷邦**。注 坤爲邦，遷，從也。三動坤從，從皆當爲從。故利用爲依遷邦也。四諸侯。惠徵士說以春秋左傳曰周之東遷晉鄭是依。**九**

五有孚惠心勿問元吉【注】謂三上也震爲問三上易位三五體坎已成既濟通已以坎爲心故有孚惠心勿問元吉當益之時故曰惠心象曰勿問之矣有孚惠我德【注】坤爲我乾爲德三之上體坎爲孚故惠我德象曰大得志上九莫益之【注】莫无也自非上无益初者上下初則五亦隨之而唯上當无泰成故自非上莫益初應故莫益之矣三上失位失位則不應上當无應之時體否上窮災民莫之與豈能益人故莫益初矣言上當益三正位或擊之【注】謂上不益初則以剝滅乾艮爲手故或擊之傾否之始初陽不能獨立上不益初則還成坤剝耳立心勿恆凶【注】上體巽爲進退故勿恆動成坎心以陰乘陽故立心勿恆凶矣謂既益三後若不益初雖立坎心猶爲巽體勿恆也蓋傾否非能既濟之時若以爲濟猶弗泰矣

象曰益損上益下民說无疆【注】上之初也否上坤爲无疆震爲

喜笑、以貴下賤、大得民、故說无疆矣、坤爲民、自上下下、其道大光。【注】乾爲大明、以乾照坤、謂上之初、故其道大光、乾爲道、或以上之三、离爲大光矣、亦自上下下、利有攸往、中正有慶、【注】中正謂五而二應之、乾爲慶也、利涉大川、木道乃行、【注】謂三動成渙、渙舟楫象、巽木得水、故木道乃行也、益動而巽、日進无疆、【注】震三動爲离、离爲日、巽爲進、坤爲疆、日與巽俱進、故日進无疆也、天施地生、其益无方、【注】乾下之坤、震爲出生、萬物出震、故天施地生、陽在坤初爲无方、坤爲方、日進无疆、故其益无方也、凡益之道、與時偕行、【注】上來益三、四時象正、上之三、坎冬离夏、益初反泰、震春兌秋、故四時象正、艮爲時、震爲行、與損同義、故與時偕行也、損衰之始、有孚反益、而定既濟、益盛之始、成既濟而後反泰、所謂與時偕行、象曰：風雷益。稽覽圖曰：降陰下迎，陰起合和，而陽氣用上薄之，則爲雷。鄭注云：陽氣，風也。是風之益雷，自上下下也。繫注云：益萬物者，莫大乎風雷。君子以見善則遷，有過則改。【注】君子，謂乾也。上之三，離爲見，乾爲善，坤爲過。坤三進之乾四，故見善則遷。上之初，故三進居四，得位，故曰遷善。乾上之坤初，改坤之過，體復象。復以自知，故有過則改也。

元吉无咎，下不厚事也。坤爲厚事，民无他事，農爲大作也。或益之，自外來也。【注】乾上稱外，來益三也。益用凶事，固有之矣。【注】三上失正，當變，是固有之。謂三中有伏陽，故初告公也。告公從，以益志也。【注】坎爲志，三之上，有兩坎象，故以益志也。有孚惠心，勿問之矣。惠我德，大得志也。上益三成坎，爲志，五得之。莫益之，偏辭也。【注】偏，周帀也。三體剛凶，江承之云：剛當爲剝，傳寫之誤。故至上應，乃益之矣。之謂初也，三體剝凶。

故上无應不能益初偏者謂上三正則六爻偏正偏乃益初也或擊之自外來也【注】外謂

上上來之三故曰自外來也不來則或擊故自外來也

䷪乾下兌上 息大壯五陽去一陰決之而已故名曰夬者決也與剝旁通剝息於夬夬消於剝也夬三月卦也爻成既濟卦已取二動復利終乾者上終有凶既濟不定也

夬揚于王庭【注】陽決陰也決開息卦也乾九五剛決柔與剝旁通

乾爲揚爲王剝艮爲庭以乾居艮故揚于王庭矣揚舉也小人而舉在王庭乘君子之上其重難決象曰柔乘五剛也孚號有厲【注】陽在二五稱孚孚

謂五也陽在二五皆坎體故稱孚五不變故謂五二失位動體巽巽爲號離爲

光釋彖傳不變則危厲危故孚號有厲其危乃光也決上者五而二

輔之五莧睦於上二惕號於下故卦主二五之孚號也決小人危事故孚號恐其有厲告自邑不利

即戎【注】陽息動復剛長成夬震爲告坤爲自邑夬從復升

坤逆在上民衆消滅二變時離爲戎卦有戎象故戒之故不利即
戎所尚乃窮也二孚號體離似尚即戎故戒以所尚在兵乃困窮也復云用行師終以大敗亦同義
言君子之去小人當以陽德漸散其民衆則去之淺不當尚兵戎與之爭也利有攸往注陽息
陰消君子道長故利有攸往剛長乃終終成乾
初九壯于前趾往不勝爲咎注夬變大壯壯也傷大壯震爲趾
謂四位在前故壯于前大壯初九壯于趾注謂四震爲足此云前亦四也易位以外爲前剛
以應剛不能克之四失位聞言不信往如失位故往不勝兌爲毀折故傷
爲咎淺陰之時陽貴相應又重正位初變往四烏能勝陰矣九二惕號莫夜句有戎
勿恤注惕懼也二失位故惕變成巽故號剝坤爲莫夜二
動成離離爲戎變而得正故有戎謂有四變成坎坎爲憂守備
坎又得正故勿恤謂成既濟定也二有離象戒勿即戎有者言勿用也有坎象戒

勿恤九三壯于頄有凶三在大壯小人用壯謂上也君子用罔謂三也頄翟元云面也謂上處乾首之前稱頄虞義亦當然上陰乘陽三應於上爲上所傷故壯于頄有凶君子夬夬大壯體乾三君子此亦當然夬夬者言三志在決上也獨行遇雨大壯震爲行三不應上故獨行四變澤爲坎故遇雨若濡有慍无咎遇雨故濡坎爲心不應上故有慍得正決陰故无咎九四臀无膚其行次且注二四已變坎爲臀剝艮爲膚毀滅不見故臀无膚大壯震爲行坎爲破爲曳故其行次且次且馬云卻行不前也牽羊悔亡聞言不信注兌爲羊二變巽爲繩剝艮手持繩故牽羊謂四之正得位承五故悔亡震爲言坎爲耳震坎象不正故聞言不信也五陽同心以決小人四位諸侯不可剛進當應初順二行次且應初也牽羊順二也如此則悔亡然四體壯趾處其不信初二故以聞言不信戒之九五莧陸夬夬中行无咎注莧說也莧讀夫子莧爾而笑之莧今論語作莞也字當作莧今作艸下

見傳寫誤耳陸和睦也陸讀當爲睦震爲笑言五得正位兌爲說故莧陸夬夬大壯震爲行五在上中動而得正自大壯動也故中行无咎舊讀言莧陸字之誤也馬君荀氏皆從俗言莧陸非也然則虞本當爲莧睦

上六无號終有凶

注 應在於三三動時體巽三動當爲二三巽爲號令四已變坎之應歷險巽象不見故无號言三不應之位極乘陽故終有凶矣

彖曰夬決也剛決柔也

注 乾決坤也

健而說決而和

注 健乾說兌也以乾陽獲陰之和故決而和也

揚于王庭柔乘五剛也孚號有厲其危乃光也

謂二變离爲光

告自邑不利卽戎所尚乃窮也

尚兵以決小人乃以窮困

利有攸往剛長乃終也

注 乾體大成以決小人終乾之剛故乃以終也

象曰：澤上於天，夬。澤氣上天，陰也，陽決之，則降爲雨。陸績曰：水氣上天，決降爲雨，是也。君子以施祿及下，居德則忌。注 君子謂乾，乾爲施祿，下謂剝坤，坤爲衆臣，以乾應坤，故施祿及下。乾爲德，艮爲居，故居德則忌。陽極陰生，謂陽忌陰。施祿及下，告自邑也；居德謂乾巳成，宜戒餘殃矣。

不勝而往，咎也。注 往失位應陽，故咎矣。有戎勿恤，得中道也。注 動得正應五，故得中道。君子夬夬，終无咎也。決陰何咎。其行次且，位不當也。失位宜正，故行宜次且。聞言不信，聰不明也。注 坎耳离目，折入於兑，故聰不明矣。謂四不變，則體兑。中行无咎，中未光也。注 在坎陰中，故未光也。无號之凶，終不可長也。注 陰道消滅，故不可長也。

䷫ 巽下乾上 消卦之始，坤浸入乾，豫復索坤，歷豫小畜萃大畜睽蹇，而乾坤合於大過頤蒙革，受之巽。

陰始生、文言注所謂以乾通坤極遘生巽爲餘殃也、遘遇也陽稱復陰稱遇者、不正陰之生以遇剛爲名也與復旁通、復遘陰陽之初互相伏、遘五月卦也、卦變小畜、消道也、爻變終於需陽消不定既濟也、二不變所以防遯

遘此古文以序卦雜卦注知當作此女壯、注消卦也、與復旁通、復初龍蛇俱蟄、遘初命誥四、於陰陽相伏、巽長女、女壯傷也、不言傷陽諱之、陰傷陽柔消剛、故女壯也、勿用取女、注陰息剝陽、積遘成剝、以柔變剛故勿用取女不可與長也、巽爲長、初當變之四

初六繫于金柅貞吉、注柅謂二也、二乾金、故巽爲繩、初故繫知謂二、也、柅、乾爲金、巽木入金、柅之象也、柅說文作檷、云絡絲趺也、謂初當繫二、初四失正、易位乃吉、故貞吉矣、繫二則四隕而初貞、有攸往見凶、羸豕孚蹢躅、注以陰消陽往謂成坤遯子弒父否臣弒君、消至二遯至三否、姤時三動离爲見、故有攸往見凶矣、遘初由姤三也、姤浹於上遊魂於四

歸魂於三故本而言之此言三動卽下云動而體三句爻坎一也在遘爲三在爻爲四故下云三爻之四

之四遘之消息起於小畜小畜由豫復初復初本乾上降三爻三卽乾三復初之四實爻三之坤四以豫小畜

在四故云三爻之四卦九三爻辭正與爻四同坤之遊魂亦麗乾魂也在爻動而體坎需也假遊魂在

爻四爲象坎爲豕爲孚巽繩操之故稱羸也宋衷云羸大索所以繫豕者也此云

巽繩操之則義與之同羸當讀爲縲古字通操之者二也巽爲舞爲進退操而舞故羸

豕孚蹢躅蹢躅不靜也以喻遘女望於五陽如豕蹢躅也九二

包有魚无咎不利賓【注】巽爲白茅在中稱包二在中詩云白

茅包之魚謂初陰巽爲魚二雖失位陰陽相承故包有魚

无咎二非陽不能包初故不以失位爲咎賓謂四乾尊稱賓二據四應故不

利賓四應初不正故二包之不使及賓以及賓爲不利也或以包爲庖厨也九三臀

无膚其行次且厲无大咎【注】爻時動之坎爲臀三自爻動之豫爲坎

艮爲膚。豫艮二折艮體。故臀无膚。復震爲行。其象不正。下豫
坤爲復息也。小畜不正者。不能反復道遘生其下。故其行次且。三得正位。雖則危厲。
故无大咎矣。九四包无魚。起凶。二包有魚。故四无也。上曰起。下曰隕。四當隕自天。故
起則凶。九五以杞苞瓜。含章。【注】杞。杞柳。木名也。巽爲杞。爲苞。
乾圜稱瓜。故以杞苞瓜矣。苞。蔓也。謂四變。五乾體巽瓜蔓於杞。含章。謂五也。
五欲使初四易位。以陰含陽。己得乘之。故曰含章。初之四
體兑口。故稱含也。有隕自天。【注】隕。落也。乾爲天。謂四隕之
初。初上承五。故有隕自天矣。上九遘其角。吝。无咎。【注】乾爲
首。位在首上。故稱角。動而得正。故无咎。
象曰。遘。遇也。柔遇剛也。勿用取女。不可與長也。巽爲長。謂五使初上四。
天地相遇。品物咸章也。謂坤出於巽而遇乾。乾坤相見乎离。乾爲物。故品物咸章。剛遇

中正天下大行也遘在初以柔遇剛五使初上四以剛遇柔五中正故剛遇中正陽得陰助陰陽交亨故天下大行遘之時義大矣哉復遘震巽總在於初陰陽爭死生分故大也

彖曰天下有風遘風天氣也而出於上天地相遇也風周天下故施命誥四方矣后以施命誥四方注后繼體之君乾消故為繼體遘陰在下故稱后陰生五不純乎陽與泰稱后同義也泰女主故稱后此陰生故同義乾為施巽為命為誥復震二月東方遘五月南方巽八月西方復十一月北方皆總在初故以誥四方也孔子行夏之時經用周家之月如臨八月有凶為遯夫子傳彖象以下皆用夏家月是故復為十一月遘為五月矣

繫于金柅柔道牽也注陰道柔巽為繩牽於二也包有魚義不及賓也四不當包初義者利之和也其行次且行未牽也注在夬失

位故牽羊在遘得正故未牽也不爲陰所牽无魚之凶遠民也初坤爲民不隕乃遠九五含章中正也象曰剛遇中正謂此也有隕自天志不舍命也注巽爲命也欲初之四承己故不舍命矣上變坎爲志舍猶守也與臨二未順命同義遘其角上窮吝也

䷬坤下兌上消息卦通大畜復初之四爲豫而息小畜豫四息五陽得其朋陰得其主聚而歸之故名曰萃萃坤德也萃五之復二成臨則息大畜在萃无取通大畜故不言也候在八月消息之次萃次豫蹇次萃蹇三萃四也卦取三四正初不變之蹇也爻成既濟乾德也

萃王假有廟注觀上之四也二陽卦例不云豫來者以乾照坤非陽生之次觀乾爲王謂五假至也艮爲廟體觀享祀上之四上自觀來又體觀故假有廟致孝享矣利見大人亨利貞注大人謂五三四失位利之正變成离离爲見故利見大人亨利貞聚以正也利見由於

利貞故變象傳文用大牲吉利有攸往注坤爲牛故曰大牲四之三折坤得正故用大牲吉三往之四三四易位由三往故利有攸往順天命也

初六有孚句不終句乃亂乃萃注孚謂五也初四易位五坎中故有孚言五利初易四也初四易爻之正也失正當變坤爲終故不終初四易位則二三與四爲坤以三往易四坤體不見故不終謂初不能與四易萃聚也坤爲亂爲聚故乃亂乃萃失位不變則相聚爲亂故象曰其志亂也若號一握爲笑句勿恤句往无咎注巽爲號謂四也四與三易位初不能上四四已之正號呼於初初乃變震應之艮爲手四之三下成艮初稱一故一握猶言艮初初動成震初自動不與四易震爲笑四雖之三三本坤初以艮變而體則震故曰一握爲笑四動成坎坎爲恤故若號一握爲笑勿恤初之四之應非易位

得正故往无咎矣四陽三位嫌无應有咎　六二引吉无咎注應巽爲繩艮爲手故引吉得正應五故无咎利引四之初使避己己得之五也九四大吉六二引吉吉謂四二欲引之之初也四待三易位義不之初四不避二嫌二不得之五有咎故明无咎　孚乃利用禴注孚謂五禴夏祭也體觀象故利用禴四之三故用大牲明卦義在此爻離爲夏故禴祭詩曰禴祭蒸嘗是其義今詩祭爲祠也二不能引四五使四之三二得應五也　六三萃如嗟如无攸利往无咎小吝注坤爲萃故萃如巽爲號故嗟如失正故无攸利動得位句故往无咎小吝六字爲句謂往之四三之四非正故无咎而小吝　九四大吉无咎失位咎也動得正故无咎四正則五體皆正故吉大矣　九五萃有位无咎匪孚元永貞悔亡注得位居中故有位无咎五雖正位復元在四和正故咎五得位能使永貞故无咎匪孚謂四也四當正坎爲孚

四變之正則五體皆正三與四易初正應四故元永貞元始也爻正四始之四本豫四復初乾元也與比彖同義四動之初之應也故悔亾上六齎資句涕洟无咎注齎持資賻也貨財喪稱賻以貨財哀喪自目曰涕自鼻稱洟坤爲財巽爲進故齎資也三之四體离坎艮爲鼻涕淚流鼻目故涕洟得位應三故无咎上體大過死象故有齎資涕洟之哀上應在三死大過中故齎資哀之四易三位大過象毀故涕洟而无咎

彖曰萃聚也順以說順坤說兌剛中而應五剛中二應之故聚也王假有廟致孝享也注享享祀也五至初有觀象謂享坤牛故致孝享矣利見大人亨聚以正也注坤爲聚坤三之四故聚以正也利貞用大牲吉利有攸往順天命也注坤爲順巽

爲命三往之四故順天命也觀其所聚而天地萬物之情可見矣注三四易位成离坎坎月离日日以見天月以見地故天地之情可見矣不言萬物或脫字與大壯咸恆同義也

象曰澤上於地萃聚水於澤以備旱潦君子以除戎器戒不虞注君子謂五除脩戎兵也詩曰脩爾車馬弓矢戎兵陽在三四爲脩乾三四進德脩業坤爲器三四之正离爲戎兵甲冑飛矢坎爲弓弧巽爲繩艮爲石謂敹甲冑鍛厲矛矢故除戎器也坎爲寇坤爲亂故戒不虞也

乃亂乃萃其志亂也注坎爲志初之四其志亂也此與爻注悖初之四當脫不字引吉无咎中未變也注二得正故不變也二中不變故五用禴而得應往无咎上巽也注動之四故上巽大吉无咎位不當

也注以陽居陰故位不當動而得正承五應初故大吉而无咎矣萃有位志未光也注陽在坎中故志未光與屯五同義齎資涕洟未安上也注乘剛遠應故未安上也

䷭巽下坤上臨息卦陽臨陰二當升五故名曰升乾之用始於此故元亨侯在十二月變之蹇升之初不定既濟也

升元亨注臨初之三例二陽又有臨象乾元正故曰元剛中而應與臨同義二剛中四陰應之故元亨也用見大人勿恤注謂二當之五爲大人離爲見坎爲恤二之五得正故用見大人勿恤有慶也南征吉注離南方卦二之五成離故南征吉志行也

初六允升大吉允升之義注闕未詳小過衆允注云允信也坤土爲信此或亦當然說文作粇云進也升主九二上升餘爻无升義初雖失位之正成泰進无所升非卦義也蓋初居坤與羣陰共升二於五而承之故允升

大吉象曰上合志也九二孚乃利用禴无咎注禴夏祭也孚謂二之五成坎爲孚離爲夏故乃利用禴无咎矣卦有四時之象二升五艮爲宗廟坎爲思春秋祭享以時思之也坎水沃艮手觀之盥象也二上折坤牛萃用大牲象也故利用禴矣九三升虛邑荀氏云坤稱邑五虛无君利二上居之虞義亦宜然六四王用亨于岐山吉无咎亨亦享也王謂二巳正位五也坤爲用二用禴四用亨其義同岐山即西山二升五艮爲山體兌在西象不見故不言西山體離爲火火性枝分爲岐四順承五以下比三故吉无咎六五貞吉升階注荀氏二之五故貞吉巽爲高坤爲土古者土階震升高故升階也云陰正居中爲陽作階上六冥升利于不息之貞當升之時陰性暗昧故冥升貞亦謂二五惠徵士云二升五積小以成高大故曰不息陽道不息陰之所利故曰利于不息之貞彖曰柔以時升注柔謂五坤也升謂二坤邑无君二當升五虛震兌爲春秋二升坎離爲冬夏四時象正故柔以時升

也、卦以升二爲義、使二升者五、故曰五爲二階、巽而順、巽以順坤、剛中而應、剛中謂二四陰應之、是以大亨用見大人勿恤有慶也、陽爲慶、坤有陽故慶、南征吉志行也。注 二之五、坎爲志、震爲行。

象曰、地中生木升。木之升、陽也、地陰養之、柔以時升也、地中生木、以微至著、積小以成高大。君子以愼德積小以成高大。注 君子謂三、臨初至三則主三、二爲君不稱君子、小謂陽息復時、復小爲德之本、至二成臨、臨者大也、臨初之三、巽爲高、二之五、艮爲愼、坤爲積、故愼德積小成高大、

允升大吉、上合志也。二升五、坎爲志、九二之孚有喜也。注 升五得位、故有喜、陽爲喜、升虛邑无所疑也。注 坎爲疑、上得中、故无所疑也。王用亨于岐山順事也。坤爲順事、謂承五、貞吉升階大得志也。五降二二升五、皆體坎、故大得志、冥升在上消不富也。陰消失實、故利陽息

䷮ 坎下兌上 否消卦二之上陰乘陽故名曰困而否侯在九月卦不變困時宜靜也爻成既濟困而亨也

困亨 注 否二之上 不云否上之二者由否上則之初反泰不之二也二陰上弇五陽故爲困矣乾坤交故通也

貞大人吉无咎 注 貞大人吉謂五也體乾五大人在困无應宜靜則无咎故貞大人吉无咎 五本正也言貞大人者否上若之初則五隨上反下今上之二嫌五宜下故戒之也

有言不信 注 震爲言折入兌當上反初成益體震今二上折乾入兌故有言不信 乾爲信乾滅故不信 尚口乃窮 兌爲口

初六臀困于株木 初在坎穴爲臀株木枯木謂三坎爲木兌金毀折故爲株木 入于幽谷 惠徵士云初動體兌坎水半見於口故爲谷坎爲入 三歲不覿 覿相見也初應在四四體离爲覿自初至四三爻爲三歲

九二困于酒食 二困於三兌酉流坎爲酒四變體頤爲食 朱紱方來 紱韠也乾鑿度曰天子三公九卿朱紱諸侯赤紱朱紱謂五乾爲朱坤爲紱自外曰來五來應二二當之正 利用亨

祀。初四已之正，體損二變應五，則三伏陽出成既濟，二簋用享也。坤為用。征凶，无咎。征，行也。動入坤，坤為凶。得位，故无咎。六三：困于石，據于蒺蔾。注：二變正時，三在艮山下，故困于石。石謂四。蒺蔾，木名。坎為蒺蔾，二變艮手據坎。蒺蔾謂二。象曰乘剛，注以變言者，陰乘陽不得云據。知二已變，雖變猶是剛體，故象曰乘剛。一曰初已正為剛。故據蒺蔾者也。入于其宮，不見其妻，凶。注：巽為入，二動艮為宮，兌為妻，謂上无應也。三在陰下，謂三伏陽在陰之下。离象毀壞，隱在坤中，死其將至。三隱坤中，致命遂志。又三體大過死。故不見其妻凶也。此與解負且乘異義，各以位言之。九四：來荼荼，困于金轝，吝，有終。注：來欲之初，荼荼，舒遲也。見險故來荼荼。否乾為金。謂二也。坤為轝，之應歷險。謂坎。故困于金轝。易位得正，初云三歲不覿，是初先正，故而待四。云易位，畧言之。吝有終矣。九五：劓刖，困于赤紱。注：割鼻曰劓，斷足曰刖。四動時震爲足艮爲鼻離爲兵兌爲刑故劓刖也劓刖刑之小者也於困之時未得二應止可行其小刑象曰志未得也赤紱謂二否乾爲朱故赤朱赤同耳深淺差之五深故朱二淺故赤坤爲紱二未變應五故困于赤紱也乃徐有說注兌爲說坤爲徐二變坤之兌二動應己故乃徐有說也

利用祭祀與二同義

上六困于葛藟于臲卼注巽爲草莽稱葛藟謂三也兌爲刑人故困于葛藟于臲卼也臲卼蓋兀刑也五之劓刖正施於三四動三在震受離兵兌刑曰動悔有悔征吉注乘陽故動悔變而失正故有悔曰者三戒上之辭二變三在震爲言三已變三不欲上動故三之正而上得征吉正己得應之故征吉也

象曰困剛弇也否二之上弇五之剛故爲困險以說困而不失其所亨其唯君子乎險坎說兌在險之中能自正以說不失所亨所謂乃徐有說謂五也貞大人吉以

剛中也、謂五。有言不信、尚口乃窮也【注】兌爲口、上變口滅、上无變象、蓋滅下脫乾字。故尚口乃窮。

象曰、澤无水、困。水在澤下、故无水。君子以致命遂志【注】君子謂三、伏陽也。泰成於三故否消、之初取二伏陽。否坤爲致、巽爲命、坎爲志、三入陰中、三出則大過死故不出也、此與解相足。故致命遂志也。

入于幽谷、幽不明也、坤幽在上。困于酒食、中有慶也、中謂五、二變應五、故中有慶。據于蒺蔾、乘剛也、二雖變、三逆乘、猶爲乘剛。入于其宮、不見其妻、不詳也、詳、善也、乾爲詳、伏陽出、乃爲乾也。來荼荼、志在下也、下謂初、坎爲志。雖不當位、有與也、以四尊位降而來初、故不當位、有與謂有應。劓刖、志未得也、乃徐有說、以中直也、乾爲直、二五乾德、故能相應。利用祭祀、受福也、王明並受其福。困于葛藟、未當也【注】謂三、未變、當位應上故也。動悔有悔、吉行也【注】行謂三變，乃得當位之應，故吉行者也。

䷯巽下坎上　泰息卦，在既濟前。井，通也，辯也。泰以乾別坤而通陰，所以定既濟，故名曰井。而象井所以象井者，泉自下出，陽通而上也。候在五月。定既濟在初二，正功成在上，故上大成而元吉。

井，改邑不改井【注】泰初之五也，乾坤往來。坤為邑，乾初之五折坤，故改邑。初為舊井，四應甃之，故不改井。井居其所而遷乾上，助陰不失舊體。故四甃之而初正，是改邑不改井。

无喪无得，往來井井【注】无喪，泰初之五，坤象毀壞，故无喪。坤為喪。五來之初，失位无應，故无得。初變正乃有得。坎為通，故往來井井。往謂之五，來謂之初也。

汔至亦未繘，句井羸其瓶，凶【注】巽繩為繘。郭璞方言注云：繘，汲水索也。汔，幾也，謂二也。言汔至亦未繘，謂二。非二為幾。幾至初改，謂五初上改邑，二幾至泉。未繘井，井字衍。未有功也。二變為艮手持繘，未變，故未繘。羸，鉤羅也。艮為手，巽為繘，离為

瓶、手繘折其中、二不變艮爲兌、折、故羸其瓶、體兌毀鈹、瓶鈹漏、故

凶矣、詁二當正。

初六、井泥不食、舊井无禽、【注】食、用也、初下稱泥、坎之下、巽爲木果、惠徵士云、古者井樹木果、故孟子井上有李、禽來食之、說是也、不食本以井養爲義、因辭言禽、故注巽爲木果、初二正、體離爲飛鳥、是禽也、无噬嗑食象、五體噬嗑故食、凡初成故不食、下而多泥、故不食也、乾爲舊、位在陰下、故舊井无禽、時舍也、

九二、井谷射鮒、甕敝漏、【注】巽爲谷爲鮒、鮒、小鮮也、離爲甕、甕瓶句毀鈹、羸其瓶、凶、故甕敝漏也、鮒謂初、初二不言變者、初待四而脩、二待五而列也、

九三、井渫不食、爲我心惻、渫、荀氏云、去穢濁清絜之意也、三當位、故井渫、未正、初二无噬嗑象、故不食、二變坎爲心、二折坎心、故爲我心惻、可用汲、王明並受其福、二變艮手持繘爲汲、王謂五體離爲明、三利二正、既濟定、己爲五汲、

六四、井甃无咎、【注】以瓦甓壘井稱甃、

坤爲土初之五成离离火燒土爲瓦治象故曰井甃无咎
脩井也甃初當井四應初之則初正九五井冽寒泉食注泉自下出稱
井周七月夏之五月陰氣在下二已變坎十一月爲寒泉
初二已變體噬嗑食故冽寒泉食矣上六井收勿幕有孚
元吉注幕蓋也收謂以轆轤收繘也坎爲車轆轤車類應巽繩
爲繘故井收勿幕古者井不汲則幕之有孚謂五坎坎爲孚故元吉
也成既濟乾元定
彖曰巽乎水而上水井巽入也爲井者構木於泉是巽水也井養而不窮也注
兌口飲水坎爲通往來井井故養不窮也改邑不改井乃
以剛中也居中尊位故能不失初陽无喪无得往來井井謂初不變汔至亦
未繘謂二亦不變未有功也注謂二未變應五故未有功也凡功

謂五、井羸其瓶、是以凶也、

象曰、木上有水、井、構木爲井、泉乃上出、以養民、君子以勞民勸相、注君子謂泰乾也、坤爲民、初上成坎爲勸、故勞民勸相、坎爲勞、相、助也、謂以陽助坤矣、

井泥不食、下也、舊井无禽、時舍也、注謂時舍於初、非其位也、與乾二同義、時舍故不食、非初之咎、井谷射鮒、无與也、五不應之、井渫不食、行惻也、行道之人爲之惻、明非三求、用三體噬嗑、震爲行、求王明受福也、二變、艮爲求、井甃无咎、脩井也、注脩、治也、寒泉之食、中正也、元吉在上、大成也、注謂初二已變、成既濟定、故大成也、

䷰離下兌上　革消息卦、蒙二以剛揉柔、革五以乾通坤、以坤革乾、遘生其下、乾道更革、故名曰革、候在三月、坤凝乾元、坤道即乾道、故元亨利貞、成既濟、與乾同義、

革己日乃孚元亨利貞悔亾　注　遯上之初二陰例當遯初之上云上之初者非遯也蒙艮三之二實頤初之二卦由大過初之二當云兑三之二大過兑皆大壯生卦陰生卦不可取大壯故取遯之與蒙旁通蒙九二接巽悔亾謂四也下注云傳以四失上與蒙旁通坤變革四乾比桀紂是也正動得位故悔亾離爲日惠徵士云離象孚謂坎四動體就己故云己日離五在坎中故己日乃孚以成既濟乾道變化各正性命保合太和乃利貞故元亨利貞悔亾矣與乾彖同義也

初九鞏用黃牛之革　惠徵士云鞏固也蒙坤爲黃牛艮皮爲革得位无應未可以動故鞏用黃牛之革

六二己日乃革之征吉无咎　二應於五五爲四所隔故己日乃革之二爲離水火相息也之應故征吉體蒙震爲征正位故无咎

九三征凶貞厲　亦體蒙震爲征三應於上四未變逆乘故征凶得位故貞革命之際當危也

革言三就有孚　蒙震爲言有孚謂五三至五三爻四變五三皆坎故革言三就有孚就成也

九四悔亾有孚改命吉　注　革而當其悔

乃亾孚。謂五也。巽爲命，四動五坎改巽，故改命吉。四乾爲君，進退无恆，在离焚棄，离四亦乾四。體大過死，傳以比桀紂，湯武革命，順天應人，彖注云：天謂五，人謂三。故改命吉也。

九五：大人虎變，未占有孚。注 乾爲大人，謂五也。蒙坤爲虎變，由坤變，故曰虎變。傳論湯武以坤臣爲君，革乾革成坤，陽无消道，故以湯武坤臣象之。占，視也。离爲占，四未之正，五未在坎，故未占有孚也。陽在五具坎體，四雖未變，五已有孚。

上六：君子豹變，注 蒙艮爲君子，爲豹，上由艮變，從乾而更，故君子豹變也。小人革面，征凶，居貞吉。注 陰稱小人也。四變陰小人。面謂四，在乾首中，故面。革爲离，以順承五，故小人革面。乘陽失正，故征凶，得位，故居貞吉。蒙艮爲居也。

彖曰：革，水火相息。注 息，長也。乾坤相爲消息。离爲火，兌爲水。繫曰：潤之以風雨風巽雨兌也言兌當四革之正坎見故獨於此言雨稱水也二女同居其志不相得曰革【注】二女離兌體同人象蒙艮為居二女同自蒙來故二女同居四變體兩坎象二女有志離火志上兌水志下故其志不相得坎為志也己日乃孚革而信之文明以說大亨以正革而當其悔乃亡【注】文明謂離說兌也大亨謂乾四動成既濟定故大亨以正革而當位故悔乃亡也天地革而四時成【注】謂五位成乾為天蒙坤為地震春兌秋四之正坎冬離夏則四時具坤革而成乾消息則乾革成坤四革命是也坤之凝元則乾革坤天地革而四時成皆陽也故天地革而四時成也湯武革命順乎天而應乎人【注】湯武謂乾乾為聖人天謂五五天位人謂三三人位四動順五應三四順五上應三

故順天應人巽爲命也革之時大矣哉

象曰澤中有火革火陽澤陰澤中有火水成火藏坤凝乾象也君子以治歷明時

注君子遯乾也歷象謂日月星辰也離爲明坎爲月離爲日蒙艮爲星四動成坎離日月得正天地革而四時成故君子以治歷明時也

鞏用黃牛不可以有爲也注得位无應動而必凶故不可以有爲也己日革之行有嘉也注嘉謂五乾爲嘉四動承五故行有嘉矣革言三就又何之矣注四動成既濟定故又何之矣革道大成无取之應改命之吉信志也注四動成坎故信志也大人虎變其文炳也注乾爲大明四動成離離爲文故其文炳也君子豹變其文蔚也注蔚蔥也說文曰蔥草多貌蔚蔥皆繁縟之貌

也兌小故其文蔚也小人革面順以從君也注乾君謂五也四變順五故順以從君也

☲☴巽下離上消息卦通屯以離五應坎五復生其下雜卦曰鼎取新也言故乾去而新震來猶和水火以新物故取象而名鼎內卦候在五月外卦六月卦元吉亨唯取坎離交五生復之義也彖取初四變大畜三動未濟言陰凝陽未出震也爻兼取諸爻動唯上不變則成家人然五注云三貫鼎兩耳乾爲金則三蓋復出變上成既濟也

鼎元吉亨注大壯上之初據大壯應初之上云上之初非大壯也屯自坎二之初則鼎離二之初陽生不取陰卦從大壯而變其例故與屯旁通天地交乾坤出離坎柔進上行彖注謂柔謂五進謂巽行謂震以屯二居五爲進以巽通震也蓋得中五應乾五剛故元吉亨也乾元正

初六鼎顛趾利出否得妾以其子无咎注趾足也應在四大

壯震爲足折入大過初從大壯上來大過顛也故鼎顛趾也初陰在下故否利出之四故日利出否閉也兌爲妾四變得正成震震爲長子繼世守宗廟而爲祭主故得妾以其子无咎矣亨以亨上帝取此象故注及繼世守宗廟爲祭主其實此非出震爻故上仍取未濟**九二鼎有實我仇有疾不我能卽吉**注二爲實陽實也故鼎有實也坤爲我謂四也坤爻四當變二據四婦初爲四婦故相與爲仇謂三變時四體坎坎爲疾故我仇有疾四之二歷險二動得正故不我能卽吉謂二不變則與四爭初變正得吉**九三鼎耳革其行塞雉膏不食**注動成兩坎坎爲耳而革在乾故鼎耳革初四變時震爲行鼎以耳行伏坎震折而入乾三不變而初四變伏坎爲震所折而入乾故其行塞三正位不宜變而卦取大亨以養聖賢三宜動而應上故言三之不可不變如此离爲雉

坎爲膏。初四已變，三動，體頤，頤中无物，离象不見，故雉膏不食。言三與初四俱變，又爲不食之象，故上取三獨變。方雨虧悔終吉。注 謂四已變，三動成坤，坤爲方，坎爲雨。坎者，四不動而三獨變。故曰方雨。三動虧乾而失位，悔也。終復之正，故方雨虧悔終吉也。三動而養聖賢，然後復正而定，既濟所謂權也。九四鼎折足，覆公餗，其刑渥，凶。注 餗，八珍之具也。此注見釋文。謂四變時，震爲足，足折入兌，故鼎折足。兌爲刑渥，大刑也。鼎足折則公餗覆，言不勝任。象入大過死凶，故鼎足折覆公餗，其刑渥凶。言四不變之咎如此。六五鼎黃耳金鉉，利貞。注 离爲黃，三變坎爲耳，故鼎黃耳。鉉謂三，貫鼎兩耳。乾爲金，故金鉉。動而得正，故利貞。此則三復正成既濟也。上九鼎玉鉉，大吉，无不利。注 鉉謂三，乾爲玉鉉。五正位象乾之剛故金鉉上聖賢象

乾之純故玉鉉體大有上九自天右之、復初成震、位貴據五、三動即此爻矣

承上、故大吉无不利、謂三虧悔應上成未濟、雖不當位、六

位相應、故剛柔節、此或失之、金玉鉉皆當謂三自未濟復也、三出則諸爻皆正、故五利貞、上大吉

无不利、剛柔節、謂既濟定、未濟不得大吉彖曰巽耳目聰明、爲此九三發也、

彖曰鼎象也【注】六十四卦皆觀繫辭、謂觀文王之辭以釋卦名而獨於鼎

言象何也象事知器故獨言象也、繫注云坤爲器、乾五之坤爲象、故象事知器謂

坤凝乾元、莫盛於鼎、故於鼎之取新言象以木巽火、亨飪也、屯鼎通、震木巽於下、火炎於上而爍

水、亨飪之象、聖人亨以享上帝而大亨以養聖賢、【注】聖人謂乾、

初四易位體大畜、震爲帝、在乾天上、故曰上帝、體頤象、三

動噬嗑食、故以享上帝也、大亨、謂天地養萬物聖人養賢

以及萬民、賢之能者稱聖人矣、此引頤象、非取頤象也、頤象雉膏不食、可以亨帝、不

可以養聖賢謂頤以下養上上九爲賢鼎以九三變未濟應上體噬嗑食上體大有上九爲聖賢三乾陽爲大故大亨以養聖賢下云巽而耳目聰明申成此義

巽而耳目聰明注謂三也三在巽上動成坎離有兩坎兩離象乃稱聰明日月相推而明生焉故巽而耳目聰明眇而視不足以有明聞言不信聽不明皆有一離一坎象故也

柔進而上行得中而應乎剛注柔謂五得上中不正故日上中故應乾五剛屯五巽爲進震爲行通屯之象非謂應二剛與睽五同義也睽五應蹇五

是以元亨

象曰木上有火鼎木之傳火轉續相生猶乾生震繼於離也君子以正位凝命注君子謂三也鼎五爻失正獨三得位故以正位凝成也體遘謂陰始凝初句巽爲命故君子以正位凝命也乾未出震賴坤凝之三變養賢以成復震是謂凝命

鼎顛趾、未悖也、未至悖亂。利出否、以從貴也。注 出初之四、承乾五、故以從貴也。鼎有實、慎所之也。注 二變之正、艮爲慎、我仇有疾、終无尤也。注 不我能即吉、故終无尤也。鼎耳革、失其義也。注 鼎以耳行、耳革行塞、故失其義也。覆公餗、信如何也。注 三已變、四在坎爲信、故曰信如何、言非信。鼎黄耳、中以爲實也、實謂乾五剛。玉鉉在上、剛柔節也。謂二變承上、未濟剛柔應。五初貞、既濟剛柔應。

☳☳ 震下震上 乾二五之坤、震、動也。一陽動於二陰之下、於息卦在臨、次解、陰解散、陽震動、則成泰也。方伯之卦、初九春分、上六芒種、卦取四變成復象、五出成隨、四變承五爲屯、言震德可以正也。爻變成既濟、震巽特變、不取之巽者、陰陽之義。

震、亨。震來虩虩、注 臨二之四、六子皆以乾二五相索、其在六十四卦、又從爻變消息。天地交、乾二五之坤、故通。虩虩謂四也、來應初、初命四、變而來應

己四失位多懼、故虩虩、虩虩恐懼貌。之內曰來也。笑言啞啞、注

啞啞、笑且言。謂初也。得正有則、坎爲則。謂四變來應、故笑言啞啞、後

有則也。震驚百里、不喪匕鬯、注謂陽。句從臨二、陰爲百二

十。從臨二息時、有五陰、陰爻二十四、五爻故百二十。舉其大數、故當震百里也。以陽

震陰、坤爲里。坎爲棘匕、上震爲鬯、震爲禾稼、坎水和之、方爲鬯酒、故上震爲鬯。坤爲喪、

二上之坤、成震體坎、得其匕鬯、故不喪匕鬯也。

初九、震來虩虩、後笑言啞啞、吉。注虩虩、謂四也。初位在下、故

後笑言啞啞。爻例上爲前、下爲後、故下震爲後。得位、故吉也。六二、震來厲、

億喪貝、躋於九陵、勿逐、七日得。注厲、危也。乘剛故厲。二自四來、

故曰億。億、憯辭也。億噫同本、亦有作噫者。坤爲喪、三動離爲蠃蚌、故稱來。

貝。二當爲離、故憯其喪貝。在艮山下、故稱陵。震爲足、足乘初九、故躋

於九陵、震爲逐、謂四已體復象、當云四已變脫變字也故喪貝勿逐、三動時离爲日、震數七、震得庚七故七日得者也。六三、震蘇蘇、震行无眚。注 死而復生稱蘇。三死坤中、動出得正、震爲生、故蘇蘇。坎爲眚。三出得正、坎象不見、故无眚。春秋傳曰晉獲秦諜、六日而蘇也。九四、震遂泥。注 坤土得雨爲泥、位在坎中、故遂泥也。四不言變者、四當之五、上云震不于其躬于其鄰、謂四之五也、四之五又在坎、故遂泥矣六五、震往來厲。注 往謂乘陽、往謂在外來謂應陰、失位乘剛、故往來厲也。億无喪有事。注 坤爲喪也、事謂祭祀之事、出而體隨、王亨于西山、則可以守宗廟社稷、爲祭主、故无喪有事也。億義同六二、无喪有事而憎之者、憎其不定旣濟也、故上取四五易位上六、震索索、視矍矍。注 上謂四也、欲之三隔坎、故震索索。索索、馬氏云内不安貌三巳動、應在离、故矍矍者也、矍矍、驚視貌。征凶、震不于其躬、于其鄰、无咎、婚媾有言。注上得位、震爲征、故征凶、言上之凶由四也。四變時坤爲躬、鄰謂五也、四上之五、震東兑西、五出體隨、故取兑象、故稱鄰、之五得正、故不于其躬、于其鄰、句。无咎謂三巳變、上應三、震爲言、故婚媾有言。

彖曰、震亨、震來虩虩、恐致福也。注懼變承五應初、故恐致福也。謂四。笑言啞啞、後有則也。注則、法也、坎爲則也、坎則謂四、後謂初四應初故初笑言。震驚百里、驚遠而懼邇也。注遠謂四、近謂初、遠近以地言。震爲百、卦辭注從臨二陰爲百二十、此又云震爲百、似衍。謂四出驚遠、初應懼近也。出可以守宗廟社稷、以爲祭主也。注爲五出之正、爲當作謂、字誤。震爲守、艮爲宗廟社稷、長子主祭器、故以爲祭主也。

象曰洊雷震洊重也雷天之陽氣動出地下驚震四方君子以恐懼脩省注君子謂臨二二出之坤四體以脩身震復坤爲身二之四以陽照坤故以恐懼脩省老子曰脩之身德乃眞也

震來虩虩恐致福也注陽稱福笑言啞啞後有則也注得正故有則也初得正故四變應之震來厲乘剛也震蘇蘇位不當也陽在坤中故死也震遂泥未光也注在坎陰中與屯五同義故未光也四體屯五又當之五故與同義震往來厲危行也注乘剛山頂故危行也其事在中大无喪也注動出得正故无喪陽爲大震索索中未得也注四未之五故中未得也雖凶无咎畏鄰戒也注謂五正位己乘之逆畏鄰戒也

䷳艮下艮上乾二五之坤艮止也陽窮止於陰上於消卦在觀次剝陽道當剝進不可極當止於上故

曰艮也、艮下有伏兌、內卦候在九月、外卦十月、卦辟不變、時止則止也、彖傳取五動成漸、爻初五正成家人、時行則行也、在消卦不成既濟。

艮其背、不獲其身、行其庭、不見其人、无咎、【注】觀五之三也、二陽例、艮爲多節、故稱背、觀坤爲身、觀五之三折坤爲背、故艮其背、坤象不見、故不獲其身、震爲行、人艮爲庭、坎爲隱伏、故行其庭、不見其人、三得正、故无咎、

初六、艮其趾、无咎、利永貞、【注】震爲趾、艮不取應、震爲趾、似非、以咸例之、當云艮爲指、故艮其趾矣、失位、變得正、故无咎永貞也、坤爲永、

六二、艮其腓、不拯其隨、其心不快、【注】巽長爲股、艮小爲腓、拯、取也、隨、謂下二陰、初及二、艮爲止、震爲動、故不拯其隨、初二隨三、不能自止、三爲之心、故不拯其隨、則心不快、并言初者、五正、初乃正、故初言初、貞與萃四元永貞亦同義、坎爲心、故其

心不快九三艮其限裂其夤厲閽心注限要帶處也坎爲要五來之三故艮其限夤脊肉艮爲背坎爲脊艮爲手震起艮止故裂其夤坎爲心厲危也艮爲閽閽守門人坎盜動門故厲閽心古閽作熏字漢書百官公卿表光祿勳如淳注胡公曰勳之言閽也光祿主公門是古閽勳假借字熏動又通也馬因言熏灼其心未聞易道以坎水熏灼人也荀氏以熏爲勳讀作動皆非也六四艮其身无咎注身腹也觀坤爲身故艮其身得位承五故无咎或謂妊身也五動則四體离婦离爲大腹孕之象也故艮其身得正承五而受陽施受五乾施故无咎詩曰大任有身生此文王也六五艮其輔言有孚悔亡注輔面頰骨上頰車者也三至上體頤象艮爲止在坎車上故艮其輔謂輔車相依

車車牙震為言五失位悔也動得正故言有孚悔亾也陽在二五稱孚

上九敦艮吉注无應靜止下據二陰故敦艮吉也敦厚也陽據坤故厚

彖曰艮止也注位窮於上故止也時止則止時行則行注時止謂上陽窮止故止時行謂三體處震為行也動靜不失其時其道光明注動謂三靜謂上艮止則止震行則行故不失時五動成离故其道光明五動時行也

艮其止止其所也注謂兩象各止其所明背是三才卦象非九三一爻上下敵應不相與也注艮其背背也相違背也兩象相背故不相與也明傳解艮其背是以不獲其身行其庭不見其人无咎也

象曰兼山艮止莫如山君子以思不出其位注君子謂三也三君

子位，震爲出，坎爲隱伏，爲思，故以思不出其位也。

艮其趾，未失正也。注 動而得正，故未失正也。不拯其隨，未違聽也。注 坎爲耳，坎謂三，故未違聽也。趾腓聽心者也。艮其限，危闇心也。注 坎爲心，坎盜動門，艮爲門，故危闇心也。艮其身，止諸躬也。注 艮爲四，五動，乘四則妊身，故止諸躬也。艮其輔，以中正也。注 五動之中，故以正中也。中正誤爲正中。敦艮之吉，以厚終也。注 坤爲厚，陽上據坤，故以厚終也。

周易虞氏義卷之五

端陽校點

清阮氏琅嬛僊館本周易虞氏義

第二册

清 張惠言撰

中國國家圖書館藏清嘉慶八年揚州阮氏琅嬛僊館刻本

山東人民出版社·濟南

張惠言學

周易下經　彖下傳　象下傳　虞氏注

䷴艮下巽上　否消卦，次未濟。漸者，進也。三進而承陽，有隨陽之漸，其成則泰也，故名曰漸。候在正月。成既濟。三權變受上，否時非君子行權不濟也。初變成家人，唯家人變受耳。

漸，女歸吉，利貞。注 否三之四，乾坤交。女謂四，離為女。歸，嫁也。坤三之四，承五，進得位，往有功，反成歸妹，兌女歸吉。歸，自外來也。四自下進，不可謂歸，故以反成歸妹為義。消息卦，漸不通歸妹，否泰卦，乾坤交，故取義衆也。雜卦曰：漸，女歸待男行也。注云：兌為女，艮為男，反成歸妹，巽成兌，故女歸待艮成震乃行，故待男行也。尋歸妹之義，震兄嫁兌妹，以坎離為夫婦。此卦亦四離三坎為夫婦，九三爻夫征婦孕是也。三動則五體坎，故亦與四為夫婦，婦三歲不孕是也。四與五三俱有夫婦之義。四爻注云四已承五，又顧得三是也。然則女歸之義，仍在漸象，卦有歸妹反象，故取女歸。九三離坎體，權變成震，九三變則四專承五而上正，五坎為夫婦，所謂終莫之勝者，是亦震兄嫁妹歸妹之義也。以女无自進之道歸妹由陽來而漸由陰往故其取義如此非謂此卦當反成歸妹也若反成歸妹則利貞不可通也當與復反震之象同例初上失位故利貞可以正邦也初正三權變成坤為邦受上正既濟

初六鴻漸于干小子厲句有言无咎句注鴻大鴈也離五鴻鴻飛不獨行有次列者也五為鴻與五爻俱漸也漸進也小水從山流下稱干艮為山為小徑坎水流下山故鴻漸于干也艮為小子初失位故厲變得正三動受上成震震為言故小子厲有言无咎也六二鴻漸于磐飲食衎衎吉注艮為山石坎為聚聚石稱磐初已之正體噬嗑食坎水陽物陽為物也並在頤中故飲食衎衎衎衎飲食貌得正應五故吉九三鴻漸于陸注高平稱陸謂初已變坎水為平初未變則艮山也三動之坤坤土无水故陸矣故鴻漸于陸夫征不復注謂初已之正三動成震震為征

爲夫而體復象坎陽死坤中坎象不見故夫征不復也婦孕不育凶【注】孕妊娠也育生也巽爲婦离爲孕三動成坤离毀失位故婦孕不育凶夫謂三坎婦謂四离利用禦寇【注】禦當也坤爲用巽爲高艮爲山离爲戈兵甲冑坎爲寇坎謂三陽四當承五爲夫婦坎寇之自上禦下也謂五三動坤順坎象不見故利用禦寇順相保保大也春秋傳所謂保大定功六四鴻漸于木或得其桷无咎【注】巽爲木桷椽也方者謂之桷巽爲交爲長木艮爲小木坎爲脊离爲麗小木麗長木巽繩束之象脊之形椽桷象也木謂五桷謂三故或得其桷得位順五故无咎明四當四已順五承五又顧得三故或得其桷也矣四女得兩顧者坎离夫婦之義三五本坎也女歸待男行三成震四然後嫁故取歸妹也九五鴻漸于陵婦三歲不孕【注】陵

上婦謂四也三動受上時而四體半艮山故稱陵巽爲婦
离爲孕坎爲歲三動离壞故婦三歲不孕自三至上三爻故三歲上三易
位則婦孕終莫之勝吉注莫无勝陵也得正居中故莫之勝吉
上終變之三成旣濟定坎爲心故象曰得所願也上九鴻
漸于陸注陸謂三也三坎爲平變而成坤故稱陸也其羽
可用爲儀吉注謂三變受上變而受上易位成旣濟與家人象同義
上之三得正离爲鳥故其羽可用爲儀吉三動失位坤爲
亂乾四止坤乾四三也上來即三出故曰乾四止字當爲正象曰不可亂象曰進
以正邦爲此爻發也三已得位又變受上權也孔子曰可
與適道未可與權宜无怪焉繫曰巽以行權漸家人皆體巽
象曰漸之進也女歸吉也注三進四得位陰陽體正故吉也

此即以陰陽體正釋女歸則坎离夫婦本卦象也進得位往有功也注功謂五四進承五故往有功巽爲進也進以正可以正邦也其位剛得中也注謂初巳變爲家人四進巳正而上不正三動成坤爲邦上來反三故進以正可以正邦其位剛得中與家人道正同義三在外體之中言在內也故稱得中乾文言曰中不在人謂三也乾三體復初乾元故稱中此君子行權得乾三之中故稱中非在內體即稱中此可謂上變既濟定者也家人三變然後夫婦正此亦三變而女歸故同止而巽動不窮也注止艮也三變震爲動上之三據坤動震成坎坎爲通故動不窮往來不窮謂之通

象曰山上有木漸木生漸進君子以居賢德善俗注君子謂否乾乾爲賢德坤陰小人柔弱爲俗乾四之坤爲艮爲居以陽

善陰故以居賢德善俗也乾爲君子故取乾四之坤

小子之厲義无咎也注動而得正故義无咎也飲食衎衎不素飽也注素空也承三應五故不素飽夫征不復離羣醜也注坤三爻爲醜物三稱羣也謂三變成坤婦孕不育失其道也注三動离毁陽隕坤中故失其道也陽爲道四當順五而婦三失其道宜不育矣利用禦寇順相保也注三動坤順坎象不見故以順相保也或得其桷順以巽也注坤爲順以巽順五志在順五不嫌顧三終莫之勝吉得所願也注上之三既濟定故得所願也坎心爲願其羽可用爲儀吉不可亂也注坤爲亂上來正坤六爻得位成既濟定故不可亂也

䷵兌下震上泰息卦坎損泰過將反陰道始盛故明陰陽始終之義曰歸妹也內卦候在八月外卦九

月卦辭不變消道也爻變有三義承損則當爲未濟故初
變應四時也在五則正而爲既濟陽道也初先變爲解三
四反初復正仍爲泰然後
二五正位明保泰之道也
歸妹【注】歸嫁也自外日歸兌爲妹震爲兄兌爲妹泰三之四乾坤交坎月離
日夫婦義俱歸妹象謂卦具三象乾坤一也坎離二也震兌嫁妹三也陰陽之義配
日月則天地交而萬物通故以嫁娶也征凶【注】謂四也震
爲征三之四不當位故征凶也无攸利【注】謂三也四之三
失正无應以柔乘剛故无攸利也天地交宜亨否之始故戒之
初九歸妹以娣跛而履征吉【注】震爲兄故嫁妹謂三也震四嫁三
妹初在三下動而應四故稱娣初亦震妹三下故娣在履禮也嘉事禮之
大娣從媵禮也初九應變成坎四未反初變應故坎爲曳故跛而履二變初當
爲震震爲足故跛而履應在震爲征初爲娣變爲陰故征吉也此言初當

應四耳四反正則初亦反正故在二爲震在五爲离在上爲乾也九二眇而視利幽人之貞〔注〕視應五也震上兌下离目不正故眇而視幽人謂二初動二在坎中故稱幽人變得正震喜兌說故利幽人之貞與履二同義也二當與五易位卦主在四四正然後初正二乃得上之五爻序如此六三歸妹以須反歸以娣〔注〕須需也初至五體需象故歸妹以須須待也卦象震兄嫁妹則卦有婦而无夫坎离不爲夫婦者失正故也故須四反三三進四則二五易位坎在兌三离在震四日東月西夫婦道著六五月幾望是也故二歸妹以須娣謂初也震爲反反馬歸也震爲馬四反不可象震兄故象反馬仍三失位四反得正兌進在四見初進之兌爲見四反初亦正與兌四初在兌後禮嫁女爲應故象四嫁而進其娣同姓媵之故初變應震兄及見於君必夫人進之故爻正應兌四而在兌後也故反歸以娣九四歸妹愆期遲歸有時〔注〕愆過也謂二變三動之正體大過象

坎月离日爲期，三變日月不見，故愆期。謂三不待四則愆期，故三須四而遲歸也。坎爲曳，震爲行，行曳故遲也。歸謂反三，在兌爲嫁，在震爲反。震春兌秋，坎冬离夏，四時體正，故歸有時也。三四正位，二五升降，坎离時正。六五，帝乙歸妹，其君之袂不如其娣之袂良。注 三、四已正，震爲帝，坤爲乙，故曰帝乙。泰注云：帝乙，紂父。泰乾爲良，爲君，乾在下爲小君，則妹也。謂三爲震之妹，居乾位爲小君。袂口，句袂之飾也。袂當兌，爲衣。爲口，乾爲衣，故稱袂。謂三失位无應，娣袂謂二，二在兌，得亦三娣中應五，三動成乾爲良，故其君之袂不如其娣之袂良，故象曰：以貴行也矣。此象參錯，三四已正，帝乙歸妹，妹歸在四，初正乾衣，兌口爲袂，泰如主五爲小君，失位无實。娣謂二，在乾中，故其君之袂不如其娣之袂良，謂二當升五貴行。月幾望，吉。注 幾，其也。小畜注：幾，近也，義同。坎月离日，兌西震東，日月象對，故曰幾望。以此三四得正。三居兌。四居震。爲幾望。非以五。坎二。离爲望。故與小畜中孚同義。二之五。四復三得正、定既濟、故吉也、與小畜中孚月幾望同義也、小畜上正离在兌三通豫坎在震二、中孚由訟四之初、坎在兌二、离在震三、皆非二五、故曰幾望

上六、女承筐无實、注女謂應。三。兌也、自下受上稱承、震爲筐、以陰應陰、三。四。復位。坤爲虛、故无實、象曰承虛筐也、士刲羊无血无攸利、注刲、刺也、刺即刺字、震爲士、謂四。反三。爲上應上也、兌爲羊、离爲刀、故士刲羊、三。四。復位。成泰、坎象不見、坎爲血故无血、三柔承剛、言三自以柔承坎剛、不能應上、故无攸利也、

象曰、歸妹、天地之大義也、注乾天坤地、三之四、天地交、以离。日。坎。月。戰。陰。陽。日月會壬癸、其象也、陰陽之義配日月、則萬物興、故天地之大義、乾。主。壬、坤。主。癸、日。月。會。北、震。爲。元。黃、乾。坤。會。而生震

天地之雜震東兌西离南坎北六十四卦此象最備四時正卦故天地之大義也天地不交而萬物不興 注 乾三之坤四震爲興天地以离坎交陰陽故天地不交則萬物不興矣歸妹人之終始也 注 人始生乾而終於坤故人之終始雜卦曰歸妹女之終謂陰終坤癸則乾始震庚也否泰小剝復於此見之說以動所歸妹也 注 說兌動震也謂震嫁兌所歸必妹也征凶位不當也謂四當反无攸利柔乘剛也謂三當進四

象曰澤上有雷歸妹陽功既成雷歸於澤退保蟄蟲雷出奮陽雷入成陰故曰歸妹君子以永終知敝 注 君子謂乾也坤爲永終爲敝乾爲知三之四爲永終四之三兌爲毀折故以永終知敝泰盡將否君子不失其時

歸妹以娣以恆也跛而履吉相承也 注 陽得正故以恆言初爲三

娣正以得位不取變也恆動初承二既得正又動承二故吉相承也二未變初動承之二變正初加正故相承利幽人之貞未變常也注常恆也謂得乘初正

未之五故未變常矣初變二乘坎故幽人之五正位則爲常歸妹以須位未當也注三未變之陽故位未當須四反正位愆期之志有待而行也注待男行矣三待坎陽也帝乙歸妹不如其娣之袂良也注三四復正乾爲良其位在中以貴行也注三四復二之五成既濟五貴故以貴行也上六无實承虛筐也注泰坤爲虛故承虛筐也二之五則坤實

䷶離下震上泰息卦折噬嗑乾坤合則否反泰豐王假之與時消息羣陰順從故大雜卦曰豐多故言觀五者多也侯在六月成既濟泰道上取成家人者未反泰也卦五動而後四變王照天下也又四變而後五動折獄致刑也

豐亨、注此卦三陰三陽之例、當從泰二之四、而豐三從噬嗑上來之三、折四於坎獄中而成豐、故君子以折獄致刑、消息卦變例陰陽交、故通、噬嗑所謂利用獄者、此卦之謂也、王假之、注乾爲王、假至也、謂四宜上至五、五陽自出非四陽位下別云四變則此上之五者猶言上息五耳動之正成乾、故王假之尚大也、尚上通勿憂、宜日中、注五動之正、則四變成離、離日中當五、句在坎中、坎爲憂、故勿憂宜日中、體兩離象照天下也、日中則昃、月盈則食、天地盈虛、與時消息、泰初故明消息

初九、遇其妃主、注妃嬪謂四也、四失位在震爲主、五動體遘遇、故遇其配主也、配當爲妃此言五變而四不變雖旬无咎往有尚、注謂四失位、變成坤應初、謂五未動坤數十、四上之五成離、離爲日、

卦先五，假遇其妃主，是四先動，以初為夷主，嫌不免咎，故曰雖旬无咎。六二：豐其蔀，日中見斗，往得疑疾。注 日蔽雲中稱蔀。蔀，小。上爻注云：豐大蔀小，謂四也。在五則大為豐，在四則小為蔀。二利四之五，故豐其蔀。欲去四之蔽也。噬嗑離為見象在上為日中，艮為斗。斗，七星也。噬嗑艮為星，為止，坎為北中，巽為高舞，星止於中而舞者，北斗之象也。離上之三，隱坎雲下，故日中見斗。四噬嗑艮，離隱而艮爻見，故見斗，謂四也。四往之五，得正成坎，坎為疑疾，故往得疑疾也。有孚發若，吉。注 坎為孚，四發之五成坎孚，此似非。當謂五陽發成坎。動而得位，故有孚發若吉也。若，順也。謂二應五順之。九三：豐其沛，日中見沬。注 日在雲下稱沛，亦謂四也。沛，不明也。沬，小星也。噬嗑離為日，艮為沬，故日中見沬，三本離日，故見艮為沬。二陰見之則為斗，皆謂四也。上之三，日入坎雲下，故見沬也、三利四之陰、故象與二同、折其右肱、无咎。注兌爲折、爲右、噬嗑艮爲肱、上來之三、折艮入兌、故折其右肱、之三得正、故无咎也。嫌日隱有咎。九四、豐其蔀、注蔀、蔽也、噬嗑离日之坎雲中、故豐其蔀、象曰位不當也。日中見斗、注噬嗑日在上爲中、上之三爲巽、巽爲入、日入坎雲下、幽伏不明、故日中見斗、象曰幽不明、是其義也。遇其夷主、吉。注震爲主、四行之正、成明夷、則三體震爲夷主、故遇其夷主吉也、四變然後五正。六五、來章、有慶譽、吉。注在內稱來、五陽在內、章顯也、陽爲顯、陽爲慶、謂五陽出稱慶也、譽謂二、二多譽、五發得正、則來應二、故來章有慶譽吉也。上六、豐其屋、蔀其家、注豐、大、蔀、小也、三至上體大壯屋象、故豐其屋、謂四五已變、上動成家人、大屋見則家人壞，故蔀其家，與泰二同義。泰二終變成坎，交曰包荒，荒大川也，謂陽息二包坎體也。此上六終變當成家人，今體大壯，故豐其屋，蔀其家，與泰二同義。故象曰天降祥，明以大壯爲屋象故也。大壯乾爲天，震動爲祥。

闚其戶，闃其无人，三歲不覿，凶。

【注】謂從外闚三應，闃，空也。四動時坤爲闔戶，闔故闚其戶。坤爲空虛，三隱伏坎中，坎爲伏。故闃其无人。象曰自藏也。言三不應上。四。五。易。位。噬嗑離目爲闚，闚人者言皆不見。此有錯誤，四五易位，則无取噬嗑離也。當云四五易位，離目爲覿，今无人故不見。坎爲三歲，坤冥在上，體否坤冥，故離象不見，故三歲不覿凶。謂五未變，離象不見也。四五已變，上體既濟，而三不應，取。成。家。人。者。否。未。反。泰。既。濟。未定。天。地。盈。虛。與。時。消。息。故。上。權。變。也。

象曰：豐，大也。陽動故大。明以動，故豐。明離動震，陽動故王假，是以大也。王假之，尚大也。尚上也，大陽也，五尊陽而上之。勿憂宜日中，宜照天下也。

【注】五。動。成

乾。乾爲天。四。動。成兩离。重明麗正。故宜照天下。謂。化。成。天。下。也。既。濟。也。日中則昃。四。五。正。重离爲日中。上。變。成。家。人。离爲巽。巽日入。故則昃也。月盈則食。注月之行。生震見兑。盈於乾甲。五。動。成乾。故月盈。四。變。體噬嗑食。故則食。此。豐。其。屋。蔀。其。家。也。上。所。以。取。成。家。人。天地盈虛。與時消息。而況於人乎。況於鬼神乎。注五。息。成乾爲盈。四。消入坤爲虛。故天地盈虛也。豐。之。既。濟。四時象具。震春兑秋。坎冬。离夏也。既濟乾爲神人。坤爲鬼。鬼神與人亦隨時消息。謂人謀鬼謀。百姓與能。與時消息。人。謂。三。乾。由上之三爲神。鬼。謂。上。坤。變之巽。皆與時消息。

象曰。雷電皆至。豐。雷電陽威之大。君子以折獄致刑。注君子謂。三。噬嗑四失正。繫在坎獄中。故上之三折四入大過死象。故以折獄致刑。兌折爲刑。賁三得正。故无敢折獄也。

雖旬无咎。過旬災也。注體大過。故過旬災。四上之五。坎爲災也。四不應初。則坎爲災。

有孚發若。信以發志也。注四發之五。坎爲志也。

豐其沛。不可大事也。注利四之陰。故不可大事。

折其右肱。終不可用也。注四死大過。不變。故終不可用。

豐其蔀。位不當也。離日之坎雲中。

日中見斗。幽不明也。注離上變入坎雲下。故幽不明。坎幽也。

遇其夷主。吉行也。注動體明夷。震爲行。故曰吉行。

六五之吉。有慶也。注動而成乾。乾爲慶。

豐其屋。天際祥也。際。降也。孟氏云。天降下惡祥也。

闚其戶。闃其无人。自藏也。注謂三隱伏坎中。故自藏者也。

䷷艮下离上旅。否消卦。變賁也。否象已就。乾寄坤家。有似覊旅。故名曰旅。內卦候在三月。外卦四月。卦正

五爻戒三動五終變成遯否之漸也

旅小亨旅貞吉【注】賁初之四否三之五非乾坤往來也與噬嗑之豐同義小謂柔五得貴位而順剛麗乎大明大明乾也五麗乾故能正故旅小亨取五通乾坤旅貞吉貞亦五也再言旅者謂四凶惡進退无恆无所容處故再言旅惡而懸之

初六旅瑣瑣斯其所取災【注】瑣瑣最蔽之貌也最蔽蓋猥雜也艮爲居巽爲伏爲草莽伏居草下故最蔽也失位遠應之正介坎謂之正與四易位則在坎故初不之正坎爲災眚艮手爲取謂三動應坎三動則四在坎體艮手初往應之爲取災雜卦曰親寡旅也言不應

六二旅卽次懷其資卽就次舍資財也艮爲舍二正在艮中故卽次五變應陽有實巽爲藏故懷其資得僮僕貞【注】艮爲僮僕謂三得正承三故得僮僕貞而終无尤也謂五動二執三用黃牛之革得僮僕之貞也

九三旅

焚其次、喪其僮僕、貞厲、〔注〕離爲火、艮爲僮僕、三動艮壞、故焚其次、艮舍爲次、坤爲喪、三動艮滅入坤、故喪其僮僕、三正位、泰將爲否、故三欲動而失正、故貞厲矣、貞、正也、五動二執三在坎、故危、言三動而失正、寧正動而應上而危也、九四、旅于處、得其資斧、資當爲齊、陸德明云、諸家皆作齊、我心不快、〔注〕巽爲處、四焚棄惡人、失位遠應、故旅于處、言无所從也、言若寄處人家者然、離爲資斧、故得其資斧、資當爲齊、齊斧所以斷物、三動四坎爲心、其位未至、故我心不快也、二執三、終不動、六五、射雉、一矢亡、〔注〕三變坎爲弓、離爲矢、故射雉、離爲雉、五變乾體、矢動雉飛、雉象不見、故一矢亡矣、終以譽命、〔注〕譽謂二、巽爲命、五終變成乾、則二來應己、故終以譽命、上九、鳥焚其巢、旅人先笑後號咷、〔注〕離爲鳥爲火、巽爲木爲高、四失位、變震爲筐、巢之象也。此即賁時也。今巢象不見，故鳥焚其巢。震爲笑，震在前。賁震故在前，故先笑。應在巽，巽爲號，咷巽象在後，旅巽，故後號咷。喪牛于易，凶。注 謂三。動時坤爲牛，五動成乾，乾爲易。上失三，五動應二，故喪牛于易。失位无應，故凶也。五動成遯，六二執之用黃牛之革，則旅家所喪牛也。

彖曰：旅小亨，柔得中乎外而順乎剛，謂五順乾剛。止而麗乎明，止艮。麗离也。明，大明，謂乾。离麗乾五也。是以小亨旅貞吉也。亨貞皆在五也。旅之時義大矣哉。注 以离日麗天，縣象著明，莫大日月，故義大也。賁震春，坎冬，旅兌秋，离夏。

象曰：山上有火，旅。山上有火，陽寄於地，旅之象也。火焚殺萬物，故明愼用刑之義。君子以明愼用刑而不留獄。注 君子謂三，艮爲賢人，离爲明，艮爲愼，兌爲

刑、坎爲獄、賁初之四、獄象不見、故以明慎用刑而不留獄與豐折獄同義者也、

旅瑣瑣、志窮災也、【注】謂三、動應坎、坎爲志、坤稱窮、故曰志窮災也、

得僮僕貞、終无尤也、三動坎爲九二、執三、故終无尤、

旅焚其次、亦以傷矣、【注】三動體剝、故傷也、

以旅與下、其義喪也、【注】三變成坤、坤爲下爲喪、故其義喪也、

旅于處、未得位也、不能正、

得其資斧、心未快也、三不動、

終以譽命、上逮也、【注】逮、及也、謂二上及也、

以旅在上、其義焚也、【注】离火焚巢、故其義焚也、

喪牛之凶、終莫之聞也、【注】坎耳入兌、故終莫之聞、

䷸ 巽下巽上　坤二五之乾、陽入伏陰下、故曰巽、巽、入也、伏也、於消卦在遯、次家人、陰陽一象、柔巽順剛、巽、旁通震、上動成初、乾元用九而天下治、所以明消之有息也、內卦候在七月、外卦八月、卦辭唯取二正、以象傳言

之則明變震消息，爻唯於初五上言之者，初上進退，五卦生生變也。震巽特變由陽進退，取初二易位，三四不變，先成家人，巽以行權，著於此矣。

巽，小亨，利有攸往，利見大人。注 遯二之四，例二陰柔得位而順五剛，故小亨也。大人謂五，离目爲見，二失位，利正往應五。自內曰往，往歷离故曰見，故利有攸往利見大人矣。此唯言二正，以象注言之，初二易位之震也，彼已詳，故此略耳。

初六，進退，利武人之貞。注 巽爲進退，陽由震而入，伏於巽爲退，由巽而反於震爲進，皆在於初，其在爻則二退初進亦是。乾爲武人，初失位，利之正爲乾，故利武人之貞矣。九二，巽在牀下，用史巫，句紛若吉，无咎。巽爲木，遯乾人藉木牀也。下謂初，二失位，動而之初，故曰巽在牀下。四注所謂欲二之初是也。兌爲巫，巽爲命令，兌又爲書契，史也。二入坤用之，故用史巫。荀氏云：紛變若順也，當變而順五則吉无咎。九三，頻巽，吝。注 頻，頞也。

謂二已變、三體坎艮、又不言初變者、巽變震自上來、非由二動之初、二三四但論位義、變成家人、故三取坎艮、明二非易初、坎爲憂、艮爲鼻、故頻巽、无應在險、故吝也、

六四、悔亾、田獲三品、注田謂二也、地中稱田、二位在田、失位无應、悔也、失位上脫初字欲二之初、己得應之、故悔亾、二動得正、處中應五、五多功、故象曰有功也、二動艮爲手、故稱獲、謂艮爲狼、坎爲豕、艮二之初離爲雉、故獲三品矣、

九五、貞吉、悔亾、无不利、无初有終、注得位處中、故貞吉、悔亾、无不利也、明正位與之震、皆中正之道、震巽相薄、雷風无形、當變之震矣、巽究爲躁卦、故无初有終也、

先庚三日、後庚三日、吉、注震庚也、謂變初至二成離、至三成震、震主庚、離爲日、震三爻在前、對後震爲前、故先庚三日、謂益時也、動四至五成離、終上成震、震

爻在後故後庚三日也巽初失正終變成震得位故无初有終吉震究爲蕃鮮白釋蕃鮮爲白謂巽白巽究爲躁卦躁卦謂震也震在上躁動與蠱先甲三日後甲三日同義五動成蠱乾成于甲震成于庚陰陽天地之始終故經舉甲庚于蠱彖巽五也此明五動成蠱二卦同義蠱非自巽也巽者消卦在否前蠱者泰息卦在反否前故舉始終也

上九巽在牀下注牀下謂初也窮上反下成震故巽在牀下象曰上窮也明當變窮上而復初者也巽上復震猶否上復泰喪其齊斧貞凶注變至三時上應三故取三變离毀入坤坤爲喪巽爲齊离爲斧故喪其齊斧三變失位故貞凶坤爲凶三當權變失位乃可貞象曰正乎凶也

彖曰重巽以申命巽爲命重故申剛巽乎中正而志行注剛中正謂

五也二失位動成坎坎爲志終變成震震爲行也雜卦曰巽伏也五剛中正入伏震下故剛巽乎中正而志行柔皆順乎剛順五剛是以小亨利有攸往利見大人

象曰隨風巽風者天之號令隨從也風從地所以散布陰氣也重故隨君子以申命行事

注君子謂遯乾也巽陰卦故知遯乾巽爲命重象故申命變至三坤爲事震爲行故行事也

進退志疑也坎爲疑爲志在上變坎故志疑也利武人之貞志治也注動而成乾乾爲大明故志治乾元用九天下治是其義也震巽陰陽出入故象乾坤紛若之吉得中也荀氏云謂二以處中和故能變頻巽之吝志窮也在坎爲志不變爲窮上爻貞凶謂此也田獲三品有功也功謂五謂二應五九五之吉位正中也注居中得正故吉也巽在牀下上窮也注

陽窮上反下，故曰上窮也。窮巽上，反震下。喪其齊斧，正乎凶也。注 上應於三，三動失正，故曰正乎凶也。上以凶而正，所謂權也。

䷹兌下兌上 坤二五之乾，兌說也，見也。陽正而見陰，陰故說也。於息卦在大壯，次需。陽傷大壯，需養正五，剛中柔外，故說而可淩陰也。兌下有伏艮，兌方伯之卦也。初九秋分，上六大雪。息卦成既濟。

兌：亨利貞。注 大壯五之三也。四陽例宜三之五，此亦變也。剛中謂二五，而柔外謂三上。二失正，動應五承三，二承三則三正可知，二正則四亦正也。故亨利貞也。

初九：和兌，吉。注 得位。四變應己，故和兌吉矣。九二：孚兌，吉，悔亡。注 孚謂五也。四已變，初命四變，五在坎中稱孚。二動得位應之，故孚兌吉，悔亡矣。五以二變。六三：來兌，凶。注 從大壯來失位，故來兌凶矣。不言正者，兌家陰悅陽，三无應，故不變，上變陽與三易位，然後變也。三不變而上能變者兌有伏艮，艮兌之卦皆上爲主也。九四，商兌未寧，介疾有喜。注巽爲近利市三倍，故稱商。兌變之坎，水性流，震爲行，謂二已變體比象，故未寧，與比不寧方來同義也。比不寧亦取坎水性流。坎爲疾，故介疾。介，纖也，體艮爲小。得位承五，故有喜。陽爲喜。九五，孚于剝，有厲。注孚謂五也。二四變體剝象，故孚于剝。在坎未光，有厲也。未成既濟，三未爲离。上六，引兌。注无應乘陽，動而之巽，巽爲繩，艮爲手，應在三，三未之正，故引兌也。三不之正，上動與三易位，乃各正。

彖曰：兌，說也。注兌口，故說也。說、悅同義。剛中而柔外，說以利貞。注剛中謂二五，柔外謂三上也。二三四利之正，故說以利貞也。是以順乎天而應乎人。注大壯乾爲天，謂五也；人謂三矣。三正則君子二變，順五承三，故順乎天應乎人。坤爲順也。說以先民民忘其勞【注】謂二四巳變成屯坎爲勞震喜兑說坤爲民坎爲心民心喜說有順比象故忘其勞也說以犯難民忘其死【注】體屯故難也三至上體大過死變成屯民說无疆故民忘其死坎心爲忘或以坤爲死也說之大民勸矣哉【注】體比順象故勞而不怨震爲喜笑故人勸也

象曰麗澤兑离爲麗兑陰麗陽故麗澤君子以朋友講習【注】君子大壯乾也謂五陽息見兑學以聚之問以辯之體乾二也兑二陽同類爲朋伏艮爲友坎爲習震爲講二四變兑兩口對故朋友講習也

和兑之吉行未疑也【注】四變應初震爲行坎爲疑故行未疑初行而後四之坎

孚兑之吉信志也【注】二變應五謂四巳變坎爲

志故信志也來兌之凶位不當也九四之喜有慶也注陽爲慶謂五也孚于剝位正當也上六引兌未光也注二四已變而體屯上三未爲离故未光也

䷺坎下巽上否消卦次咸陽始感通陰初解散渙者離也侯在六月卦辭二正成觀成觀則有既濟之道故象傳注云成既濟也其實消卦不成既濟故上爻取二正成觀

渙亨注否四之二成坎巽以陽渙陰天地交故亨也王假有廟注乾爲王假至也否體觀艮爲宗廟乾四之坤二故王假有廟王乃在中也乾入艮中中謂二利涉大川利貞注坎爲大川渙舟楫象故涉大川乘木有功二失正變應五故利貞也

初六用拯馬壯吉注坎爲馬初失正動體大壯得位故拯馬壯吉拯子夏傳作拼取也初應在四四坤爲用四拯於初初動馬壯而吉悔亾之矣四字蓋衍或虞

本有悔亾字　九二渙奔其机悔亾注震爲奔、初已正、變爲震、二坎爲棘爲矯輮、棘棗小震爲足、輮棘有足、古者几棘木爲之、蓋以艮肱據之、憑机之象也、机古几字、渙宗廟中、故設机、二王假有廟、故設机、二失位、變得正、故渙奔其机悔亾也、以陽之陰、假廟象滅疑有悔、故明之、六三渙其躬无悔、二已變、坤爲躬、坎爲悔、不變故无悔、六四渙其羣元吉注謂二已變成坤、坤三爻稱羣、得位順五、故元吉也、渙有丘匪夷所思注位半艮山、故稱丘、三變、渙四丘、故匪非也、夷謂震、震大塗、故夷、四應在初、二已變、初爲震、三變、坎爲思、故匪夷所思也、謂有匪夷之思、九五渙汗其大號、巽爲號令、五乾稱大、否坤爲身、四之二成坎爲水、水出於身、汗也、汗出而不反、以比號令、渙王居、无咎、五爲王、艮爲居、當渙之時、王居正位、二變應、故无咎、上九渙其血去逖出无咎、注應在三、坎爲血爲逖、三不取變、與二爲坎、逖憂也、二變爲觀、坎象

不見故其血去逖出无咎上不正者未能定既濟也故獨取二正體觀象

彖曰渙亨剛來而不窮否四之二坎爲通故不窮也柔得位乎外而上同二之四順五王假有廟王乃在中也二得中在艮宗廟故假廟利涉大川乘木有功也【注】巽爲木坎爲水故乘木有功也謂聖人作舟楫

象曰風行水上渙風行水上陰散而陽聚故渙以立廟先王以享于帝立廟【注】否乾爲先王享祭也震爲帝爲祭艮爲廟四之二殺坤大牲故以享帝立廟謂成既濟有噬嗑食象故也祭則鬼享之故以成既濟爲象也享于帝立廟謂立新廟也享于帝者告於南郊而謚之渙否泰之交象嗣君正位繼體也

初六之吉順也【注】承二故順也二將變初正承之故順渙奔其机得願也【注】動而得位故得願也渙其躬志在外也外謂四三變與四成坎故志在外渙其羣元吉光大也【注】謂三已變成離故四光大也

王居无咎，正位也。注五爲王，艮爲居，正位居五。四陰順命，故王居无咎，正位也。渙其血，遠害也。注乾爲遠，坤爲害，體遯上，故遠害也。

䷻兌下坎上泰息卦。坎歸妹。陰道既盛，陽雖既濟，猶不可貞，故節。止不過，則四時成也。候在七月，爻變成屯也。

節：亨。注泰三之五，天地交也。五當位以節，節止也。艮故止也。五體中正以通也。坎通，故節亨也。苦節不可貞。注謂上也。爻亦言苦節。應在三，三變成离，火炎上作苦，位在火上，故苦節。雖得位乘陽，故不可貞。三變既濟云苦節者，泰已過，不可恃，故上象在离上也。三不變則上不苦，成屯則節之道。

初九：不出戶庭，无咎。注泰坤爲戶，艮爲庭，震爲出。初得位應四，故不出戶庭无咎矣。初不變爲不出戶庭。九二：不出門庭，凶。注變而之坤，艮爲門庭，二失位不變，出門應五則凶，故言不出門庭凶矣。六三：不節若，則嗟若，无咎。注 三節家君子也。六節爻皆君子失位，故節若。當節之時，三不變則成也。得節之道，故節若，若辭也。嗟，哀號聲。震爲音聲，爲出，三動得正而體離坎，二已變，涕流出目，故則嗟若。得位乘二，故无咎也。六四：安節，亨。注 二已變，艮止坤安，不言三變者，三節若其常也。得正承五，有應於初，故安節亨。九五：甘節，吉，往有尚。注 得正居中，坎爲美，故甘節吉。往謂二，二失正變往應五，故往有尚也。上六：苦節，貞凶，悔亡。注 二三變在兩離，火炎上作苦，故苦節。乘陽故貞凶，得位故悔亡。

彖曰：節亨，剛柔分而剛得中。剛柔分，天地交也。謂泰三之五，剛得中。苦節不可貞，其道窮也。注 位極於上，乘陽，故窮也。泰時已極，故道窮。說以行險注兌說坎險震爲行故說以行險也當位以節中正以通注中正謂五坎爲通也天地節而四時成注泰乾天坤地震春兌秋坎冬三動離爲夏故天地節而四時成也節以制度不傷財不害民注艮手稱制坤數十爲度坤又爲害爲民爲財二動體剝剝爲傷三出復位成既濟定坤剝不見故節以制度不傷財不害民故三嗟若无咎

象曰澤上有水節水在澤上不節則潰君子以制數度議德行注君子泰乾也艮止爲制手止稱制坤爲度震爲議爲行乾爲德故以制數度議德行乾三之五爲制數度坤五之乾爲議德行也

不出戶庭知通塞也注坎爲通二變坤土壅初爲塞通塞皆節澤之

道。不出門庭凶，失時極也。注 極，中也。未變之正，失時極矣。

不節之嗟，又誰咎也。時使然，不得咎三。安節之亨，承上道也。上謂五。

甘節之吉，居位中也。注 艮為居，五為中，故居位中也。苦節貞凶，其道窮也。位極於上，乘陽故窮。

䷼兌下巽上　消息卦在否，次益極否，自咸陽感陰，歷渙噬嗑、豐、益、恆凡六卦，而乾坤合於中孚，反泰而息大壯。注云大壯陽已至四，謂此也。中孚、小過與坎離同義。孚，信也。中孚離外而坎內，故二體坎為孚，言陽信於陰，故否反泰也。候在十一月，爻成既濟。

中孚。注 訟四之初也。坎孚象在中，謂二也。二本訟坎，今在二中，坎象半見，故稱中孚。不取五而取二者，反泰內乾，故二為主。此當從四陽二陰之例，遯陰未及三而大壯陽已至四，故從訟來。訟者離遊魂卦，明二此與坎離同義。在訟時體離為鶴，在坎陰中，有鳴鶴在陰之義也。此以爻辭證卦

從訟來遯魚吉李鼎祚云虞氏以三至上體遯便以豚魚爲遯魚也巽爲魚體遯故遯魚遯弑父大壯陽
來止之兌爲澤遯魚得澤故吉也利涉大川注坎爲大川謂二已化邦象曰
說而巽孚乃化邦也謂二應五化成坤卽下云利貞也象於孚言之謂二具孚德以能化邦故卦辭利涉大川據二
已化邦也復言利貞者卦德未顯故又言之謂二正三上也李鼎祚謂虞解遯魚不言化邦更生異說不知象傳之
次化邦已在孚中李以化邦解遯魚乃違象傳也三利出涉坎得正體渙渙舟楫
象故利涉大川乘木舟虛也利貞注謂二利之正而應五
也中孚以利貞乃應於天也天謂五乾
初九虞吉有它不燕虞燕皆安也初得位故虞吉有它謂應四也初正比二二化邦坤爲安四遯魚
上承五不取相應故戒以有它而不燕也四馬匹亾象曰絕類上謂初也九二鳴鶴在陰其子
和之我有好爵吾與爾靡之注靡共也震爲鳴訟离爲鶴
坎爲陰夜鶴知夜半故鳴鶴在陰二動成坤體益五艮爲

子體坤為母震巽同聲者相應故其子和之坤為身故稱我吾謂五也離為爵爵位也訟離也坤為邦國五在艮閽寺庭闕之象故稱好爵五利二變之正應以故吾與爾靡之矣六三得敵或鼓或罷或泣或歌三失位不能自正應在上登天不下與三易位敵謂三四也上與四體震為鼓艮止為罷下乘二在訟坎為泣二變震為歌象曰位不當也六四月幾望馬匹亡无咎注訟坎為月離為日坎謂二離謂四兌西震東月在兌二離在震三訟四之初二在兌四則離位日月象對故月幾望幾近也不在二五不正望中孚坎離之合故發此象乾坎兩馬匹匹配也在訟乾四與坎初為匹也初四易位震為奔走體遯山中乾坎不見故馬匹亡初四易位故无咎矣九五有孚攣如无咎注孚信也謂二在坎為孚巽繩艮手故攣二使化為邦得正應己故无咎也上九翰音

登于天貞凶【注】巽爲雞應在震震爲音翰高也巽爲高乾爲天故翰音登于天失位故貞凶謂上宜與三易位正乎凶卦辭利涉大川是也禮薦牲雞稱翰音也

彖曰中孚柔在內而剛得中剛柔皆謂二也二變應五故柔在內王弼云三四在內四外體不得云內也說而巽孚兌說謂二巽孚謂之五故乃化邦矣乃化邦也【注】二化應五成坤坤爲邦故化邦也豚魚吉信及豚魚也豚魚謂三四四三四體豚弒君父二救之故信利涉大川乘木舟虛也三出體渙舟楫象故乘木舟虛中孚以利貞乃應乎天也【注】訟乾爲天二動應乾故乃應乎天也

象曰澤上有風中孚風生乎澤風行水上以陽散陰澤上有風以陰應陽中孚之義也澤者恩澤風者號令議獄緩死之義君子以議獄緩死【注】君子謂乾也訟乾即否乾也訟

坎爲獄、震爲議爲緩、坤爲死、乾四之初、則二出坎獄、兌說震喜、坎獄不見、故議獄緩死也、

初九虞吉、志未變也、訟二坎爲志、二未變、故初有它、其子和之、中心願也、注 坎爲心、動得正應五、故中心願也、或鼓或罷、位不當也、三失位不能正、待上易位、馬匹亡、絕類上也、注 訟初之四、體與上絕、謂初也、故絕類上也、上謂乾、有孚攣如、位正當也、五正中、故能孚二、翰音登于天、何可長也、謂當反三、

䷽艮下震上 消息卦在泰、次隨蠱、泰自歸妹陽歸陰、歷節賁旅蠱隨六卦、而乾坤遇於小過、反否而消、觀注云觀四已消、謂此也、小過坎外而離內、謂五以陰麗陽、故名小過、注云柔得中而應乾剛是也、內卦候在十二月、外卦正月、卦辭五正成咸、咸否反泰、卦爻成既濟、猶在泰也、

小過、亨、利貞、注 晉上之三、當從四陰二陽臨觀之例、臨陽未

至三而觀四已消也又有飛鳥之象故知從晉來杵臼之利蓋取諸此從晉者乾遊魂卦也明否泰與乾坤義晉三象曰上行也注云此則成小過小過故有飛鳥之象焉杵臼之利見頤鼠出入坎穴蓋取諸此也柔得中而應乾剛故亨謂五也乾剛謂五伏陽震爲應五失正故利貞過以利貞與時行也可小事【注】小謂五小陰也晉坤爲事柔得中故可小事也不可大事【注】大事四事當爲謂剛失位而不中故不可大事也飛鳥遺之音不宜上宜下大吉【注】离爲飛鳥震爲音艮爲止晉上之三离去震在鳥飛而音止故飛鳥遺之音遺存也上陰乘陽故不宜上謂五當變下陰順陽故宜下大吉謂二遇其臣俗說或以卦象二陽在內四陰在外有似飛鳥之象妄矣宋仲子說也於易无此取象法故曰妄也

初六，飛鳥以凶。【注】應四，離爲飛鳥，晉離上之三，則四折入大過死，故飛鳥以凶。初失正，利四來易位，四死大過，故以初凶。六二，過其祖，遇其妣，【注】祖謂祖母，對妣言，故知謂祖母。初也。母死稱妣，謂三。坤爲喪爲母，折入大過死，故稱祖也。妣，當爲妣也，誤倒耳。二在巽，三巽之主，女隨母，故三爲二母，死大過，故妣也。初坤體，坤又爲巽母，故爲祖母也。二過初，故過其祖。五變三體遘遇，故遇妣也。不及其君，遇其臣，无咎。【注】五動爲君，晉坤爲臣。謂三在坤位，爲五臣。二之五隔三，艮爲止，故不及其君。止如通。如而承三，得正，體遘遇象，故遇其臣无咎也。小過之時，陰過陽，故戒以順陽爲吉。象注云隨同義。九三，弗過，句防之，句從或，句戕之凶。句【注】防，防四也。謂三弗過四，應上，而防四也。失位從或而欲折之初，謂四也。或初。戕，殺也。離爲戈兵，三從離上入坤，折四死大過中，故從或戕之凶也。

凶謂四也此或疑焉四之凶不當見於三謂三不防四四折之初則體飛鳥而成明夷三離災眚故凶耳九四无咎弗過、句遇之、失位咎也下成明夷故失位无咎謂四弗過三之初而待五正體遘遇往厲必戒勿用永貞、往之初也坤為用五既變則三弋初而正四故永貞也六五密雲不雨自我西郊注密小也晉坎在天為雲墜地成雨上來之三折坎入兌小為密坤為自我兌為西五動乾為郊故密雲不雨自我西郊也公弋取彼在穴注公謂三也三公位弋、矰繳射也坎為弓彈离為鳥矢、謂三弋取初而正四成既濟體坎离弋无矢也句誤有弜繩連鳥弋人鳥之象、初四易位體二离弋人下有脫字也鳥艮為手二為穴、弜伏為穴手入穴中、在穴中者初也故公弋取彼在穴也、上六弗遇、句過之、飛鳥離之、凶、是謂災眚注謂四已變之坤、謂四先五動明夷時也上得之三、故弗遇過之、謂上弗待五正遇三而過五應三离爲飛鳥公弋得之鳥下入艮手而死故飛鳥離之凶注謂四也案四下易初則三在离鳥三主弋鳥者今不取在穴而由四下三體死鳥離其凶不能應上也晉坎爲災眚以凶主四故取晉坎今言三則四下初三在坎矣故是謂災眚矣言非三咎

彖曰小過小者過而亨也小謂五五過乎陽而應乾剛故過而亨過以利貞與時行也艮爲時震爲行謂五正咸咸泰否相反終則有始與時偕行柔得中是以小事吉也注謂五也陰稱小故小事吉也剛失位而不中是以不可大事也注謂四也陽稱大故不可大事也有飛鳥之象焉晉上之三飛鳥遺之音不宜上宜下大吉上逆而下順也陰在陽上爲逆故五不正陰在陽下爲順故二不變

象曰山上有雷小過雷者隨陽而出遇陰而聲在山上爲陰過在天上爲陽傷義同君子以行過乎恭注君子謂三也上貴三賤晉上之三震爲行故

行過乎恭謂三致恭以存其位與謙三同義泰否之義同剝復也喪
過乎哀注晉坤爲喪离爲目艮爲鼻坎爲涕洟震爲出涕
洟出鼻目體大過遭死喪過乎哀也用過乎儉注坤爲財
用爲吝嗇艮爲止兌爲小小用止密雲不雨故用過乎儉
也
飛鳥以凶不可如何也注四死大過故不可如何也不及其
君臣不可過也注體大過下止舍巽下故不可過臣謂三謂二不
可過三與隨三同義隨三係丈夫失小子小過時陰亦當從陽從或戕之凶如何
也注三來戕四故凶如何也弗過遇之位不當也四失位故常欲
過三之初往厲必戒終不可長也注體否上傾故終不可長矣
密雲不雨巳上也注謂三坎水巳之上六故不雨故巳上也

弗遇過之巳亢也。注飛下稱亢。詩傳曰：飛而上曰頡，飛而下曰頏。古頏亢同。晉

上之三巳亢也。謂三巳下飛，不上應上。

䷾離下坎上泰息卦。六爻皆正，故曰既濟。濟，成也。泰至既濟則反否，故辭危。候在十月，爻不變。

既濟亨小。注泰五之二。小謂二也。柔得中，故亨小。於例當二之五，而五之二者，泰坤女主，下交上二，故卦主柔得中而亨小。利貞。注六爻得位，各正性命，保合大和，故利貞矣。初吉。注初，始也。謂泰乾。乾知大始，故稱初。坤五之乾二，得正處中，故初吉，柔得中也。終亂。注泰坤稱亂。坤爲終。二上之五，既濟二也。終止於泰則反成否，子弒其父、臣弒其君，天下无邦，終窮成坤，故亂。其道窮。既濟者，已濟也。其濟在泰，至既濟而盡，盡則二復於五，終泰而反否。

初九：曳其輪，濡其尾，无咎。坎爲輪爲曳。泰初本否四也。否四在艮爲狐爲尾，未濟之小狐濡尾

三

二九八

是也坎水爲濡初應在四歷坎故曳其輪濡其尾濡曳似咎正位故无咎既濟六爻各正不取相應雖二五亦然故二主承三也

六二婦喪其髴勿逐七日得注离爲婦泰坤爲喪髴髮謂鬒髮也一名婦人之首飾所謂被后夫人之燕服坎爲元雲故稱髴詩曰鬒髮如雲乾爲首坎爲美五取乾二之坤爲坎坎爲盜故婦喪其髴泰震爲七故勿逐七日得震謂三也离爲日震爲离二又在坎故得其髴訟當順三與睽喪馬勿逐同義睽初喪坎馬得震馬故同義髴或作茀俗說以髴爲婦人蔽膝之茀非也卦无膝象故知非也

九三高宗伐鬼方三年克之小人勿用注高宗殷王武丁鬼方國名乾爲高宗泰乾爲君三在震帝君配天故稱高宗坤爲鬼方坤爲鬼爲方故鬼方乾二之坤五故高宗伐鬼方三爲高宗者既濟泰之用以泰乾爲君乾三得位使二上五征坤故三爲高宗象曰君子思患豫防謂三也坤爲年位在三故三年坤爲

小人、謂上也。二上克五、故三年克之、小人勿用、象曰憊也、坎爲勞也。六四、繻有衣袽、終日戒。【注】乾爲衣、故稱繻袽、敗衣也。乾二之五、衣象裂壞、故繻有衣袽、離爲日、坎爲盜、在兩坎閒、故終日戒、謂伐鬼方三年乃克、旅人勤勞、衣服皆敗、鬼方之民猶或寇竊、故終日戒也。三言定既濟之難、四言既濟不可恃。九五、東鄰殺牛、不如西鄰之禴祭、實受其福。【注】泰震爲東、兌爲西、東西稱鄰。坤爲牛、震。動五。殺坤、故東鄰殺牛、在坎多眚、爲陰所乘、故不如西鄰之禴祭、五在震爲東鄰、二在兌爲西鄰、泰成既濟、四時象正、國之大事在祀與戎、故三言伐鬼方、五言祭事也。禴夏祭也、離爲夏、兌。動。二。體離明、得正承五順三、故實受其福、吉大來也。上六、濡其首、厲。【注】乾爲首、五從二、上在坎中、故濡其首、厲、位極乘陽、象上濡五也、故何可久。泰所以否也。

象曰：既濟亨，小者亨也。小謂二。由坤五之二，乃得亨。利貞，剛柔正而位當也。初吉，柔得中也。注 中謂二。終止則亂，其道窮也。注 反否。終坤，故其道窮也。

象曰：水在火上，既濟。水火相濟以成其用，其不相濟則患也。君子以思患而豫防之。君子謂乾。三也。坤為患，坎為思。泰天地交，物所以濟。終止則亂，乾三惕若。使二升五以正坤，故曰思患而豫防之。謂防否也。

曳其輪，義无咎也。正位，故无咎。七日得，以中道也。二中宜柔，道乃然也。三年克之，憊也。注 坎為勞，故憊也。終日戒，有所疑也。四多懼，兩坎閒，坎為疑也。東鄰殺牛，不如西鄰之時也。既濟亨小，故西鄰時也。實受其福，吉大來也。受乾福也。陽為大。濡其首厲，何可久也。

䷿坎下离上否消卦六爻皆錯故名曰未濟未濟者言反泰則濟也內卦候在十月外卦十一月卦辭不變消道也爻正既濟明可以濟也

未濟亨【注】否二之五也柔得中天地交故亨濟成也六爻皆錯故稱未濟也小狐汔濟【注】否艮爲小狐謂四汔幾也濟濟渡狐濟幾渡而濡其尾未出中也幾渡謂二上之五涉坎由濡尾故未濟濡其尾无攸利【注】艮爲尾狐獸之長尾者也尾謂二在坎水中故濡其尾失位故无攸利不續終也未濟非可終之道

初六濡其尾吝【注】應在四故濡其尾四在否艮故爲尾四濡尾故不應初伐鬼方則下正初矣失位故吝九二曳其輪貞吉坎爲輪爲曳未濟之家不正相應故皆不取應爻二應五而曳其輪也貞而得位故吉矣六三未濟征凶利涉大川三在兩坎之中故獨象未濟三變正四在震爲征謂伐鬼方也初二未變入大過故凶也四下正初五變二正上爭既濟皆三之用故利

涉大川

九四，貞吉，悔亡。注動正得位，故吉而悔亡矣。震用伐鬼方，三年有賞于大邦。注變之震體師，五未正也。坤爲鬼方，故震用伐鬼方。鬼方謂四，震謂三也。坤爲年，爲大邦，陽稱賞，四在坤中，體既濟离三，故三年有賞于大邦。又言三以四陽下正初也，四體既濟离三，亦伐鬼方之爻也。初坤爻，又鬼方三年者，自四下初三爻，故三年，以其正在初，故以离三言之耳。六五，貞吉，无悔。注之正則吉，故貞吉无悔。上變坎爲悔，未濟柔中亨，嫌變有悔。君子之光，有孚吉。注動之乾，离爲光。三四巳正，故君子之光也。孚謂二，二變應己，得有之，故有孚吉。坎稱孚也。上九，有孚于飲酒，无咎。注坎爲孚，謂四也。上之三介四，故有孚飲酒。飲當爲坎，字誤。流頤中，故有孚于飲酒。終變之正，故无咎。濡其首，有孚失是。注乾爲首，否乾也。五動，坤二之五也。首在酒中，失位，故濡其首矣孚信是正也六位失正故有孚失是謂若殷紂沈湎於酒以失天下也此又綜六爻之義而言有孚謂四四失是者既濟泰之九三故高宗伐鬼方未濟否之九四故震用伐鬼方以其爲消息之主故既濟之得正由三未濟之失正由四其貞亦四先之初也干寶侯果皆以既濟爲殷亾周興之卦蓋古有是說故引紂沈湎於酒爲比

彖曰未濟亨柔得中也謂否二之五天地交小狐汔濟未出中也注謂二未變在坎中也謂二以上體既濟故幾濟也濡其尾无攸利不續終也注否陰消陽至剝終坤終止則亂其道窮也乾五之二坤殺不行故不續終也謂未濟亦救否之道然六爻失位不可相續而終故二居坎无攸利也雖不當位剛柔應也

象曰火在水上未濟火水各居其方未成其功也君子以愼辯物居方注

君子否乾也艮爲愼辯辯別也物謂乾陽物也坤陰也當云

陰物也、艮爲居、坤爲方、乾別五、以居坤二、故以愼辯物居䏶物宇、以陽爲主、方也、故乾別五、

濡其尾、亦不知極也、李鼎祚云極、中也、謂四居坎中以濡其尾、是不知極也、九二貞吉、中以行正也。注 謂初已正、二動成震、故行正、震爲行、未濟貞凶、位不當也、六爻皆位不當、因三言未濟而發之、貞吉悔亡、志行也、震正四、以四陽下正初、坎爲志、震爲行、故志行、君子之光、其暉吉也。注 動之正、乾爲大明、故其暉吉也、謂五麗乎大明、飲酒濡首、亦不知節也。注 節、止也、艮爲節、否四爻云有孚也、飲酒濡首、故不知節矣、

甲子端陽後一日校下經畢

周易虞氏義卷之六

周易虞氏義卷之七

張惠言學

周易繫辭上　虞氏注

天尊地卑、乾坤定矣、注天貴故尊、地賤故卑、定謂成列、謂庖犧分天象為三才、以地兩之、乾坤相並俱生、天地相應、成一陰一陽六畫之列、天以上為尊、故五為天位、地以下為卑、故二為地位、故曰定也、此即既濟之位也、

卑高以陳、貴賤位矣、注乾高貴五、坤卑賤二、列貴賤者、存乎位也、乾坤之列、自下而上、以位言之則坤在乾上、故曰卑高、乾坤正位二五、故貴賤位、謂若乾鑿度曰、初為元士、二為大夫、三為三公、四為諸侯、五為天子、上為宗廟者也、

動靜有常、剛柔斷矣、注斷、分也、乾剛常動、坤柔常靜、分陰分陽、迭用柔剛、謂庖犧既定乾坤六位、又分乾陽坤陰、各為六畫、然後可以迭用、所謂剛柔者立本者也、

方以類聚、物以羣分、吉凶生矣、注物三稱羣、坤方道靜、故以類聚、乾物動行、故以羣分、言乾坤各以三為六、乾生故吉、坤殺故

凶則吉凶生矣、乾坤各為六畫則有正不正、故吉凶生、下注云得正言吉失位言凶也、凡吉乾之生、凡凶坤之殺也、在天成象、在地成形、變化見矣、注 謂日月在天成八卦、震象出庚、兌象見丁、乾象盈甲、巽象伏辛、艮象消丙、坤象喪乙、坎象流戊、离象就己、故在天成象也、在天之象庖犧則之、為三才之卦、既定乾坤、則就乾坤生六子、本此在天之象所成、故變化仍象之也、在地成形、謂震竹、巽木、坎水、离火、艮山、兌澤、乾金、坤土、在天為變、在地為化、卽乾變坤化一也、剛柔相推而生變化矣、謂以乾坤為六子也、是故剛柔相摩、八卦相蕩、注 旋轉稱摩、句薄也、入相薄、乾以二五摩坤、成震坎艮、坤以二五摩乾、成巽离兌、八卦天象所生、其成爻、則六子由乾坤二五摩薄、故曰庖犧作八卦、此謂六爻卦也、凡言二五者、謂其中氣爾、非必二五爻、故三才卦亦言二五、故剛柔相摩、則八卦相蕩也、蕩動也、下注云乾坤與六子俱名八卦、而小成也、鼓之以雷霆潤之以風雨日月運行一寒一暑注鼓動潤澤也雷震霆艮霆霹歷也雷動於下霆擊於上風巽雨兌也風生於水故巽坎半見於下雨隕於雲故兌坎半見於上日離月坎寒乾暑坤也大寒乾生大暑坤生運行往來日月相推而明生焉寒暑相推而歲成焉故一寒一暑也謂六子成乾坤之功乾道成男坤道成女謂乾坤統六子震坎艮為陽巽離兌為陰也乾知大始坤化成物謂六子生物皆乾坤也大哉乾元萬物資始至哉坤元萬物資生陽稱大資始未來故曰知神以知來也承天成物故曰化也乾以易知易讀如字坤以簡能注陽見稱易以陽變陰故稱易陰藏為簡陰藏陽簡閱也乾息昭物天下文明故以易知坤閱藏物故以簡能矣謂乾以息陽而知大始坤以牝陽而化成物易則易知簡則易從注乾縣象著明故易知坤陰陽動闢故易從言坤之能在從陽不習无不利地道光也易知則有親易從

則有功、【注】陽道成乾爲父、震坎艮爲子、本乎天者親上、故易知則有親、本乎地者親下、獨言乾者、巽離兌陰卦、皆麗陽、故震通巽、坎正離、艮伏兌、三女外成、坤无親也、以陽從陰、實以陰從陽、言以陽從陰者、坤凝陽出震、乾來通陰、故曰從陰也、至五多功、五正位、坤化則成、故易從則有功矣、有親則可久、有功則可大、以陽正陰終、則又始、故有親則可久、大謂陽以陰牝陽動出至五則復乾、故有功則可大、可久則賢人之德、可大則賢人之業、姚信云、賢人、乾坤也、言乾以日新爲德、坤以富有爲業、易簡而天下之理得矣、【注】易爲乾息、簡爲坤消、乾坤變通、窮理以盡性、說卦注云、以乾推坤、謂之窮理、以坤變乾、謂之盡性、故天下之理得矣、謂乾坤消息既正、六十四卦皆出於此、天下之理得而易成位乎其中矣、易神也、中下繫注云、正也、六位正、既濟定、則陽之迭用柔剛也、六十四卦消息、則易出乾入坤、九六之用、各正性命、保合太和、故曰易成位乎其中矣、弟一章孔穎達正義云周氏分上繫爲十二章虞翻合大衍之數并知變化之道共爲一章凡十一章今以注文考之易有太極葢合天一地二爲一章今唯并此一章餘悉依正義此章明庖犧作易立乾坤以起消息成於既濟

聖人設卦觀象、聖人謂庖犧文王也庖犧設卦繫辭變化則文王象消息之象也繫辭焉而明吉凶悔吝剛柔相推而生變化注剛推柔生變柔推剛生化也剛柔相推消息之象也文王因之而爲九六變化是故吉凶者失得之象也注吉則象得凶則象失也下注云得正言吉失位言凶不於此言之者此文王言觀象以正人事謂辭之吉凶象人事之失得故經於下又別出吉凶者言乎其失得也之文注各隨文互相備悔吝者憂虞之象也注悔則象憂吝則象虞也虞騶虞也憂未至吉虞未至凶變化者進退之象也變化之消長象人事之進退晝夜者剛柔之象也陰陽之晝夜象人事之剛柔變剛柔爲晝夜避人事同文六爻之動三極之道也極中也三極三才也三才六爻非中則動下繫曰因而重之爻在其中故君子以天地之消息儀人事**是故君子所居而安者易之象也**注君子謂文王以其繫辭謂之聖人以法後世謂之君子象謂乾二之坤成坎月离日日月爲象下方引大有上九爻辭故此以大有說之易三百八十四爻隨舉爲例也乾五之坤爲比此息坤爲大有大有通比故坎月离日言乾二者消息師二爲比五君子黃中通理正位居體故居而安者易之象也舊讀象誤作厚或作序非也**所變而玩者爻之辭也**注爻者言乎變者也謂乾五之坤坤五動則觀其變坤五動之乾爲大有坤五之動由乾五之坤此玩爻之例舊作樂字之誤**是故君子居則觀其象而翫其辭**注翫弄也謂乾五動成大有以离之目觀天之象兌口翫習所繫之辭故翫其辭**動則觀其變而翫其占**注謂觀爻動也以動者尚其變占事知來故翫其占是以

自天右之吉，无不利。注謂乾五變之坤成大有，有天地日月之象，此坤坎大有乾离。文王則庖犧，亦與天地合德，日月合明，天道助順，人道助信，履信思順，故自天右之吉，无不利也。

第二章

此章言文王繫辭用九六以正消息

彖者，言乎象者也。注在天成象，八卦以象告，彖說三才，故言乎象也。彖本七八正象之名，卦辭言象，亦謂之彖，彖言兩象，故說三才。爻者，言乎變者也。注爻有六畫，所變而玩者，爻之辭也。謂九六變化，故言乎變者也。吉凶者，言乎其失得也。注得正言吉，失位言凶也。悔吝者，言乎其小疵也。疵，病也。无咎者，善補過也。注失位爲咎，句悔變而之正，故善補過。孔子曰：退思補過者也。是故列貴賤者存乎位，謂卑高以陳，貴賤位矣。齊小大者存乎卦，小陰大陽，齊正也謂分陰分陽迭用柔剛。辯吉凶者存乎辭。注辯別也。此注見釋文。憂悔吝者存乎介。注介、纖也。介如石焉，斷可識也，故存乎介，謂識小疵。舉豫四爲則。震无咎者存乎悔。注震、動也。有不善未嘗不知之，知之未嘗復行，无咎者善補過，故存乎悔也。舉復初爲則。是故卦有小大，辭有險易，辭也者，各指其所之。注陽易指天，陰險指地，聖人之情見乎辭，故指所之。易與天地準，故能彌綸天下之道。注準、同也。彌、大。綸、絡。謂易在天下，包絡萬物，以言乎天地之閒，則備矣，故與天地準也。仰以觀於天文，俯以察於地理，是故知幽明之故。說卦注云：乾三畫成天文，坤三畫成地理。又下章注云：陰謂幽。然則陽謂明也。觀震巽出入，則知日月之行；察五位方隅，則知山川維絡之紀；乾坤代序，則知溫涼寒暑之候；六位成章，則知天地訢合之理，故知幽明之故也。原始及終，故知死生之說下繫注云以乾原始以坤要終謂原始及終以知死生之說又云出陽知生入陰懼死然則乾合於坤坎爲元黃震出於乾爲父子此人之始乾往通坤死於大過震伏遘初出坤承乾爲父子此人之終故原始及終則知死生之說也

第三章此承上章言觀象觀變之大義

精氣爲物遊魂爲變是故知鬼神之情狀與天地相似故不違

注魂陽物謂乾神也坤无魂坤魂亦乾變謂坤鬼鬼亦神爲之故言神无方不言鬼也乾純粹精故主爲物謂萬物資始乾元乾流坤體變成萬物故遊魂爲變也謂乾消剝入坤九三反艮爲謙息謙成履謙三下二爲師息師成同人師二上五爲比息比成大有坎离正乾坤合出屯元黃而復震坤浸夬就乾復初之坤四爲豫小畜凝之豫四息五爲萃大畜凝之萃五使四之三爲蹇睽凝之坎离正乾坤合革故生巽剝復夬遘之際陽陰未成乾元流坤變而成體故曰遊魂京房述孔子曰遊魂歸魂爲鬼易是也京氏之法八卦皆有遊魂歸魂乾坤在坎离坎离在乾坤震巽艮兌互爲遊

歸虞氏消息止坎离戰乾坤耳乾神似天坤鬼似地乾神坤鬼郎天地之用故相似聖人與天地合德鬼神合吉凶故不違謂不違卜筮也精氣遊魂皆乾元也知周乎萬物而道濟天下故不過此下成言鬼神之德聖人不違也知讀如乾以易知乾為知為道出乾入坤故周乎萬物時成既濟保合太和故道濟天下消息十二爻生長收藏故不過差也旁行而不流旁行旁通也消息之卦陰陽旁通以濟成乾坤不流淫也謂若剝夬遘復坎离謙履豫萃之類變天知命故不憂巽為命謂陰消之卦以坤變乾極遘生巽為餘殃故變天知命陽消宜憂知命故不憂坎為憂謂消卦不貞坎入大過故不憂安土敦乎仁故能愛坤為土震為仁謂陽息之卦以乾據坤故安土敦厚也謂牝乾復震為餘慶故敦乎仁也陽不遺陰故汎愛眾乾為愛也範圍天地之化而不過乾金為範坤方為圍乾坤消息裁成天地不過差也曲成萬物而不遺謂坤元也陰道詰詘萬物化成通乎晝夜之道而知謂乾元也剛柔皆本乾元乾神知來謂聖人以此先心故神无方而易无體自陰陽謂之神自乾坤謂之易神无方故易无體謂出乾入坤

上下无常周流六虛者也一陰一陽之謂道一陰一陽相並俱生三極各正保合太和是之謂道矣庖犧參天兩地六位時成以爲道法也易神消息旣成萬物則復於道也繼之者善也成之者性也注繼統也謂乾能統天生物一陰一陽皆統於乾元大哉乾元萬物資始乃統天是坤合乾性養化成之乾爲性乾非坤故繼之也乾爲善化性亦不成者善成之者性也言乾坤合德以立道人得乾善之統資坤之化以成性故率性之謂道者也神與易皆此也仁者見之謂之仁知者見之謂之知見陽之息謂之仁見陰之藏謂之知百姓日用而不知故君子之道尟矣

弟四章此章言易以消息爲神是謂之道

顯諸仁藏諸用震爲仁坤爲用謂陽息出震乾元顯見於德爲仁故顯諸仁陽消入坤乾元退藏知以藏往爲仁之用故藏諸用鼓萬物而不與聖人同憂震爲鼓故鼓萬物作易者其有憂患乎乾元消息保合太和各正性命故不同憂盛德大業至矣哉乾易顯仁故盛德坤簡藏用故

大業富有之謂大業可大故富有日新之謂盛德可久故日新生生之謂易陰陽消息轉易相生故謂之易京氏曰八卦相盪陽入陰陰入陽二氣交互不停故曰生生之謂易成象之謂乾在天成象八卦皆陽象也自顯至藏乾象可見故以立三才之象矣爻法之謂坤爻刻也自藏之顯皆合乾而成爻刻乾法故兩地而倚數矣極數知來之謂占通變之謂事注事謂變通趨時以盡利天下之民謂之事業也知來通變皆聖人憂患之事陰陽不測之謂神神者乾元之運出陽入陰故不測易則神之所爲也

夫易廣矣大矣注乾象動直故大坤形動闢故廣也下論大生廣生故探以爲說以言乎遠則不禦以言乎邇則靜而正注禦止也遠謂乾天高不禦也地當爲邇謂坤坤至靜而德方故正也以言乎天地之間則備矣注謂易廣大悉備有天地人道焉故稱備也夫乾其靜也專其動也直是以大生焉隱藏

坤中寂然无爲、故其靜也專、說卦曰震爲專也、動出觸坤、直導生物、夫坤其靜也翕、其動也闢、是以廣生焉、翕合也、闢開也、坤靜牝陽、凝元无閒、故翕、動而出震、開闢四布也、廣大配天地、變通配四時、【注】變通趨時、謂十二月消息也、泰乾三、大壯乾四、夬乾五、配春、乾上、遘坤初、遯坤二、配夏、否坤三、觀坤四、剝坤五、配秋、坤上、復乾初、臨乾二、配冬、謂十二月消息相變通而周於四時也、陰陽之義配日月、復出震、臨見兌、泰盈乾、觀退巽、剝消艮、入坤、是謂陽盈、遘遇巽、遯侵艮、否滅坤、大壯反震、夬伐兌、就乾、是謂陰虛、與日月縣象相應、是謂配日月也、易簡之善配至德、乾息爲易、坤消爲簡、乾元稱善、至德太極也、禮曰至德以爲道本、子曰、易其至矣乎、易配至德、故至矣乎、夫易、聖人之所以崇德而廣業也、【注】崇德效乾、廣業法坤也、探下言之、知崇體卑、崇效天、卑法地、【注】知謂乾、乾神知來、凡知謂乾、智坤、謂效天崇體謂坤、坤正位居體、法地卑也、體卑所以廣業、天地設位而易行乎其中矣【注】位謂六畫之位乾坤各三爻乾爻初三五坤爻二四上故天地設位設立也庖犧參天兩地立此六畫之位易出乾入坤上下无常上在天下在地周流六虛六虛六位故易行乎其中也

成性存存道義之門【注】知終終之可與存義也此乾九三文言謂三當乾之終泰當反否三終乾反復上坤不變乾元常存故知終終之可與存義坤爲義也引之者天地消息乾坤相續易以坤成乾之性乾元常存道義出焉舉乾三爲則也乾爲道門坤爲義門成性謂成之者性也陽在道門陰在義門其易之門邪

弟五章

此章言道以乾坤爲門

聖人有以見天下之嘖而擬諸其形容象其物宜是故謂之象【注】乾稱聖人謂庖犧也庖犧位乾五嘖謂初天下之嘖謂萬物之初自上議下稱擬形容謂陰句在地成形者也物宜謂陽遠取

諸物在天成象故象其物宜象謂三才八卦在天也庖犧重為六畫也重為六畫仍是三才之象故六十四卦皆謂之象聖人有以見天下之動而觀其會通以行其典禮繫辭焉以斷其吉凶是故謂之爻【注】重言聖人謂文王也文王位乾三動謂六爻矣會謂陰陽爻通謂爻通典禮謂典常出入以度也言天下之至賾而不可惡也【注】至賾无情京氏云賾情也此云至賾无情亦微破之陰陽會通品物流宕以乾簡坤易之至也乾簡坤易當為乾易坤簡誤倒耳一本簡作闕亦通庖犧无言言天下之至賾謂繫辭也故云至賾无情无情則不可得言以陰陽會通乾易坤簡至賾於此可言也至賾乾元也元善之長故不可惡也言天下之至動而不可亂也【注】以陽動陰萬物以生故不可亂所謂典禮六二之動直以方證以陽動陰動舊誤作賾也擬之而後言議之而後動【注】以陽擬坤而成震至賾至動皆乾

元乾元震初也聖人觀乾元有此象故以之先心震爲言議爲後動故擬之而後言議之而後動震爲言動乾元在先故擬乾元而後言既有言而後動也安其身而後動謂當時也矣時消息之時坤爲安身乾元牝坤當時出震故安其身而後動三百八十四爻皆言時也擬議以成其變化（注）議天成變乾二五通坤擬地成化坤二五息乾陽巳出震故天稱議陰方牝乾故地稱擬天施地生其益无方也下說中孚成益故本益卦言之鳴鶴在陰其子和之我有好爵吾與爾靡之中孚九二爻辭彼注中孚訟四之初二在訟時體离爲鶴在坎陰中有鳴鶴在陰之象二動成坤體益五艮爲子震巽同聲相應故其子和之靡共也吾謂五也离爲爵爵位也五利二變之正應以故吾與爾靡之矣此下引七爻畧明擬議之變化也子曰君子居其室出其言善（注）君子謂初也初陽正故稱君子二之得爲震由初自訟四來故辭本於初二變五來應之艮爲居初在艮內故居其室震爲出言訟乾爲善故出言善謂二巳變初以乾體震是出言善

此亦成益卦也則千里之外應之況其邇者乎注謂二變則五來應之體益卦坤數十震爲百里十之千里也外謂震巽同聲云外者在坤震之外是五也體巽同聲者相應故千里之外應之邇謂坤坤爲順二變順初故況其邇者乎此信及遯魚者也三至上體遯巽爲魚遯魚謂五也居其室出其言不善注謂初陽動入陰成坤坤爲不善也則千里之外違之況其邇者乎注謂初變體剝弑父弑君二陽肥遯二不順初與三四自爲坤則坤違之而承於五自初爲坤則千里之外四也故千里之外違之況其邇者乎邇謂二坤言出乎身加乎民行發乎邇見乎遠注震爲出爲言坤爲身爲民也震爲行坤爲邇乾爲遠五體訟乾兌爲見謂二發應五則千里之外故行發邇見遠也言行君子之樞機

乾坤爲門故震爲樞機　樞機之發榮辱之主也陽息爲榮陰消爲辱震爲主故榮辱之主
言行君子之所以動天地也可不愼乎、注二已變成益巽
四以風動天、震初以雷動地、二變乃有地象中孚十一月雷動地
中艮爲愼、故可不愼乎、同人先號咷而後笑、同人九五爻辭彼注云應
在二、巽爲號咷、乾爲先、故先號咷、師震在下、故後笑、震爲
後笑也、謂同人通師、震巽同心、以應五、號咷與笑皆震巽
同心之言也、方言中孚二動而五應、故爻言
同人二往應五、以明千里之外應之之義　子曰君子之
道或出或處、或默或語、注乾爲道、故稱君子也、謂師二同乾爻
人反師、震爲出爲語、坤爲默、巽爲處、同人二體巽、故或出或處
或默或語也、二人同心、其利斷金、注二人謂夫婦、師震爲
夫、巽爲婦、坎爲心、巽爲同、六二震巽俱體師坎、故二人同
心、巽爲利、乾爲金、以离斷金、謂乾二爻變則同人、故其利斷金、謂夫

出婦處婦默夫語故同心也同心之言其臭如蘭注臭氣也蘭香草震爲言巽爲蘭巽爲草木又爲臭草木之臭故爲蘭离日燥之故其臭如蘭也

弟六章此章言繫辭擬議變化引二爻以明言動之義

初六藉用白茅无咎注其初難知陰又失正故獨舉初六大過爻辭彼注云位在下稱藉巽柔白爲茅故藉用白茅失位咎也承二過四應五士夫故无咎矣中孚君子由初正故次舉大過初六子曰苟錯諸地而可矣藉之用茅何咎之有慎之至也注苟或錯置也頤坤爲地大過通頤故苟錯諸地今藉以茅故无咎也過四應五五頤在艮艮爲慎也夫茅之爲物薄而用可重也注陰道柔賤故薄也香絜可貴故可重也慎斯術也以往其无所失矣往謂過四應五勞謙君子有終吉謙九三爻辭三君子之位次初言之

子曰勞而不伐有功而不德厚之至也注坎爲勞五多功、乾爲德德言至三字疑衍以上之貴、下居三賤、故勞而不伐有功而不德、剝艮入坤、乾上九來居坤三、上降體坎、故勞而不伐、五乾位、可居五而不居、故有功而不德艮爲厚、坤爲至、故厚之至也語以其功下人者也注震爲語、五多功、下居三、乾上卽乾五故以其功下人者也德言盛、禮言恭、謙也者、致恭以存其位者也注謙旁通履、乾爲盛德、坤爲禮、天道虧盈而益謙、三。從。上。來。同。之。句盛德故恭、下云坎爲勞故能恭、此云盛德故恭、尋其文旨當謂三從上來、乾同於坤、以乾德盛、故禮恭耳、震爲言故德言盛、禮言恭、坎爲勞、故能恭、謂三、三得位、故以存其位者也。亢龍有悔、乾上九爻辭。謙。九。三。乾。上。九。也、謙三存位、反之則亢龍、子曰、貴而无位、高而无民、注天尊故貴、以陽居陰、故无位、在上故高、无陰、故无民也賢人在下位注乾稱賢人下位謂初也遯世无悶故賢人在下位而不憂也上盈入剝初元遯世故賢人謂初而无輔是以動而有悔也注謂上无民故无輔乾盈動傾故有悔文王居三紂亢極上故以爲誡也此因論謙三而示戒耳乾六爻皆龍德堯舜禪讓與時偕極則知進退存亾者也不出戸庭无咎節初九爻辭彼注云泰坤爲戸艮爲庭震爲出初得位應四故不出戸庭无咎矣象曰不出戸庭知通塞也注云坎爲通二變坤土壅初爲塞節初君子方言乾初遯在下位故又論節初子曰亂之所生也則言語以爲階注節本泰卦泰三之五坤爲亂震爲生爲言語坤稱階坤土故稱階故亂之所生則言語以爲階也泰三震爲坤君不密則失臣臣不密則失身注泰乾爲君坤爲臣爲閉故稱密乾三之坤五君臣毀賊故君不密則失臣坤五之乾三坤體毀壞不言乾毀君臣之辭故臣

不密則失身。坤爲身也。幾事不密則害成。【注】幾，初也。謂二已變成坤，坤爲事，故幾事不密。此不密連文協句耳。二變坤爲幾事，其不密自由初動，如下所云。初利居貞，不密初動則體剝。初動則二坤不純，故爲不密。子弒其父，臣弒其君，故害成。是以君子慎密而不出也。【注】君子謂初。初正，故君子。二動坤爲密，故君子慎密。體屯盤桓，利居貞，故不出也。子曰：爲易者其知盜乎。【注】爲易者謂文王。爻變，故謂文王。否上之二成困，三暴慢，以陰乘陽，二變入宮爲萃。困二曰入于其宮，入宮則爲萃。取入宮耳，无取萃也。此五之二奪之成解，坎爲盜，故爲易者其知盜乎。六十四卦消息，萃觀上之四，解臨初之四。此說文王爻變之例，注唯此一條耳。下繫引十一爻，解次困後，疑爲彼次困節泰來，故解亦取否來相次也。易曰：負且乘，致寇至。解六三爻辭。彼注云：二變時艮爲背，謂三以四艮倍五也。五來寇三時，坤爲車，三在坤上，故負且乘。五之二成坎，坎爲寇盜。解三謙三之反負也者小人之事也【注】陰稱小人坤為事困二變入宮成坤以賤倍貴以四艮倍五違禮悖義故小人之事也乘也者君子之器也【注】君子謂五萃五器坤也坤為器坤為大車故乘君子之器也小人而乘君子之器盜思奪之矣【注】小人謂三既違禮倍五復乘其車五來之二成坎坎為盜思奪之矣為易者知盜乎此之謂也上慢下暴盜思伐之矣【注】三倍五上慢乾君而乘其器下暴於二二藏於坤困二入宮五來寇三以离戈兵折三入离故稱伐之坎為暴也三在困時體坎暴二故二入宮慢藏悔盜野容悔淫【注】坎心為悔坤為藏兌為見困兌藏不見故慢藏不字疑誤當為而萃三體坤兌故藏而見三動成乾為野鄭氏謂飾其容而見於外為野困時三體离為中女暴二動乾是野容也坎水為淫謂五來二成坎二變藏坤則五

來奪之二藏五來坎淫中女故慢藏悔盜野容悔淫慢藏野容三悔也盜淫五也謂悔恨此四字見釋文易曰負且乘致寇至盜之招也【注】五來奪三以離兵伐之故變寇言戎解象曰自我致戎是變寇言戎又疑虞本此致寇至當爲致戎也以成三惡二藏坤時艮手招盜故盜之招

第七章此承上章明君子觀象翫辭之要

大衍之數五十衍鄭氏云演也其用四十有九虛其一以象乾元分而爲二以象兩兩儀掛一以象三三才也下注云扐幷合掛左手之小指則此掛一不在左手小指也當在右手揲之以四以象四時歸奇於扐以象閏【注】奇所掛一策象三才者扐所揲之餘不一則二不三則四也取奇以歸扐扐幷合幷合兩揲之餘掛左手之小指爲一扐則以閏月定四時成歲以揲四象四時以扐象歲以歸奇象閏故歸奇於扐以象閏者也五歲

再閏故再扐而後卦、卦舊作掛、釋文云、京作卦云再扐而後布卦、今詳虞氏注義其本實同京氏作卦、後人傳寫之誤、說文扐字云易筮再扐而後卦、說文引易孟氏、是孟氏本作卦也

注 謂已一扐、復分掛、取前過揲之策、復分二掛一、如初揲之、歸奇於初扐、此省文、先并所揲之餘於初扐、乃取奇歸之、故云歸奇於初扐并掛左手次小指間、為再扐、則再閏也、又分扐扐當為掛、字之誤揲之如初、而掛左手第三指間、又并所揲之餘於再扐、其奇則不歸也成一變、則布掛之一爻、掛當為卦、集解引之改以從經耳、布卦之一爻者、七八九六也、謂再扐之後、四揲之策、九為九、八為八、七為七、六為六、是成一爻、畫之於地、以識之、士冠禮有卦者、注有司主畫地識爻者、有所卦者、注所以畫地識爻者也、是畫地識爻謂之卦謂已二扐、又加一為三、并重合前二扐為五歲、故五歲再閏、再扐而後掛、當為卦、謂一扐一歲也、歸奇一閏也、再扐二歲也、合初扐三歲也、歸奇再閏也、三扐四歲也、合再扐五歲也、不歸奇、故再閏此參五以變以三為五而成一變、故參五以變據此為三扐、不言三

閏者閏歲餘十日素問曰日行一度月行十三度而有奇焉故大小月三百六十五日而成歲積氣餘而盈閏矣謂三百六十五度四分度之一積三十日為一月氣盈五日有奇朔虛五日有奇故月大小常差六日約其大數歲十日也五歲閏六十日盡矣五歲餘五十日再閏六十日已侵下餘分後扐閏餘分閏月不能恰盡必有餘分故虛三扐象之然則四時終而計餘餘分定乃成歲并扐象計餘成歲歸奇則象閏也不得言三扐二閏若言三扐則似有三歸奇也故從言再扐而後掛者也掛當為卦天數五地數五注天數五謂一三五七九地數五謂二四六八十也五位相得而各有合注五位謂五行之位甲乾乙坤相得合木甲一乙二謂天地定位也丙艮三丁兌四相得合火山澤通氣也戊坎五己離六相得合土水火相逮也庚震七辛巽八相得合金雷風相薄也天壬九地癸十相得合水言陰陽相薄而戰於乾乾坎艮震為天

坤兌離巽爲地。天數一三五七九，地數二四六八十。庖犧三索生六子，象其數也。故五位相得而各有合。或以一六合水，二七合火，三八合木，四九合金，五十合土也。此則五行生成之數。太元曰一與六共宗，二與七共朋，三與八成友，四與九同道，五與五相守。一六爲水，二七爲火，三八爲木，四九爲金，五五爲土是也。五五則十也。此亦得爲天地之數，故備一義也。天數二十有五，地數三十，凡天地之數五十有五。【注】一三五七九，故二十五也。二四六八十，故三十也。天二十五，地三十，故五十有五。天地數見於此，故大衍之數畧其奇五而言五十也。太元曰五與五相守，地之十還是五，故畧之也。此所以成變化而行鬼神也。鬼神之情狀與天地相似，則此也。乾之策二百一十有六，陽策三十六。坤之策百四十有四，陰策二十四。凡三百有六十，當期之日。二篇之策萬有一千五百二十，當萬物之數也。侯果云二篇謂上下經三百八十四

爻 是故四營而成易十有八變而成卦八卦而小成謂庖犧幽
贊神明以生蓍數乃觀變於陰陽而立卦也營亦變也易
變而爲一一變而爲七七變而爲九九者氣變之究也乃
復變而爲一也一即太極易也四營者四變也陰陽相並
俱生陽動而進陰動而退亟雖於七六依於九九六七八
故成易也虞君表云孔子美大衍四象之作也之謂矣庖
犧觀四營之數三天兩地立六畫之位乾坤各三爻於是
分剛柔別乾坤以立本每六爻三變則成六子之卦謂若
乾二五之坤成坎於六位初二三變坤二五之乾成离於
六位四五上變三六十有八則六子之卦與乾坤並爲八
卦而小成說卦注云陽變成震坎艮陰變成巽离兑六爻
三變則十有八變而成卦八卦而小成陽一君二民陰二
君一民不道乾坤者也又下繫注云乾坤與六子俱名八
卦而小成也 引而信之觸類而長之注引謂庖犧引信三才兼
而兩之以六畫謂八卦小成也觸動也謂六畫以成六十四卦故
引而信之觸類而長之兼目之其取類也大稱名也小注謂小成明取類六
十四卦大成也爲則發揮剛柔而生爻也明十有八變而成卦即觀變於陰陽而立卦也

天下之能事畢矣。注謂乾以簡能，乾當爲坤，著圖乾道，卦方坤道，故坤以簡能。能說諸心，能研諸侯之慮，下繫注云：乾五之坤，坎爲心，兌爲說，故能說諸心。坎心爲慮，乾五之震爲諸侯，故能研諸侯之慮。則此皆言坎離。故能事畢。顯道神德行，注顯道神德行，乾二五之坤成離日坎月，日月在天，運行照物，故顯道神德行，謂乾爲道德，震爲行也。默而成，不言而信，存於德行者也。是故可與酬酢，可與右神矣。酬酢謂陰陽往來。子曰：知變化之道者，其知神之所爲乎。注在陽稱變，乾二之坤；在陰稱化，坤五之乾。陰陽不測之謂神，知變化之道者，故知神之所爲。變化之道，九六消息也。諸儒皆上子曰爲章首，而荀馬又從之，甚非者矣。虞君表云孔子歎易知變化之道者，其知神之所爲乎，以美大衍四象之作也。易有聖人之道四焉：目下以言者尚其辭，注聖人之情見於辭，繫辭焉以盡言也謂若坎八辭慙离人辭枝之屬以動者尚其變謂消息之變議之而後動以制器者尚其象謂若十二蓋取以卜筮者尚其占注乾蓍稱筮動离爲龜龜稱卜古者卜筮蓋皆出於易而所以占異今不可考也禮記曰易抱龜南面鄭注周禮云龜知生數一二三四五之神蓍知成數六七八九之神動則翫其占故尚其占者也

是故君子將有爲也將有行也問焉而以言注有爲謂建侯有行謂行師也乾元動震故就震言之舉例也乾二五之坤成震有師象乾二五之坤坎也坎體震有師象震爲行爲言問故有爲有行謂凡爲與行皆震之象故震神盡知之凡應九筮之法則筮之周官筮人所掌也謂問於蓍龜以言其吉凶爻象動內吉凶見外蓍德圓神卦德方智故史擬神智以斷吉凶也其受命也如嚮注言神不疾而速不行而至不言善應乾二五之坤成震巽乾二五之坤則坤二五動

故震巽巽為命震為嚮嚮答故受命同聲相應故如嚮也常相嚮也

无有遠近幽深遂知來物注遠謂天近謂地陰謂幽深謂陽來物謂乾神神以知來感而遂通謂幽贊神明而生蓍也非天下之至精其孰能與於此注至精謂乾純粹精也乾元謂神明參五以變錯綜其數注逆上稱錯綜理也謂五歲再閏再扐而後掛以成一爻之變三扐而象五歲故參五以變參三也掛當為卦而倚六畫之數一爻之變七九八六也陽始於一壯於七究於九故三畫而成乾陰竝陽生而二七而八九而六故參天兩謂乾坤六畫陽故地以倚六畫之數倚立也卦從下升一陰自下而上錯綜其數則參天兩地而倚數者也通其變遂成天地之文注變而通之觀變陰陽始立卦乾坤相親六畫一陰陽卽既濟之位故成天地之文物相雜故曰文釋文云虞作天地之爻據此注則釋文誤耳

極其數遂定天下之象〔注〕數六畫之數極六畫之數三六百八十四爻爻之動三極之道故定天下吉凶之象也非天下之至變其孰能與於此〔注〕謂參五以變故能成六爻之義用九用六也六爻之義易以工也易无思也无爲也〔注〕天下何思何慮同歸而殊塗一致而百慮故无所爲下繫注云六爻正既濟定故何思何慮乾元味動一陰一陽之謂道是无思无爲也謂其靜也專寂然不動感而遂通天下之故〔注〕謂隱藏坤初機息矣專故不動者也感動也以陽變陰通天下之故謂發揮剛柔而生爻者也非天下之至神其孰能與於此〔注〕至神謂易隱初入微知幾其神乎夫易聖人之所以極深而研幾也唯深也故能通天下之志〔注〕深謂幽贊神明无有遠近幽深遂知來物故通天下

之志、謂蓍也。所謂至精。唯幾也故能成天下之務注務事也謂易研幾開物、幾者動之微研究也故成天下之務謂卦者也。所謂至變。唯神也、故不疾而速、不行而至注神謂易也。陰陽不測是乃易也謂日月斗在天、日行一度、月行十三度、從天西轉、故不疾而速、星寂然不動、隨天右周、感而遂通、故不行而至者也日月者六十四卦消息所出、斗與日月相會正建十二次卦氣消息出焉、歷家以斗為陽氣、皆神之可見者也、上注寂然不動感而遂通謂陽隱藏坤中、以陽動陰、發揮剛柔、是言乾元非言星也、以斗隨天、故以斗為天之消息耳、乾道復子遘午出震入兌、唯斗可見、故言之也、北辰在斗、是易之太極子曰、易有聖人之道四焉者、此之謂也、

第八章、言蓍卦皆神之所為

天一注水、天一生甲日行青道水於北甲一乙二地二注火、地二生乙、甲乾乙火於南乙坤相得

合木天三【注】木、天三生木於東、丙、日行赤道、丙三丁四、地四【注】金、地四生金於西、丁、丙艮

丁兌相得合火、天五【注】土、天五生土於中、戊、日行黃道、戊五己六、地六【注】水、地六成水於北、

一六合水、己、戊坎己離相得合土、天七【注】火、天七成火於南、二七合火、庚、日行白道、庚七辛八、地

八【注】木、地八成木於東、三八合木、辛、庚震辛巽相得合金、天九【注】金、天九成金於西、四九合金、

壬、日行黑道、壬九癸十、地十【注】土、地十成土於中、五十合土、癸、天壬地癸相得合水、此則大

衍之數五十有五、蓍龜所從生、幽贊神明而生蓍、以此生之耶、聖人以通

神明之德、以類萬物之情、子曰、夫易何爲而作也【注】問易

何爲取天地之數也、夫易開物成務、冒天下之道、如斯而

已者也【注】以陽闢坤、謂之開物、以陰翕乾、謂之成務、冒觸

也、觸類而長之、句如此也、以陽闢坤、息而出震、震在庚、其數七、是陽象數也、以陰翕乾、消

而退巽、巽在辛、其數八、是陰象數也、息變而進七之九、消變而退八之六、九六相變、所以觸類而長、易變而爲一一

變而爲七、七變而爲九、陰並陽一而二、二七而八、九而六、七八九六而天地之數備、一三五九也、二四六也、五九也、十六也、故曰如斯而已者也、若以一六合水之義、則生數每加五爲成數、大衍之數五十五而五五爲虛、太元云五五相守、十卽五也、物成而後有數、亦陽進陰退、而七九八六之數立、不用一二三四、是故聖人以通天下之志、謂開物、以定天下之業、謂成務、以斷天下之疑、謂冒天下之道、是故蓍之德圓而神、蓍數七七四十九、陽數也、乾之德故圓而神、卦之德方以知、知讀爲智、卦數八八六十四、陰數也、坤之德故方以智、六爻之義易以工、六爻之義九六也、工未聞、惠徵士讀與功同、謂功業見乎變、聖人以此先心、退藏於密、吉凶與民同患、〖注〗聖人謂庖犧、以蓍神知來、故以先心也、震七之神、復見天地之心、故先心、陽動入巽、巽爲退伏、坤爲閉戶、由巽入坤、故藏密、謂齊於巽以神明其德、謂以卦德藏往、巽八之智也、陽吉陰凶、坤爲民、故吉凶與民同患也、謂以六爻定吉凶九六之易也、神以知來知以藏往【注】乾神知來坤知藏往來謂先心往謂藏密也其孰能與於此哉【注】誰乎能爲此哉、謂古之聰明睿知之君也、古之聰明睿知神武而不殺者夫【注】謂大人也、庖犧在乾五、動而之坤、與天地合、下引大有上九是也、聰明在坎則聰、坎爲耳、在離則明、離爲目、神武謂乾、乾剛德、睿知謂坤、坤知藏往、乾坤坎離、反復不衰、上下如一、故而不殺者夫、殺衰也、是以明於天之道、而察於民之故、【注】乾五之坤、謂大有、以離日照天、故明天之道、以坎月照坤、故察民之故、坤爲民、是興神物以前民用、興神物謂幽贊神明而生蓍、前民用謂先心也、聖人以此齊戒、以神明其德夫、謂退藏於密、是故闔戶謂之坤【注】闔閉翕也、謂從巽之坤入、坤柔象夜、故以閉戶者也、乾坤易之門、故曰戶、闢戶謂之乾【注】闢開

也謂從震之乾七乾剛象畫故以開戶也一闔一闢謂之
變【注】陽變闔陰九陰變闢陽六剛柔相推而生變化也往
來不窮謂之通陽通卦九六往來見乃謂之象在天成象東方一二南方三四西方
七八北方九十五六合中形乃謂之器在地成形水一六火二七木三八金四九土五十制而
用之謂之法陽用七九陰用八六利用出入民咸用之謂之神出乾入坤
以前民用百姓日用而不知是故易有太極是生兩儀【注】太極太一也
乾鑿度曰太一取七八九六之數以行九宮四正四維皆合於十五鄭氏注云太一者北辰之神名也居其所曰太
一常行於八卦日辰之間曰天一又引星經曰天一太一主氣之神然則太一即乾元也在天爲北辰在易爲神虞
君注斗寂然不動感而遂通謂此太一也分爲天地故生兩儀也兩儀謂天地儀法也禮運
曰夫禮必本於太一分而爲天地兩儀生四象【注】四象四時也謂日月之行春甲乙
夏丙丁秋庚辛冬壬癸四時之間戊己甲丙戊庚壬爲天象乙丁己辛癸爲地象月令曰春其日甲乙夏其日丙丁

秋其日庚辛冬其日壬癸中央其日戊己鄭注云日之行春東從青道發生萬物月爲之佐時萬物皆解孚甲自抽軋而出故名甲乙日之行夏南從赤道長育萬物月爲之佐時萬物皆炳然著見而强大故名丙丁日之行四時之閒從黄道月爲之佐至此萬物皆枝葉茂盛其含秀者抑屈而起故名戊己日之行秋西從白道成孰萬物月爲之佐萬物皆肅然改更秀實新成故名庚辛日之行冬北從黑道閉藏萬物月爲之佐時萬物懷任於下揆然萌牙故名壬癸此四時之象也

兩儀謂乾坤也又言兩儀謂乾坤者謂庖犧觀天之象則而畫卦幽贊神明以擬太極乃立乾坤以象天地以太極之一七九爲乾坤之二三畫亦是太極生兩儀也此與天地四時之交不屬每卦各具二義耳

乾二五之坤遂言庖犧四象也二五中氣卽太極非爻名成坎離震兌太極乾元一施爲坎再施爲離一息爲震再息爲兌震春兌秋坎冬離夏此庖犧所定以則四象也離以象日晝中正南故爲夏坎以象月夜中正北故爲冬震陽出以象雷故爲春兌陽成以象雨故爲秋

故兩儀生四象歸妹卦備故彖獨稱天地之大義也四象生八卦注乾二五之坤則生震坎艮坤二五之乾則生巽

離、兌、此蒙上注義先言庖犧八卦也既象乾之息乃復象與消反兌而為巽以象風反震而為艮以象霆消息既備則乾退而就坎坤進而就離故分震坎艮屬天、巽離兌屬地、三索交乾、坤以成六子之交十五日乾象西北西北坎前、坤陰所積、乾就坤以交陰則生三男也、坤不位東南者陽先陰後不敢敵陽故位離後西南震兌之間陽盛之位坤亦就乾以交陽則生三女也艮在甲癸之間故四故位東北、震巽相薄陽動入巽故位乎東南以受震

象生八卦、下繫注云乾坤與六子俱名八卦而小成謂此也乾坤生春、此乃言在天八卦生於四時也、生春猶言生乎春、向當為生春者也、通下省耳明月行至甲乙而乾坤象見、是乾坤生乎春也艮兌生夏、月行至丙丁、艮兌象見震巽生秋月行至庚辛、震巽象見坎離生冬者也、坎離在中不可象日月會於壬癸而坎離象見、故生乎冬、

八卦定吉凶、注陽生則吉陰生則凶、謂方以類聚物以羣分吉凶生矣、八卦六位有正不正、故吉凶生、已言於上、故不言生而獨言定吉凶也、

吉凶生大業、富有之謂大業、謂坤化成物也吉凶相推、萬物化成謂觸類而長成六十四卦、

是故法象莫大乎天地、

謂太極生兩儀。變通莫大乎四時。謂兩儀生四象。縣象著明莫大乎日月。注 謂日月縣天成八卦象。三日莫震象出庚。八日兌象見丁。十五日乾象盈甲。十七日旦巽象退辛。二十三日艮象消丙。三十日坤象滅乙。交言注二十九日此云三十日大分言之當以彼注爲正晦夕朔旦。坎象流戊。日中則離。離象就己。戊己土位。象見於中。日月相推而明生焉。故縣象著明莫大乎日月者也。謂四象生八卦。崇高莫大乎富貴。注 謂乾正位於五。五此即太極之神也探嘖索隱則爲乾初正位則爲乾五變化消息皆乾五所爲五貴坤富。謂坤在二以乾通坤。故高大富貴也。高大不辭蓋脫誤耳當言崇高莫大乎富貴此下皆吉凶生大業者也備物致用立成器以爲天下利莫大乎聖人。注 神農黃帝堯舜也。民多否閉。取乾之坤。謂之備物。以坤之乾。謂之致用。乾爲物。坤爲器用否四之初耕稼之利否五之初市井之利否四之二舟楫之利否上之初牛馬之利謂十二蓋取以利天下器制尚象多因否來皆乾坤六位往來通其變使民不倦神而化之使民宜之聖人作而萬物覩故莫大乎聖人也探嘖索隱鉤深致遠以定天下之吉凶成天下之娓娓者莫善乎蓍龜注探取嘖初也初隱未見故探嘖索隱則幽贊神明而生蓍初深謂潛龍故曰鉤深致遠謂乾遠謂乾之謂息致乾爲蓍乾五之坤大有离爲龜乾生知吉坤殺知凶故定天下之吉凶莫善於蓍龜也末章注云娓娓進也是故天生神物聖人則之神物蓍龜則之則天也天地變化聖人效之謂效天地而立剛柔天垂象見吉凶聖人象之謂象天八卦消息而立六十四卦河出圖洛出書聖人則之河圖洛書王者所以受命

則之以立易軌其說存乾鑿度易有四象所以示也四象即上章大衍四象謂七八九六四營成易者也聖人作易所以示人法天地之數也繫辭焉所以告也注謂繫彖象之辭八卦以象告也定之以吉凶所以斷也注繫辭焉以斷其吉凶八卦定吉凶以斷天下之疑也易曰自天右之吉无不利又引大有上九證之子曰右者助也注大有兌為口口助稱右天之所助者順也注大有五以陰順上故為天所助者順也下注云比坤為順則此謂大有通比五本比坤二順上而乾應之為兌故曰天所助者順也人所助者信也注信謂二也乾為人為信庸言之信也體乾九二謂二應乎五而三與之成兌故人助信履信思乎順有以尚賢也注大有五應二而順上言二五相應以順上故履信思順比坤為順坎為思乾為賢人坤伏乾下大有成比坤伏乾下故有以尚賢者也有讀曰又是以自

天右之吉无不利也

弟九章此章言聖人象數立卦消息之序所以幽贊神明正義章次以是故易有太極以下別爲一章言虞不異今謂虞注聰明睿知以乾五之坤爲義卽是與自天右之吉无不利爲一章正義所言或後人誤分之耳

子曰書不盡言言不盡意注謂書易之動九六之變不足以盡易之所言言之則不足以盡庖犧之意也然則聖人之意其不可見乎子曰聖人立象以盡意謂聖人之意盡於象設卦以盡情僞下繫注云情陽僞陰也此謂立象盡於六十四卦繫辭焉以盡其言謂彖象之辭盡易之言變而通之以盡利謂九六之變六爻發揮旁通皆所以盡言鼓之舞之以盡神注神易也陽息震爲鼓雷聲動萬物故以鼓言陰消巽爲舞風散動萬物故以舞言故鼓之舞之以盡神明消息則意言盡乾坤其易之

縕邪。注縕，藏也。易，麗乾藏坤，故爲易之縕也。此下言盡神在乾坤。乾坤成列，而易立乎其中矣。成列，謂乾坤各三爻。天尊地卑，乾坤定矣。中，正也。一陰一陽各正性命，故易立乎其中也。乾坤毀，則无以見易。謂分陰分陽，重爲六爻，乾成則坤毀，坤成則乾毀，六位不皆正，易道不見也。易不可見，則乾坤或幾乎息矣。謂若乾坤不見易道，則亦幾於息絕，故九六變化成旣濟定，所以爲易之縕。是故形而上者謂之道，天成位於上，垂象爲道。形而下者謂之器。地成位於下，五行之用爲器。化而財之謂之變。以陽通陰，崇高莫大乎富貴，富是財也。以乾元言，故獨言變矣。財亦爲裁。推而行之謂之通。乾坤凡旁通卦多爲震，上息震爲行，故推而行之。舉而措之天下之民謂之事業。乾坤各正，成旣濟定，坤爲天下，乾爲民，保合太和，謂之事業。是故夫象，聖人有以見天下之賾，而擬諸其形容，象其物宜，是故謂之象。聖人有以見天下之動，而觀其會通，以行其典禮，繫辭焉以斷其吉凶，是故謂之爻，極天下之嘖者存乎卦，故設卦則盡情僞。鼓天下之動者存乎辭，故繫辭則盡言。化而財之存乎變，推而行之存乎通，故鼓之舞之則盡神。神而明之存乎其人，默而成，不言而信，存乎德行。謂顯道神德行也。聖人位乾五，五之坤成离日坎月，故神而明之存乎其人。坤爲默，震爲言，乾爲信爲德，震爲行。乾元在坤中，寂然不動，乾體自正，故默而成，不言而信，存乎德行也。

第十章言亂辭當求之神，神當求之乾坤六位。

周易虞氏義卷之七

周易虞氏義卷之八

張惠言學

周易繫辭下

虞氏注

八卦成列象在其中矣【注】象謂三才成八卦之象三才謂三畫象一七九也乾坤列東艮兌列南震巽列西坎離在中故八卦成列則象在其中中正也日月爲象坎離者神明之象也坎在戊正位陽離在己正位陰故八卦象在其中

天垂象見吉凶聖人象之是也因而重之爻在其中矣【注】謂參重三才爲六爻以八爲六十四發揮剛柔則爻在其中下曰非其中爻不備注云中正也因而重之爻在其中故非其中則爻辭不備卽此爻在其中謂參天兩地之六爻各得其正也六畫稱爻六爻之動三極之道也極中也

剛柔相推變在其中矣【注】謂十二消息九六相變剛柔相推而生變化故變在其中矣文王設九六變化所以隨時而處中歸乎既濟繫辭焉而命之動在

其中矣注謂繫彖象九六之辭故動在其中以動之正不正命其吉凶鼓天下之動者存乎辭者也吉凶悔吝者生乎動者也注動謂爻也爻者效天下之動者也爻象動內吉凶見外吉凶生而悔吝著故生乎動者也剛柔者立本者也注乾剛坤柔爲六子父母乾天稱父坤地稱母本天親上本地親下故立本者也變通者趣時者也注變通配四時故趣時者也吉凶者貞勝者也注貞正也勝滅也陰生滅陽陽動貞之陽生則吉陰消則凶者也天地之道貞觀者也天尊地卑天正位於五地正位於二中正以觀天下故貞觀者也日月之道貞明者也參天兩地既濟定體兩离兩坎重明麗正故貞明者也天下之動貞夫一者也注一謂乾元天地日月之道即此也萬物之動各資天一陽氣以生天一即太一故天下之動貞

夫一者也。三百八十四爻皆以乾元消息。夫乾確然示人易矣。注陽在初弗用，確然无爲，潛龍時也。不易世，不成名，故示人易者也。乾以昜知，不在出震，而在潛龍，所謂乾元。夫坤隤然示人簡矣。注隤，安。簡，閱也。坤以簡能閱内萬物，故示人簡者也。坤之簡能，不在動闢，而在靜翕，所謂坤元。爻也者，效此者也。注效法之謂坤，謂效三才以爲六畫。此謂乾元、坤凝乾元相並俱生，故效乾而參兩也。由兩地而有爻，故主坤言。象也者，象此者也。注成象之謂乾，謂聖人則天之象，分爲三才也。此亦謂乾元。日月之象皆示乾元，故聖人則之。象者三才，故主乾言。爻象動乎内，吉凶見乎外。注内，初。外，上也。初上約略言之，指内外卦耳。陽象動内則吉見外，陰爻動内則凶見外也。乾鑿度曰：三畫已下爲地，四畫已上爲天。易氣從下生，動於地之下則應於天之下，動於地之中則應於天之中，動於地之上則應於天之上。初以四，二以五，三以上，此之謂應是也。功業見乎變，謂之卦消息。聖人之情見乎辭、謂繫辭盡言、天地之大德曰生、下言聖人之情見乎辭者也、乾坤合元以生萬物、故大德曰生、聖人之大寶曰位、乾為聖人、位在九五、乾為金為玉、故大寶曰位、何以守位曰人、震為守為人、乾五出坤自震始、何以聚人曰財、坤富有為財、乾道入坤出震、故財聚人、理財正辭禁民為非曰義、以乾通坤謂之理財、乾為言、以坤翕乾謂之正辭、以乾制坤謂之禁民為非、陰為非、謂消息否泰通、終成既濟、美利利天下、利物足以和義、故曰義也

弟一章、下篇分章无文、正義依周氏莊氏為九章、今定為七章、此章言爻象變動消息在正、正者乾元也

古者庖犧氏之王天下也、注庖犧、太昊氏、以木德王天下、位乎乾五、文王書經、繫庖犧於乾五、五動見離、離生于木、故知火化、炮啖犧牲、號庖犧氏也、仰則觀象於天、在天成象、俯則觀法於地、在地成形、觀鳥獸之文、謂觀象也、鳥獸之文、日月也、張衡靈憲云、日者陽精之宗、積而成鳥、象鳥而有三趾、

陽之類其數奇月者陰精之宗積而成獸象兔陰之類其數偶是其義也**與地之宜**謂觀法也宜山澤也

近取諸身遠取諸物說卦備爲**於是始作八卦以通神明之德**

以類萬物之情注謂庖犧觀鳥獸之文縣象著明莫大乎日月故特言之

則天八卦效之易有太極是生兩儀兩儀生四象四象生八卦八卦乃四象所生非庖犧之所造也故曰象者象此者也則大人造爻象以象天卦可知也而讀易者咸以爲庖犧之時天未有八卦恐失之矣天垂象示吉凶聖人象之則天已有八卦之象庖犧重卦六十四言八卦者本其象於天也

作結繩而爲罟以田以魚蓋取諸离注离爲日日當爲目字之誤巽爲繩目之重者唯罟故結繩爲罟坤二五之乾成离巽爲魚坤二稱田乾九二在田在坤二也以罟取獸曰田故取諸离也**庖犧氏沒**

神農氏作【注】沒、終、作、起也。神農以火德繼庖犧王、火生土、故知土、則利民播種、號神農氏也。斲木爲耜、揉木爲耒、耒耨之利、以教天下、蓋取諸益【注】否四之初也。益注云上之初、巽爲木、爲入、艮爲手、乾爲金、手持金以入木、否四之初、乾爲艮而入巽、故手持金入木、故斲木爲耜、耜、耒頭金、耒面謂之庛、長尺有一寸、斲木爲庛、耒金入之、耜止所踰、因名曰耜、耒詳艮爲小木、手以橈之、故揉木爲耒、耒耜柄、長六尺六寸、倨句磬折、耒耜耔器也、耔、耨也。巽爲號令、乾爲天、故以教天下、乾之坤故天下、坤爲田、巽爲股、進退、震足動耜、艮手持耒、進退田中、耕之象也、益萬物者莫若雷風、故法風雷而作耒耜、耕亦益之大、

日中爲市、致天下之民、聚天下之貨、交易而退、各得其所、蓋取諸噬嗑【注】否五之初也、離象正上、故稱日中也、震爲

足艮爲徑路，震又爲大塗，否乾爲天，坤爲民，故致天下之民，象也。坎水艮山，羣珍所出，聚天下貨之象也。坤以類聚。震升坎降，交易而退，各得其所。震雷主升，坎雨主降，否天地不通，五之初交易，雷雨滿形，故各得其所。噬嗑，食也。頤中有物，市井交易，飲食之道，故取諸此也。神農氏沒，黃帝堯舜氏作，通其變，使民不倦。注變而通之以盡利，謂作舟楫服牛乘馬之類，故使民不倦也。神而化之，使民宜之。注神謂乾，乾動之坤，化成萬物，以利天下。坤爲民也，象其物宜，故使民宜之也。乾動之坤，謂大有也。易窮則變，變則通，通則久。易窮於剝，變之五爲比，大有通比，乾元復正，則可久。是以自天右之，吉无不利也。黃帝堯舜垂衣裳而天下治，蓋取諸乾坤。注乾爲治，在上爲衣，坤下爲裳，乾坤萬物之緼，故以象衣裳。乾爲明君坤爲順臣百官以治萬民以察坤由夬入乾故天下治蓋取諸此也刳木爲舟剡木爲楫舟楫之利以濟不通致遠以利天下蓋取諸渙否四之二也否乾爲金艮爲手坎爲穴手持金穴木故刳木爲舟也巽爲長木艮爲小木震爲行小木動長木楫也艮手持金剡之故剡木爲楫也坎爲通坤爲閉塞否四來通坤故濟不通乾爲遠爲天乾來坤中故致遠以利天下矣刳或爲挎剡或爲掞服牛乘馬引重致遠以利天下蓋取諸隨【注】否上之初也否乾爲馬爲遠坤爲牛爲重坤初之上爲引重乾上之初爲致遠艮爲背巽爲股在馬上初乾馬故乘馬巽爲繩繩束縛物在牛背上二三坤牛亦艮爲背故服牛出否之隨引重致遠以利天下故取諸隨重門擊柝以待暴客蓋取諸豫復初之坤四也震爲門艮又爲門故重門坎爲穿木艮爲小木爲手震爲聲手持兩木有聲故擊柝也暴客匆遽之客坤爲夜闔戶震爲行人爲開戶艮爲待故以待暴客也斷

木爲杵，闕地爲臼，臼杵之利，萬民以濟，蓋取諸小過。注 晉上之三也。艮爲小木，上來之三，斷艮，故斷木爲杵。坤爲地，艮手持木以闕坤三，故闕地爲臼。艮止於下，臼之象也。震動而上，杵之象也。震出巽入，艮手持杵出入臼中，舂之象也，故取諸小過。本无乾象，故不言以利天下也。坤爲萬民

弦木爲弧，剡木爲矢，弧矢之利，以威天下，蓋取諸睽。注 无妄五之二也。巽爲繩，爲木，无妄巽坎爲弧，离爲矢，故弦木爲弧。乾爲金，艮爲小木，无妄乾艮五之二，以金剡艮，故剡木爲矢。乾爲威，五之二，故以威天下。弓發矢應，而坎雨集，而如古通故取諸睽也。

上古穴居而野處，後世聖人易之以宮室，上棟下宇，以待風雨，蓋取諸大壯。注 无妄兩象易也。兩象易雖此蓋取三卦耳无以

明之也无妄乾在上故稱上古乾爲古艮爲穴居乾爲野巽爲
處无妄乾人在路震爲路故穴居野處震爲後世乾爲聖人
後世聖人謂黃帝也前言黃帝堯舜氏作故知謂黃帝艮爲宮室乾在上則爲穴
居乾入居則爲宮室變成大壯乾人入宮乾居艮上故易以宮室艮爲待
巽爲風无妄艮巽兌爲雨大壯兌乾爲高巽爲長木反在上爲棟
大壯反巽震陽動起爲上棟宇謂屋邊也兌澤動下爲下宇无
妄之大壯巽風不見兌雨隔震與乾絕體象乾人伏棟下故上棟
下宇以待風雨蓋取諸大壯者也古之葬者厚衣之以薪
葬之中野不封不樹喪期无數後世聖人易之以棺椁蓋
取諸大過注中孚上下易象也本无乾象故不言上古大
過乾在中故但言古者巽爲薪艮爲厚乾爲衣爲野乾象

在中中孚之卦遯陰未至三而大壯陽已至四是乾在中孚中故厚衣之以薪葬之中
野穿土稱封封古窆字也聚土為樹必知非聚土為封者以般人尚墓而不墳
不必上古也中孚无坤坎象故不封不樹坎為穿土坤為聚土坤為喪句
期謂從斬衰至緦麻日月之期數无坎離日月坤象故喪
期无數坤為喪坎離乃為期也然則大過亦无坎離而聖人易中孚而定喪期之象者豈非以大過通頤象
離坎孚非正離坎故經不言也巽為木為入處兌為口乾為人木而有口
乾人入處棺斂之象中孚艮為山丘巽木在裏棺藏山陵
椁之象也此又以巽木象椁也大過得有封樹象者大過通頤頤坤聚土坎象穿土故取諸大
過上古結繩而治後世聖人易之以書契百官以治萬民
以察蓋取諸夬【注】履上下象易也乾象在上故復言上古
巽為繩離為罟乾為治故結繩以治後世聖人謂黃帝堯

舜也。夬旁通剝、剝坤爲書、兑爲契、契刻木兩書一札同而別之、周禮謂之劑、兑爲附渙、連附而渙分之契也。故易之以書契、履无震、亦言後世者、履本由謙。震降初、是後世聖人、乾爲百、剝艮爲官、坤爲衆臣、爲萬民、爲迷暗、乾爲治、夬反剝、以乾照坤、故百官以治、萬民以察、故取諸夬、大壯、大過、夬、此三蓋取直兩象上下相易、故俱言易之、大壯本无妄、夬本履卦、乾象俱在上、故言上古、中孚本无乾象、大過乾不在上、故但言古者、大過亦言後世聖人易之、明上古時也。

是故易者、象也、【注】易謂日月在天成八卦、象縣象著明莫大日月是也、上言聖人觀象制器、故復明易本由日月之象、故聖人取象焉、遂言聖人以象通德類情也。

象也者、象也、謂卦象之象、還即在天之象也、象者、材也、材讀當爲才、【注】象說三才、則三分天象以爲三才、謂天地人道也、象分說兩象、是說三才之

卦、

爻也者、效天下之動者也。注 動、發也、謂兩三才爲六畫、則發揮剛柔而生爻也。是故吉凶生而悔吝著也、注 爻象動內、則吉凶見外、吉凶悔吝者、生乎動者也、故曰著、

第二章、言聖人觀象以作易、故能通神明之德、類萬物之情、以制器尚象之事明之

陽卦多陰、震坎艮 陰卦多陽、巽離兌 其故何也、陽卦奇、陰卦偶、注 陽卦一陽、故奇、陰卦二陽、故偶、其德行何也、注 謂德行何可者也。陽一君而二民、君子之道也、陰二君而一民、小人之道也。乾爲君、坤爲民 易曰、憧憧往來、朋從爾思、注 引咸九四爻、以明陰陽德行消息、各正之義也、彼往云、憧憧懷思慮也、之內爲來、之外爲往、欲感上隔五、感初隔三、故憧憧往來矣、兌爲朋、少女也、艮初變之四、坎心爲思、故曰朋從爾思也、子曰、天下何思何慮、天下同歸而殊塗、一致而百慮、天下何思何慮、注 易无思也、既濟定、六位

得正。故何思何慮。陽息陰消。定於既濟。君子之道。日往則月來。注謂咸初往之四。與五成離。故日往。與二成坎。故月來。之外曰往。在內曰來。此就爻之正者也。所謂既濟體兩離坎。月往則日來。注初變之四。與上成坎。故月往。四變之初。與二成離。故日來者也。日月相推而明生焉。注既濟體兩離坎象。故明生焉。寒往則暑來。注乾爲寒。坤爲暑。謂陰息陽消。從遘至否。故寒往暑來也。卦變咸從否來。坤三之上。乾上之三。卦氣咸在遘前夏至六日七分卦也。故於咸明陰陽消息。上繫七爻首中孚。中孚冬至六日七分卦也。與此十一爻首咸。皆消息自然之序。陽息於復。至泰反否。陰消於遘。至否反泰。咸否天地交。反泰之始。暑往則寒來。注陰詘陽信。從復至泰。故暑往寒來也。否爲暑往。咸乾下三爲寒來。即遘復之義。寒暑相推而歲成焉。復遘爲陰陽始。泰否爲陰陽中。春秋冬夏。於是具矣。往者詘也。來者信也。凡往皆詘。凡來皆信。詘信相感而利生焉注感咸象故相感天地感而萬物化生聖人感人心而天下和平咸象文彼注云初四易位成既濟坎爲心爲平此保合太和品物流形也故利生利生謂陽出震陰伏藏象注云成既濟此云陽出震陰伏藏者既濟六位時成乾元至正自然陽出震陰伏藏所謂復見天地之心者天地之心正既濟也注云陽常主動陰常主靜陽常主吉陰常主凶於此見之矣尺蠖之詘以求信也下皆言陽出震陰伏藏遘遇所以正復消息皆在乾元也尺蠖惠徵士云巽蟲爲尺蠖是也陰未遇遘巽體未成不日蛇而日尺蠖咸卦時也咸時尺蠖詘至遘則信龍蛇之蟄以存身也注蟄潛藏也龍潛而蛇藏陰息初巽爲蛇陽息初震爲龍十月坤成十一月復生遘巽在下陰陽相逆俱生故遘巽在下龍蛇俱蟄初句坤爲身故龍蛇之蟄以存身也精義入神以致用也利用安身以崇德也承龍蛇皆蟄言之坤爲義爲用爲安身乾爲精爲神爲德謂乾藏坤中以陽動陰所以致坤之用巽伏乾下以陰牝陽所以崇乾之德

過此以往、未之或知也、陰陽既出、變化不一、无以知之、窮神知化、德之盛也。【注】以坤變乾、謂之窮神、消卦也、以乾通坤、謂之知化、息卦也、乾爲盛德、故德之盛、消息變化、所謂未之或知、一消一息、成既濟定、乾元德盛、則殊塗同歸、一致百慮、天下何思何慮者也。

弟三章、言陰陽有君子小人之道、易消息各正、歸於盛德、是爲德行、

易曰、困于石、據于蒺蔾、入于其宮、不見其妻、凶、困六三爻辭、彼注云、二變正時、三在艮山下、故困于石、坎爲蒺蔾、二變艮手據坎、故據蒺蔾者也、巽爲入、二動艮爲宮、兌爲妻、謂上无應也、三在陰下、离象毀壞、隱在坤中、死其將至、故不見其妻凶也、子曰、非所困而困焉、名必辱、【注】困本咸、咸三入宮、以陽之陰、則二制坤、故以次咸、困否二之上、此云困本咸者、以此困咸相次、俱是否來之卦、則又生此象焉、上繫注云、否上之二成困、三暴慢、以陰乘陽、二變入宮爲萃、五之二奪之成解、亦爲四所困、四失位惡人、故爲此、困解相次而言、皆非本義、

非所困而困焉陽稱名陰爲辱以陽之陰下故名必辱也以咸變爲義故不與經注同非所據而據焉身必危注謂據二二失位故非所據而據焉二變時坤爲身二折坤體故身必危既辱且危死其將至妻其可得見邪易曰公用射隼于高庸之上獲之无不利解上六爻辭彼注云上應在三公謂三伏陽也离爲隼三失位動出成乾貫隼入大過死象故公用射隼于高庸之上獲之无不利也子曰隼者禽也注离爲隼故稱禽言其行野容如禽獸焉謂三野容悔淫弓矢者器也注离爲矢坎爲弓坤爲器射之者人也注人賢人也謂乾三伏陽出而成乾故曰射之者人人則公三應上故上令三出而射隼也君子藏器於身待時而動何不利之有注三伏陽爲君子二變時坤爲身爲藏器所謂二變入宮爲萃爲藏弓矢以待

射隼艮爲待爲時三待五來之二弓張矢發動出成乾貫隼入大過死兩坎象壞故何不利之有象曰以解悖三陰小人乘君子器故上觀三出射去隼也上以三爲象故曰觀三出動而不括是以出而有獲語成器而動者也注括作也待時而動不見作爲震爲語解震也困五下二則震成故語成器乾五之坤二成坎弓离矢動以貫隼故語成器而動者也子曰小人不恥不仁不畏不義注謂否也噬嗑否五之初以坤滅乾爲不仁不義坤爲恥爲義乾爲仁爲畏者也不見利不動不威不徵注否乾爲威爲利巽爲近利謂否五之初成噬嗑市离日見乾爲見利震爲動故不見利不動五之初以乾威坤故不威不徵震爲徵也惠徵士云徵古懲字震虩虩恐懼故爲徵也小徵而大戒此小人之福也

注艮爲小，乾爲大，五下威初，坤殺不行，殺讀爲弒。震懼虩虩，故小懲大戒。坤爲小人，乾爲福，以陽下陰，民説无彊，故小人之福也。易曰：屨校滅趾，无咎。噬嗑初九爻辭。彼注云：震爲足，坎爲校，震没坎下，故屨校滅趾。初位得正，故无咎。此之謂也。善不積不足以成名，惡不積不足以滅身。注乾爲積善，陽稱名；坤爲積惡，爲身，以乾滅坤，故滅身者也。小人以小善爲无益而弗爲也，注小善謂復初。以小惡爲无傷而弗去也，注小惡謂遘初。故惡積而不可弇，注謂陰息遘至遯，子弒其父，故惡積而不可弇。罪大而不可解，注陰息遯成否，以臣弒君，故罪大而不可解也。易曰：何校滅耳，凶。噬嗑上九爻辭。否陰既成，當上九下初，成益反泰。上九惡積罪大，安於不正，故五之初，小懲大戒以救之。五下則坎爲校，爲耳，何，儋也。乾本爲首，坎成横貫其中，故何校滅耳。子曰：危者安其位者也。亾者保其存者也。亂者有其治者也。是故君子安而不忘危，注君子大人，謂否五也。否坤爲安，危謂上也。上亢故危，當下初成益。存而不忘亾，治而不忘亂，存治謂乾，亾亂謂坤。五知存亾治亂，故使上反下也。是以身安而國家可保也。注坤爲身，謂否反成泰。損上益下，則反成泰。君位定於內而臣忠於外，故身安而國家可保也。易曰：其亾其亾，繫于包桑。否九五爻辭。上反之初，五在巽體，巽爲木，包本也。震陽入地爲木根，桑者上元下黃，乾坤之象也。巽爲繩，艮爲手，故五繫于包桑，與初拔茅同義也。子曰：德薄而位尊，注鼎四也，則离九四凶惡小人，故德薄。四在乾位，故位尊。知少而謀大，注兌爲少知，乾爲大謀，四在乾體，故謀大矣。力少而任重，注五至初體大過，本末弱，故力少也。乾爲仁，故任重，以爲己任，不亦重乎。乾爲仁，釋乾爲任重之故耳，非謂鼎四任仁也。

尟不及矣注尟少也及及於刑矣易曰鼎折足覆公餗其
刑渥凶鼎九四爻辭彼注云四變時震爲足足折入兌故鼎折足兌爲刑渥大刑也鼎足折則公餗覆言不
勝任象入大過死凶故鼎足折覆公餗其刑渥凶言不勝其任也子曰知幾其神
乎注幾謂陽也陽在復初稱幾此謂豫四也豫二欲四復初故主謂豫
四惡鼎四折足故以此次言豫四知幾而反復初也復初之四
爲豫豫四反復初通小畜君子上交不諂下交不瀆其知幾乎注豫二
謂四也四失位諂瀆上謂交五五貴震爲笑言笑言且當爲
且言諂也故上交不諂下謂交三坎爲瀆故下交不瀆欲其
復初得正元吉故其知幾乎幾者動之微吉之先見者也
注陽見初成震故動之微復初元吉吉之先見者也君子
見幾而作不俟終日易曰介于石不終日貞吉豫六二爻辭彼注云

（介纖也。與四爲艮，艮爲石，故介于石。與小畜通，應在五，終變成离，离爲日，得位，欲四急復初，己得休之，故不終日，貞吉。）介如石焉，寧用終日，斷可識矣。（四在艮，則知當復初，不待終變也，故曰憂悔吝者存乎介。）君子知微知章，（初動之微，終离見爲章，故知微知章。）知柔知剛，（小畜陽潛四中，故知柔知剛。）萬夫之望。（坤爲萬，震爲夫，离目爲望。小畜以离畜陽，故萬夫之望。）子曰：顔氏之子，其殆庶幾乎。注 幾者，神妙也。顔子知微，故殆庶幾。孔子曰：回也其庶幾也。（今論語回也其庶乎。）有不善未嘗不知。注 復以自知，老子曰：自知者明。知之未嘗復行也。注 謂顔回不遷怒，不貳過，克己復理，（理當爲禮。）天下歸仁。易曰：不遠復，无祇悔，元吉。（復初九爻辭。七日來復，故不遠復。坎爲悔，出入无疾，故无祇悔。乾元元正，故元吉。）天地壹壹，萬物化醇。注 謂泰上也。先說否，否反成泰，故不說泰。（此明所說十一爻之序也。此章主論陽吉陰凶，故明遘復否泰之幾。陰生遘成乎否，陽生復成乎泰，泰反否，非遘而有遘道。天地壹盡也。否反泰，非復而有復道。知幾其神也。咸者遘前之卦，說咸不說遘，說損不說泰，互見也。咸、困、噬嗑皆否來，解、臨來，鼎、大壯來，此引則皆爲否消也。咸三入宮，上慢下暴，則乾三伏陽出射之，其本由否不反泰，故五降爲噬嗑以救之。否五知存亾，故損上益下而反泰也。鼎息卦也，陽新之時，五爻皆吉，唯四以不正處高位，獨凶，故次否五以起豫四也。豫四反復道，息泰成，故說損也。損泰交坤將又反否，故更以益終焉，皆窮神知化之事。天地交，萬物通，故化醇；男女搆精，萬物化生。【注】謂泰初之上成損，艮爲男，兌爲女，故男女搆精。乾爲精，損反成益，亦以此卦次爲義，非本義也。萬物出震，故萬物化生也。易曰：三人行，則損一人；一人行，則得其友。損六三爻辭。彼注云：泰乾三爻爲三人，震爲行，故三人行。損初之上，故則損一人。一人謂泰初之上，損剛益柔，故一人行。兌爲友，初之上據坤應兌，故則得其友。言致一也。子曰：君子安其身而後動，【注】謂反損成益，君子益初也。坤爲安身，震爲後動。易其心而後語，【注】乾爲易，益初體復心，震爲後語。

定其交而後求〔注〕震專爲定、爲後交、謂剛柔始交、艮爲求也君子脩此三者故全也〔注〕謂否上之初、損上益下、其道大光自上下下、民說无疆、故全也危以動則民不與也〔注〕謂否上九高而无位、故危、坤民否閉、故弗與也懼以語則民不應也〔注〕否上窮災、故懼、不下之初成益、故民不應、坤爲民、震爲應也无交而求則民不與也〔注〕上來之初、故交、坤民否閉、故不與震爲交、莫之與則傷之者至矣〔注〕上不之初、否消滅乾、則體剝傷、臣弒君、子弒父、故傷之至矣、易曰莫益之、或擊之、立心勿恆、凶、益上九爻辭、彼注云、莫、无也、自非上无益初者、唯上當无應、故莫益之矣、上不益初、則以剝滅乾、艮爲手、故或擊之、上體巽爲進退、故勿恆、動成坎心、以陰乘陽、故立心勿恆、凶矣、益上九、則否九五也、言當益初者、益道反泰三陽以次下初、則泰成、故益上九象以否上爲說也

弟四章承上章言陰陽君子小人之道窮神知化之盛德

子曰乾坤其易之門邪易神也入坤出乾故乾坤爲易之門乾陽物也坤陰物也陰陽合德而剛柔有體注合德謂天地雜保太和日月戰乾入坤坤就乾天地雜也坤牝乾陰凝陽日月戰保太和也易出入乾坤之門者以此乾剛以體天坤柔以體地也謂陽消息也以體天地之撰以通神明之德天地之撰剛柔也神明之德陰陽也體之通之易也撰數也天地之數卽大衍之數是也易出入乾坤而爲消息故參天兩地而倚數幽贊神明則六十四卦成也其稱名也雜而不越名六十四卦名也名以陰陽雜居而立然不越乎乾坤之大義也於稽其類其衰世之意邪注稽考也三稱盛德上稱末世乾終上九動則入坤坤弑其君父故爲亂世陽出復震入坤出坤故衰世之意邪謂庖犧作易爲衰世法易窮則變變則通通則久是衰世之意非取殷之末世周之盛德夫易章往而察來而微顯

闡幽【注】神以知來乾知以藏往坤微者顯之謂從復成乾是察來也闡者幽之謂從遘之坤是章往也開而當名【注】陽息出初故開而當名謂乾元也乾元出坤其動也闢故開六十四卦由此生故當名也辯物正言斷辭則備矣乾元出坤陰陽以別故辯物震爲言爲辭陽出震故正言斷辭皆備於名故則備矣其稱名也小【注】謂乾坤與六子俱名八卦而小成乾坤爲易之門神即乾元然其稱名則與六子並列而爲八卦是小也言八卦則與三百八十四爻俱名六十四卦爲小可知故下又申之復小而辯於物也故小復小而辯於物者矣陽元別物六十四卦稱名由此也其取類也大【注】謂乾陽也爲天爲父觸類而長之故大也謂觸類而長之成六十四卦皆乾元所爲爲天爲父者言其大生故觸類而長之耳非以說卦所屬爲取類也其旨遠其辭文【注】遠謂乾文謂坤也乾元知來故旨遠坤知章往故辭文其言曲而中其事肆而隱【注】曲詘肆直也陽曲初震爲

言、故其言曲而中也。中、正、坤爲事、隱未見、故肆而隱也、稱名小謂當名、取類、大謂辭物、旨遠、辭文、謂斷辭、言曲、事肆謂正言、皆陽道、闢坤、出乾、通神明之德也。因貳以濟

民行以明失得之報、（注）二謂乾與坤也、鄭氏云、貳當爲式、坤爲民、乾爲行、行得則乾報以吉、行失則坤報以凶也。易之興也

其於中古乎、（注）興易者、謂庖犧也、文王書經、繫庖犧於乾五、乾五見離、火生乎木、庖犧木德、乾爲古、五在乾中、故興五王帝出乎震、故文王位之乾五。於中古、繫以黃帝堯舜爲後世聖人、庖犧爲中古、則庖犧以前爲上古、作易者其有憂患乎、（注）謂憂患百姓未知興利遠害、不行禮義、茹毛飲血、衣食不足、庖犧則天八卦、通爲六十四、以德化之、吉凶與民同患、故有憂患、是故履德之基也、（注）乾爲德、六十四卦皆乾元、故言德、履與謙旁通、坤柔履剛、故

德之基、坤爲基、謙德之柄也、注坤爲柄、柄本也、地者萬物之本、凡言德皆陽爻也、乾上九反三、陽德皆本乎此、故謙爲德之柄、復德之本也、注復初乾之元、故德之本也、恆德之固也、注立不易方、恆自泰乾初之坤四、三正不動、故立不易方、守德之堅固、損德之脩也、損下益上、乾道日新、故德之脩、荀氏云懲忿窒欲、所以脩德、益德之裕也、天施地生、其益无方、乾道優裕、荀氏云見善則遷、有過則改、德之優裕也、困德之辯也、否上之二、以乾別坤、井德之地也、泰初之五、勞民勸相、以陽助坤、故德之地、巽德之制也、注巽風爲號令、所以制下、故曰德之制也、遯二之四、柔得位而順五、君子以申命行事、故曰德之制、注闕不備也、履和而至、注謙與履通、謙坤柔和、故履和而至、履剛而行、故至、至哉坤元也、禮之用和爲貴者也、謙尊而光、天道下際而光明、故尊而光、復小而辯於物、注陽始見、故小、乾陽物、坤陰物、以乾居坤、故稱別物、恆雜而不厭。乾坤交故雜、終則有始、恆久而不已故不厭也。損先難而後易、注 損初之上、失正、故先難、終反成益、得位於初、故後易、易其心而後語益長裕而不設、注 謂天施地生、其益无方、凡益之道、與時偕行、故不設也。設、大也、謂利之而不庸。困窮而通、注 陽窮否上、變之坤二成坎、坎爲通、故困窮而通也、井居其所而遷、遷、改也、舊邑不改井、故井、蟄之改居其所而遷。巽稱而隱、稱、庚也、物齊乎巽、神明其德、陽隱乎初、故稱而隱。履以和行、注 禮之用、和爲貴、謙震爲行、故以和行也、謙以制禮、注 陰稱禮、禮居鬼而從地、故陰稱禮。謙三以一陽制五陰、萬民服、故以制禮也。復以自知、注 有不善未嘗不知、故自知也、乾以知來、坤爲自以乾通坤、故復自知。恆以一德、注 恆德之固、立不易方、從一而終、故一德者也。損以遠害、注 坤爲害、泰以初止坤上、故遠害、乾爲遠，益以興利，乾爲利，否乾益下，反泰乾道復正，故興利。困以寡怨，注坤爲怨，否弑父與君，乾來上折坤二，故寡怨，坎水性通，故不怨也。井以辯義，注坤爲義，以乾別坤，故辯義也。巽以行權，權者反於經然後合道者也。巽陽隱初，特究成震，以消爲息，故曰巽以行權。

弟五章言庖犧作易，出入乾坤，以成六十四卦，憂患衰世之意。

易之爲書也，謂文王書易六爻之辭。不可遠，遠，去也，君子居則觀其象而翫其辭，動則觀其變而翫其占。爲道也屢遷，注遷，徙也。日月周流，上下无常，故屢遷也。此章發明九六之變，其用九用六本爲日月周流，故首發之也。變動不居，周流六虛，注變易動行，六虛六位也。此六位謂十二辰爲六位，在易則乾坤六畫之位，亦其理也。日月周流，終則復始，故周流六虛。謂甲子之旬辰巳虛，坎戊爲月，离己爲日，入在中宮，其處空虛，故稱六虛。五甲如次

三八二

者也。句中戊己皆虛也。此專言日月周流之變動。參同契曰：坎离者，乾坤之二用。二用无爻位，周流行六虛，往來既不定，上下亦无常。此之謂也。坎五离六，天地之中合，就天地於壬癸。壬九癸十，天地之終合。陽動而進，盈九；陰動而退，虛十。此二用所以生九六也。上下无常，剛柔相易，【注】剛柔者晝夜之象也。繫文曰：晝夜者剛柔之象也。此及說卦注皆作剛柔者晝夜之象，或集解改其文以協經耳。在天稱上，入地爲下，在天入地，指日月也。故上下无常也。謂易爻相易，法日月之晝夜。乾三晝法天，坤三晝法地，爻變常二五初四三上，上下相易，如日月之晝夜互在天。不可爲典要，唯變所適。【注】典要，道也。上下无常，故不可爲典要。一陰一陽之謂道。六爻之變不必皆成既濟，故不可爲典要。適乾爲晝，適坤爲夜。其出入以度，外內使知懼。【注】出乾爲外，入坤爲內。日行一度，故出入以度。六十卦三百六十爻，爻當一日，法日月之行度，故出入以度。出陽知生，入陰懼死，使知懼也。爻變雖无典要，常依日月消息，出入陰陽，而死生分焉。又明於憂患與故。【注】神以知來，故明憂患。知以藏往，故知事故。作易者其有憂患乎？乾坤之德，九六具之。无有師保，如臨父母。注臨，見也。言陰陽施行以生萬物，无有師保生成之者，萬物出生，皆如父母。孔子曰：父母之道天地，乾爲父，坤爲母。謂易道變化生物，盡有乾坤之德。師保亦謂乾坤也。乾爲嚴師，坤爲安，爲保。謂六十四卦无乾坤之生成，萬物資之，皆如乾坤。初帥其辭而揆其方。注初，始，下也。帥，正也。謂脩辭立誠。方謂坤也。以乾通坤，故初帥其辭而揆其方。謂乾元正，復初。震爲辭，揆，度也。既有典常，苟非其人，道不虛行。注其出入以度，故有典常。初正通坤，則消息有度，故有典常既盡也。苟，誠也。其人謂乾，爲賢人。神而明之，存乎其人，不言而信謂之德行，故不虛行也。易之爲書也，遂言六爻之辭。原始要終以爲質也。注質，本也。以乾原始，以坤要終，謂原始及終以知死生之說所謂出入知懼六爻相雜唯其時物也注陰陽錯居稱雜時陽則陽時陰則陰故唯其時物乾陽物坤陰物其初難知其上易知本末也初辭擬之卒成之終初原始則上要終上要存亡故易知也若夫雜物撰德辯是與非則非其中句爻不備注撰德謂乾撰數也數乾之德辯別也是謂陽非謂陰也中正乾六爻二四上非正坤六爻初三五非正故雜物句因而重之爻在其中故非其中則爻辭不備謂有凶悔吝道有變動故曰爻也爻不中則有變動謂六爻時物噫亦要存亡句吉凶則居可知矣注謂知存知亡要終者也原始要終則知存亡居乾吉則存居坤凶則亡故曰居可知矣謂要卦之終以知存亡視爻所居以知吉凶智者觀其彖辭則思過半矣彖說三才言卦存亡二與四同功而異位中言要存亡也

同功互象也爻位異則存亾不同其善不同二多譽四多懼近也柔之爲道不利遠者坤六四注云在外多咎陰在二多譽而遠在四故无譽則是在內爲近在外爲遠也又下章注云遠陽謂乾近陰謂坤此遠近亦宜同義陽宜居外陰宜居內遠近相取而悔吝生二近應陽故多譽四遠陽故多懼二四皆陰位若以陽居之則亦相取故曰不利遠者其要无咎其用柔中也謂以陽居二四而要无咎則以變柔得正矣所謂要存亾故用九六也三與五同功而異位三多凶五多功貴賤之等也列貴賤者存乎位其柔危其剛勝邪三五陽位柔居之則危剛乃勝之不言變可知也易之爲書也申上也廣大悉備以言乎天地之間則備矣有天道焉有人道焉有地道焉兼三才而兩之故六六者非它也三才之道也庖犧分天象爲三才以地兩之所謂因而重之爻在其中六爻之動還依三才也道有變動故曰爻爻有等故曰物同功異位陰陽時物物相雜故曰文【注】乾陽物坤陰物純乾純坤之時未有文

章陽物入坤，陰物入乾，更相雜，成六十四爻，（爻當爲卦字誤）乃有文章，故曰文。文不當，故吉凶生焉。（不當，不當其位也）易之興也，其當殷之末世，周之盛德邪？當文王與紂之事邪？【注】謂文王書易六爻之辭也。（綜上文）末世，乾上；盛德，乾三也。（庖犧位乾五，文王位乾三）文王三分天下而有其二，以服事殷，周德其可謂至德矣。故周之盛德。紂窮否上，知存而不知亾，知得而不知喪，終以焚死，故殷之末世也。而馬、荀、鄭君從俗，以文王爲中古，失之遠矣。是故其辭危。【注】危謂乾三夕惕若厲，故辭危也。危者使平，易者使傾。（易，輕也。危則能平，文王之事；易則必傾，紂之事。泰九三注云：陂，傾，謂否上也。平，謂三天地分，故平，天成地平，謂危者使平，易者使傾）其道甚大，百物不廢。【注】大謂乾道。乾三爻三十六物，（一爻之策三十六）故有百物，略其奇八。

與大衍之五十同義懼以終始其要无咎此之謂易之道

也注乾稱易道易者乾元易道即乾道也終日乾乾故无咎懼以終始三百八十四爻皆然所謂震无咎者也危者使平易者使傾惡盈福謙故易之道者也

弟六章言文王書易六爻變動懼以終始爲易道

夫乾天下之至健也德行恆易以知險注險謂坎也此章言坎离爲乾坤之用不謂乾二五之坤成坎离主言乾坤乾二五之坤成坎坤二五之乾成离此陰陽之義若以坎离消息則离麗乾精坎通坤形坎离相正相合故乾坤二五皆成坎离也日月麗天天險不可升故知險者也乾陽坤簡則坎离消息夫坤天下之至順也德行恆簡以知阻注阻險阻也動謂坎謂坤二五之乾艮爲山陵坎艮坎爲水巽高兌下离巽兌地險山川丘陵故以知阻

也能說諸心注乾五之坤坎爲心兌爲說故能說諸心乾坤陽簡合於坎離而震兌生焉是亦兩儀生四象能研諸侯之慮注坎心爲慮乾初之坤爲震震爲諸侯故能研諸侯之慮定天下之吉凶成天下之娓娓者注謂乾二五之坤成離日坎月則八卦象謂坎有震艮離有巽兌具是亦四象生八卦也八卦定吉凶故能定天下之吉凶娓娓進也凡事進乃成离爲龜乾爲蓍月生震初故成天下之娓娓者謂莫善蓍龜也月生震初是乾元也知險知阻皆以此耳是故變化云爲吉事有祥注祥幾神神一作祥也吉之先見者也陽出變化云爲吉事爲祥謂復初乾元者也象事知器占事知來注象事謂坤坤爲器乾五之坤成象故象事知器也以制器者尚其象占事謂乾以知來乾五動成離則翫其占故知來天

地設位，聖人成能。〔注〕天尊五，地卑二，故設位。既濟之位，乾爲聖人，成能謂能說諸心，能研諸侯之慮，故成能也。聖人體乾元。

人謀鬼謀，百姓與能。〔注〕乾爲人，坤爲鬼，乾二五之坤，坎爲謀，乾爲百，坤爲姓，故人謀鬼謀，百姓與能。謂乾坤合而成易。

八卦以象告，〔注〕在天成象，乾二五之坤，則八卦象成，兌口震言，故以象告也。此就六畫卦言。

爻彖以情言，利貞者性情也，六爻發揮旁通情也，爻彖變動，震爲言，故以情言。

剛柔雜居，而吉凶可見矣。〔注〕乾二之坤成坎，坤五之乾成離，故剛柔雜居。艮爲居，離有巽兌，坎有震艮，八卦體備，故吉凶可見也。

變動以利言，〔注〕乾變之坤成震也，乾元變動自此始，震爲言，故變動以利言也。

吉凶以情遷。〔注〕乾吉坤凶，六爻發揮旁通情也，故以情遷。當位陽道，不當位陰道。

是以愛惡相

攻而吉凶生。注攻，摩也。乾為愛，坤為惡，謂剛柔相摩，以愛攻惡生吉，陽息也，陰得正則麗陽，故亦吉。以惡攻愛生凶，陰消也，陽失正則傾消，故亦凶。

故吉凶生也。遠近相取而悔吝生。注遠陽謂乾，近陰謂坤，陽取陰生悔，陰取陽生吝。悔吝言小疵，非其所應而相取，故悔吝生。陽之情相遠，陰之情相近，此謂爻位遠近，以陽居陰，亦陽取陰，以陰居陽，亦陰取陽，故下注云以陰居陽、以陽居陰為悔且吝也。

情偽相感而利害生。注情陽偽陰也，情感偽生利，乾息也；偽感情生害，坤消也。乾為利，坤為害。凡易之情，近而不相得則凶。吉凶以情遷也，以陰取陽而不相得則凶。或害之，悔且吝。注坤為害，以陰居陽，以陽居陰，陽皆受陰之害，為悔且吝也。悔吝小疵，由悔吝入吉凶。將叛者其辭慙。注坎人之辭也，近而不相得，故叛。明下六人之辭，皆近而不相得也。辭則爻辭矣。坎為隱伏，將叛。坎為心，故辭一本無辭慙也。中心疑者其辭枝注离人之辭也火性枝分故枝疑也吉人之辭寡注艮人之辭也艮爲愼故辭寡躁人之辭多注震人之辭也震爲決躁恐懼虩虩笑言啞啞故多辭誣善之人其辭游注兌人之辭也兌爲口舌誣乾乾爲善人也失其守者其辭詘注巽人之辭也巽詰詘陽在初守巽初陽入伏陰下故其辭詘此六子也离上坎下震起艮止兌見巽伏上經終坎离則下經終既濟未濟乾鑿度曰日月之道陰陽之經所以終始萬物故以坎离爲終是上經終坎离之義也既濟未濟亦坎离上繫終乾坤則下繫終六子此易之大義者也

弟七章綜言乾元之用爻變之序

周易虞氏義卷之八

周易虞氏義卷之九　　張惠言學

周易說卦　虞氏注

昔者聖人之作易也聖人謂庖犧幽贊於神明而生蓍幽隱也贊謂探索神明謂乾陽也聖人未作八卦神明在天深幽不見庖犧探賾索隱則天八卦效之則知天數一三五七九地數二四六八十乾元消息之數七八九六則蓍生焉故幽贊於神明而生蓍參天兩地而倚數注倚立參三也謂分天象爲三才天象在天八卦以地兩之立六畫之數故倚數也謂庖犧既立八卦則知陰陽相並俱生故以乾坤爲六畫乾數初三五坤數二四上也乾鑿度曰三畫而成乾乾坤相並俱生因而重之故六畫而成卦謂此也觀變於陰陽而立卦注謂立天之道曰陰與陽乾坤剛柔立本者謂立乾坤二卦以爲之本陰陽六爻各卦謂六爻三才无變陽變成震坎艮謂之陽卦陰變成巽離兌謂之陰卦故立卦句六爻三變謂若乾二五之坤成坎變初二三故三變五卦如例者也

三六十八則十有八變而成卦、八卦而小成是也、繫曰、陽一君二民、陰二君一民、不道乾坤者也、乾坤立本、不在陰陽卦例、發揮於剛柔而生爻、【注】謂立地之道曰柔與剛、乾坤未立、則曰陰陽、乾坤既定、則曰柔剛、陰陽配天、剛柔配地、發、動、揮、變、變剛生柔爻、變柔生剛爻、以三爲六也、謂六十四卦、因而重之、爻在其中、因而重之、謂八卦小成、觸類以長而成六十四卦、故生爻、和順於道德而理於義、【注】謂立人之道曰仁與義、謂六十四卦消息也、乾爲仁、坤爲義、和順謂坤、道德謂乾、以乾通坤、謂之理義也、坤六五君子黃中通理、坤爲義、故以乾通坤、謂之理義也、謂乾盈積善、坤陰順陽、牝乾出震者也、窮理盡性以至於命、【注】以乾推坤、謂之窮理、坤爲理、乾窮之、謂自復至夬、陽推陰、乾以坤變乾、謂之盡性、乾爲性、謂自遘至剝、坤陰消乾、性盡理窮、故至於命、巽爲命也、謂以乾通坤、極遘生巽也、此亦立人之道曰仁與義之事、昔者聖八之作易也、【注】重言昔者、明謂庖犧也、王嫌文將以順性命之理、【注】謂乾道變化、各正性命、以陽順性、以陰順命、是以立天之道曰陰與陽、立地之道曰柔與剛、立人之道曰仁與義、【注】天地人各有乾坤、兼三才而兩之、故易六畫而成卦、【注】謂參天兩地、乾坤各三爻而成六畫之數也、分陰分陽、迭用柔剛、故易六畫而成章、【注】迭、遞也、分陰爲柔以象夜、分陽爲剛以象晝、剛柔者晝夜之象、晝夜更用、故迭用柔剛矣、章謂文理、乾三畫成天文、坤三畫成地理、

天地定位、【注】謂乾坤、五貴二賤、故定位也、此庖犧以六位之數觀變立卦、則日月之象、乃成此列焉、位六畫之位也、乾坤貞於二五、甲上乙下、故定在天則相得合木也、山澤通氣、【注】謂艮兌、同氣相求、故通氣、艮兌貞天位、丙五丁上、在天則相得合火也、雷風相

薄、注謂震巽同聲相應、故相薄、震巽貞地位、庚初辛二、在天則相得合金也。水火不相射、注謂坎離射厭也、水火相通、坎戊離己、月三十日一會於壬、故不相射也、坎離貞八位、戊三己四、在天則相得會壬癸而成象於中。八卦相錯、注錯、摩、則剛柔相摩、八卦相蕩也、八卦六位、一陰一陽、故相錯、逆上稱錯也。數往者順、注謂坤消、從午至亥、上下、故順也、謂八卦成列則發揮剛柔而生消息、乾自復至乾、生子盡巳、坤自遘至坤、生午盡亥、六十卦從十二辟卦爲消息、繫曰神以知來、知以藏往、謂乾息一陽至六陽、陽將來消自五陽至一陽漸往、故坤消爲往、乾息爲來也、巳午晝爲上、亥子夜爲下、繫注云在天稱上、入地爲下也。知來者逆、注謂乾息從子至巳、下上故逆也。是故易逆數也、注易謂乾、消息皆乾陽、故易謂乾、故逆數。雷以動之、風以散之、雨以潤之、日以烜之、艮以止之、兌以說之、乾以君之、坤以藏之、乾坤六位、逆數而上、震巽一、坎離二、艮兌三、乾坤臨之以生萬物、六子與乾坤

所以並列而俱名八卦也變水火爲雨日艮兌乾坤舉卦名者成言生物之用也

帝出乎震齊乎巽相見乎離致役乎坤說言乎兌戰乎乾勞乎坎成言乎艮此說八卦布散用事之序帝天皇大帝陽之主卽太乙也萬物出乎震震東方也注出生也震初不見東故不稱東方卦也注明八卦在天之列是其本也震初出庚故云不見東乾鑿度曰孔子曰歲三百六十日而天氣周八卦用事各四十五日方備歲焉震生物於東方位在二月齊乎巽巽東南也乾鑿度曰巽散之於東南位在四月齊也者言萬物之絜齊也注巽陽隱初句又不見東南巽見辛亦不稱東南卦與震同義巽陽藏室故絜齊謂退藏於密以神明其德離也者明也萬物皆相見南方之卦也離長之於南方位在五月聖人南面而聽天下嚮明而治蓋取諸此也注離爲日爲火故明日出照物以日相見離象三爻皆正日中日中南方正南方

之卦也離南方故南面乾爲治乾五之坤坎爲耳離爲明
坎通離故以聽天下嚮明而治也坤也者地也萬物皆致養
焉故曰致役乎坤注坤陰无陽故道廣布不主一方就陽盛之
位而在西南不言卦不言方含宏光大養成萬物坤養之於西南方位在六月兌正
秋也兌收之於西方位在八月萬物之所說也故曰說言乎兌注兌三
失位不正故言正秋嫌陰不正故正之兌象不見西故不言西方
之卦與坤同義兌見丁坤藏乙兌爲雨澤故說萬物震爲言震二
動成兌言從口出故說言也戰乎乾乾西北之卦也乾制之於
西北方位在十月言陰陽相薄也注乾剛正五月十五日晨象西
北甲暮盈故西北之卦薄入也坤十月卦坤辟於亥乾消剝入坤
剝九月故陰陽相薄也陰凝於陽必戰乾就坤乃能生物故位西北坎者水也正

北方之卦也、（坎藏之於北方、位在十一月、）勞卦也、萬物之所歸也、故曰勞乎坎、【注】歸藏也、坎二失位不正、故言正北方之卦、與兌正秋同義、坎月夜中、故正北方、（坎爲習險、陽氣入險、窮剝生復、故爲勞卦、萬物歸藏、不勞則生氣不復、）艮東北之卦也、萬物之所成終而所成始也、（艮終始之於東北、東北方位在十二月、並乾鑿度文、）故曰成言乎艮、【注】艮三得正、故復稱卦、萬物成始乾甲、成終坤癸、艮東北、是甲癸之間、（艮見於丙而言甲癸之間者、惠徵士云、乾十五日、坤三十日、艮二十三日、去乾坤各八日、故甲癸之間、甲癸之間則東北也、）故萬物之所成終而成始者也、

神也者、妙萬物而爲言者也、（神、謂易也、妙、微也、震爲言、鉤深致遠、故妙萬物而爲言、本詩文、王推爻乾元用九而天下治也、）動萬物者莫疾乎雷、橈萬物者莫疾乎風、（橈、散也、）燥萬物者莫熯乎火、說萬物者莫說乎澤、（澤、雨澤也、）潤萬

物者莫潤乎水終萬物始萬物者莫盛乎艮謂六子皆乾坤之神卽其用事者是也故水火相逮雷風不相悖山澤通氣然後能變化旣成萬物也注謂乾變而坤化乾道變化各正性命成旣濟定故旣成萬物矣旣盡也謂上下无常剛柔相易也乾坤六爻分陰分陽則坎离正二五震巽正初四艮兌正三上九六之變乾坤二五相易水火相逮也初四相易雷風不相悖也三上相易山澤通氣也故成旣濟也

乾健也注精剛自勝動行不休故健也坤順也注純柔承天時行故順震動也注陽出動行巽入也注乾初入陰初乾滅入坤中坎陷也注陽陷陰中离麗也注日麗乾剛离是陰卦而陽精所舍陰附麗於陽象曰之附麗於天艮止也注陽位在上故止兌說也注震爲大笑陽息震成兌兌震言出口故說

乾爲馬、坤爲牛、鄭氏注鴻範五行傳云、馬、畜之疾行者也、牛、畜之任重者也、震爲龍、乾爻六龍、震乾元、故爲龍、巽爲雞、九家易云、風應節而變、變不失時、雞時至而鳴、與風相應也、二九十八、主風精爲雞、故雞十八日剖而成雛、二九順陽歷、故雞知時而鳴也、坎爲豕、九家易云、六九五十四、主時精爲豕、故豕懷胎四月而生、離爲雉、離爲飛鳥、又爲文章、故爲雉、艮爲狗、九家易云、艮止主守禦也、艮數三、七九六十三、三主斗、斗爲犬、故犬懷胎三月而生、此類注文既闕、故或取他家之說言之、兌爲羊、兌爲剛鹵、鄭氏謂其畜好剛鹵也、

乾爲首、首圜天象、坤爲腹、腹虛象、震爲足、動乎下、巽爲股、巽進退、故爲股、坎爲耳、離爲目、淮南精神訓云、耳目者日月也、艮爲手、止物於上、震足艮手、反對之象、兌爲口、下注云、兌爲震聲、是爲口也、

乾天也、故稱乎父、坤地也、故稱乎母、震一索而得男、故謂之長男、巽一索而得女、故謂之長女、坎再索而得男、故謂之

中男離再索而得女故謂之中女艮三索而得男故謂之少男兌三索而得女故謂之少女王子雍云索求也

乾爲天至陽爲圜天道曰圜爲君【注】貴而嚴也陽五貴在上乾氣寒凝故嚴爲父【注】成三男其取類大故爲父也爲玉爲金剛純粹精在物唯金玉耳爲寒爲冰乾位在西北故爲寒冰爲大赤【注】太陽爲赤白虎通云赤者盛陽之氣故周爲天正色尚赤月望出入時也爲良馬【注】乾善故良也爲老馬乾陽之成將退故老爲瘠馬鄭氏云凡骨爲陽肉爲陰乾陽皆骨故爲瘠馬爲駮馬宋仲子云天有五行之色故爲駮馬也爲木果乾甲木也陽功成木果木之成功也剝上九碩果不食也

坤爲地【注】柔道靜爲母【注】成三女能致養故爲母爲布布陰功月令仲夏曰母暴布鄭注云不以陰功干太陽之事是也爲釜孔潁達云取其化生成物爲吝嗇陰道畜聚故吝嗇爲均崔憬云取地生萬物不擇善惡爲子母牛坤凝乾則象牝馬麗陽則象牝牛牝牛則子母牛也

爲大轝、載物地道爲文、逸禮三正記曰、質法天、文法地、九家易云、萬物相雜、故爲文也、爲衆、注

物三稱羣、陰爲民、三陰相隨、故爲衆也、爲柄、繫注云、柄本也、謂本乎地

者親下其於地也爲黑、極陽色赤、極陰色黑、乾於月望出入時爲赤、坤於地爲黑、義一也震

爲雷注太陽火、得水有聲、乾坤以坎离戰、陰陽交會於壬、而生震、故云太陽火得水也

故爲雷也、爲駹、注駹蒼色、震東方、故爲駹、舊讀作龍、上巳

爲龍、非也、爲元黃、注天元地黃、震天地之雜物、故爲元黃、

爲專、注陽在初隱靜、體乾潛龍、初未出觸坤、故專、則乾靜也專、

延叔堅說以專爲旉大布、非也、爲大塗、萬物所出、下注云、震陽在初、則爲大

塗也爲長子、注乾一索、故爲長子、爲決躁、下注云、震外體爲躁、動之過也、爲

蒼筤竹、震巽皆東方、巽陽在上、下有伏震、故中實而爲木、震陽在下、中有伏巽、故中空而爲竹、爲萑葦、九家

易云、蒼筤青也、爲萑葦、其於馬也、爲善鳴、爲馵足、爲作足、爲旳顙、

【注】爲雷故善鳴也馬白後左足爲馵震爲左爲足爲後爲有初陽白、陽在上色白、故爲作足、此云爲作足當馵足之誤又脫文也作足者作起也王劭云馬行先作弄四足也的白、顙額也震體頭在口上、乾爲首兌爲口震乾初在兌上故體頭而在口上、白故的顙、詩云有馬白顛是也、震體乾故得馬象其於稼也爲阪生【注】阪陵阪也、此注見釋文稼之阪生者菉豆之屬春種夏穫者皆震氣所生稼坤之功震陽出坤、故於稼有象其究爲健、爲蕃鮮、【注】震巽相薄、變而至三、則下象究、與四成乾、故其究爲健、健乾則爲蕃鮮、謂成巽也蕃鮮白也巽注云、震究爲蕃鮮白白謂巽白巽究爲躁卦、躁卦則震、震雷巽風无形、故卦特變耳、巽爲木、爲風、風土氣之散陽也爲長女、坤一索、故爲長女爲繩直、木曲直、巽以陰順陽陽直以正陰曲爲工、【注】爲近利市三倍、故爲工、子夏曰工居肆、工規榘也所以齊物、物齊乎巽注廣其義爲百工爲白、【注】乾陽在上、

故白、爲長爲高注乾陽在上長、故高、爲進退注陽初退、故進退、震進巽退、併在初爲不果、不果亦進退之義爲臭注臭氣也、風至知氣、巽二入艮鼻、遯象艮爲鼻故爲臭、繫曰、其臭如蘭、同人六二體巽其於人也爲宣髮注爲白、故宣髮、馬君以宣爲寡髮、非也、如注則宣白也、宣鮮同音、或卽蕃鮮、與乾爲人、下四象皆取乾、故稱於人爲廣顙注變至三、坤爲廣、乾變之震也、與四爲坤四動成乾、乾爲顙、在頭口上、故爲廣顙、與震的顙同義、震一陽、故的顙、巽變乾二陽、故廣顙、爲多白眼注爲白、離目上向、六畫卦中體離、故目上向則白眼見、故多白眼、爲近利市三倍注變至三成坤、坤爲近、四動乾、乾爲利、至五成噬嗑、故稱市、乾三爻爲三倍、故爲近利市三倍、動上成震、故其究爲躁卦、八卦諸爻、唯震巽變耳、其究爲躁卦注變至五成噬嗑爲市，動上成震，故其究爲躁卦。明震內體爲專，外體爲躁。震陽之始，故以卦言之。坎爲水。說文曰：水，北方之行也。象衆水並流，中有微陽之氣也。爲溝瀆【注】以陽闢坤，水性流通，故爲溝瀆也。爲隱伏【注】陽藏坤中，故爲隱伏也。爲矯揉。水流隨地曲直，故爲矯揉。宋仲子云：曲者更直爲矯，直者更曲爲揉。爲弓輪【注】可矯揉，故爲弓輪。坎爲月，月在於庚爲弓，在甲象輪，故弓輪也。其於人也爲加憂，爲心病【注】兩陰失心爲多眚。失或當爲夾。逸象坎爲心。故加憂，爲勞而加憂，故心病。亦以坎爲心。坎二折坤爲心病。亦乾爲人。爲耳痛。坎爲耳，多眚，故痛。爲血卦。坤上六其血元黃，文言曰：猶未離其類也，故稱血焉。坎正十一月，陰陽會於壬，牝坤生復，故坎爲血卦也。爲赤。赤，乾色。白虎通云：十一月之時，陽氣始養根株黃泉之下，萬物皆赤，故坎爲赤也。其於馬也爲美脊。坎秉乾氣，馬，乾也。宋仲子云：陽在中央，馬脊之象也。爲亟心。陽剛在中，象背爲脊，象胸爲心，亟疾亟也。爲下首、乾爲首、入陰下、故下首。爲薄蹏、震爲足、震象半見、故薄蹏。爲曳、震足曳、初陰、故爲曳、皆謂馬也。其於輿也爲多眚、注眚、敗也、坤爲大車、坎折坤體、故爲車多眚也、坎折坤、故亦有輿象。爲通、注水流瀆、故通也。爲月、注坤爲夜、以坎陽光坤、故爲月也。爲盜、注水行潛竊、故爲盜也。其於木也爲堅多心、注陽剛在中、故堅多心、棘棗屬也。坎離俱有木象、離體巽、坎體震故也。離爲火、爲日、爲電、皆陽光也。爲中女、爲甲冑、爲戈兵、注外剛、故爲甲、乾爲首、巽繩貫甲而在首上、象巽半見、於乾上中貫之、故爲冑、冑、兜鍪也、乾爲金、離火斷乾、燥而鍊之、故爲戈兵也。其於人也爲大腹、注象日常滿、如妊身婦、離者陰之受陽、故象妊身婦、其於人亦謂乾也、故爲大腹、乾爲大也、腹有乾、故大。爲乾卦、注火日熯燥物、故爲乾卦也、坎爲乾精、離爲乾氣、故皆稱卦。爲鼈、爲蟹、爲蠃、

爲蚌爲龜【注】此五者皆取外剛內柔也其於木也爲折上
槀【注】巽木在离中六卦畫體大過死巽蟲食心則折也蠹蟲
食口又體兌爲口謂蟲口食木木故上槀槀枯也或以离火燒巽故折上
槀艮爲山惠徵士云坤爲土陽止坤上故爲山也爲徑路【注】艮爲山中徑路
震陽在初則爲大塗艮陽小故爲徑路也爲小石石土之陽也艮
爲山陽小故小石爲門闕【注】乾爲門逸象艮陽在門外乾三門外故爲
門闕兩小山闕之象也象艮下二偶爲兩小山爲果蓏乾爲木果艮得乾上故爲
果蓏爲閽寺艮爲門闕又爲止閽寺守禁門闕也爲指【注】艮手多節故爲指爲
拘【注】指屈信制物故爲拘拘舊作狗上已爲狗字之誤爲
鼠【注】似狗而小在坎穴中坎穴半見於上故爲鼠晉九四是也晉九
四體艮坎爲黔喙之屬山獸狗類馬氏云豺狼之屬也黔黑也坤色黑乾爲首坤在乾下頭之下故爲

喙、其於木也爲多節、【注】陽剛在外、故多節、松柏之屬、艮亦體震、故有木象、兌爲澤、【注】坎水半見、故爲澤、爲少女、【注】坤三索位在末、故少也、爲巫、【注】乾爲神、兌爲通、並逸象、與神通氣、兌息卽乾、女、故爲巫、爲口舌、【注】兌爲震聲、震以陽爲聲、息兌故兌爲震聲、故爲口舌、爲毀折、【注】二折震足、故爲毀折、爲附決、【注】乾體末圜、故附決也、末當爲末、乾陽至二、陰猶附之、故乾體末圜當決而去之也、其於地也爲剛鹵、【注】乾二陽在下、故剛、澤水潤下、故鹹、兌得坤三、在地之上、故有地象、爲妾、【注】三少女位賤、故爲妾、爲羔、【注】羔、女使、皆取位賤、故爲羔、鄭氏讀爲養、云无家女行賃炊爨者、亦其義也、舊讀以震駹爲龍、艮拘爲狗、兌羔爲羊、皆已見上、此爲再出、非孔子意也、震已爲長男、又言長子、謂以當繼世守宗廟主祭祀、故詳舉之、三女皆言長中少、

明女子各當外成、故別見之、此其大例者也、

說卦逸象注所見者、次而著之、蓋孟氏所傳也、

乾爲王、郎也、君爲先王、巳消則爲先王、爲明君、乾大明、爲神、陽之信、爲人、人得陽以生、爲大人、爲聖人、五也、爲賢人、初也、爲君子、三也、爲武人、惠徵士說以春秋傳曰天事武、外爲行人、乾在戌亥之郊、外故爲行人也、郊爲物、精氣爲物、爲易、變易也、乾以易知、爲立、立天下之大本、爲直、其動也直、爲敬、陽剛之德、爲畏、亦敬也、爲威、爲嚴、爲堅剛、皆君德、爲道也、乾元爲德、爲盛德、日新之謂盛德、爲行、亦德也、爲性、坤成乾爲性、惠徵士說以中庸天命之謂性、爲精、乾精氣、爲言、初息震再息兌、震聲兌口爲乾言、爲信、天行至信、爲善、爲揚善、爲積善、自復至乾爲積善、爲良、亦善也、爲仁、元者善之長、爲愛、仁之德、爲忿、注云陽氣剛武爲忿、爲生、萬物資始、爲詳、注云乾善爲詳、爲慶、爲天休、爲嘉、爲福、爲介福、爲祿、繫注云乾生故吉、

爲先、陽主倡爲始、乾知大始爲知、乾以易知爲大、陽道大爲盈、陽息爲盈爲茂、
注云乾盈故茂爲肥、注云乾盈爲肥爲好、惠徵士說以賈逵云好生於陽爲施、交坤爲利、美利
利天下與坤爲利異爲清、惠徵士云清輕者爲天爲治、乾元用九天下治爲大謀、治國之言
爲高、天象爲揚、舉也揚上升爲宗、爲族、人本乎祖宗族法天爲高宗、尊祖配天爲
甲、日之始乾盈於甲爲老、乾盈將退故老爲舊、爲古、亦老之義惠徵士說以周書曰天爲古尚
書曰曰若稽古爲大明、文言曰大明終始謂日月得天而能久照爲遠、謙注云天道遠爲郊、爲
野、西北戌亥郊野之象爲門、爲道門、易出乾故爲門爲百、三爻之策皆三十六略其奇八就盈
數、爲歲、周天三百六十五度四分度之一爲頂、郎首也爲朱、郎大赤爲衣、黃帝堯舜
垂衣裳取諸乾坤爲圭、郎玉也爲蓍、惠徵士說以白虎通引禮雜記曰蓍陽之老也爲瓜、注云
乾圖稱瓜木果之屬亦爲龍、子夏傳云龍所以象陽也
坤爲臣、爲順臣、爲民、爲萬民、地道臣道爲姓、姓女生也坤爲母爲小人、

陰消陽爲邑人、乾藏坤中、坤邑有人。爲鬼、陰之諱爲形、在地成形。爲身、坤腹稱身。爲
牝、陰雖爲母、大指此、蓋因坤爲母而備兼震艮之象。爲躬、爲我、爲自、皆身也。爲至、
至哉坤元爲安、地道靜爲康、注云安也。爲富、爲財、爲積、爲聚、爲萃、地生萬物。
爲重、爲厚、地道爲致、馴致其道爲用、物致役爲包、地兼載爲寡、陰消故寡爲
徐、舒徐亦柔道爲營、營求陰道爲下、天高地下爲容、猶包也。爲裕、注云坤弱爲裕爲
虛、坤消爲虛爲書、地道文、故爲書爲邇、爲近、惠徵士說以法言曰近如地也。爲疆、郎方也。
爲无疆、應地无疆爲思、思曰睿、五事配土爲惡、好之反、惠徵士說以賈逵云惡生於陰爲
理、文理也、坤爲文、有文則理爲體、正位居體爲禮、爲義、禮離之德、義兌之德、離兌皆統乎坤也。
爲事、發於事業爲業、爲大業、富有之謂大業爲庶政、亦事業也。爲俗、注云坤陰小人
柔弱爲俗爲度、事之法爲類、方以類聚也。爲閉、爲藏、闔戶謂之坤爲密、注云坤閉
故稱密爲默、亦密也。爲恥、坤過故恥爲欲、注云坤陰吝嗇爲欲爲過、爲醜、爲積

惡、自遘至坤爲積惡、爲迷、注云坤冥爲迷、爲亂、爲弑父、消至二子弑父、至三臣弑君、爲

怨、爲害、皆陰慝也、爲過惡、坤凝乾則過惡、爲終、地道无成而代有終、爲永終、用六永貞、

爲敝、爲窮、皆盡也、亦終意、爲死、爲喪、陰消坤喪於乙、爲冥、爲晦、月无光、爲夕、

爲莫夜、注云坤冥爲莫夜、爲暑、惠徵士說以冬至復初九乾也、夏至遘初六坤也、稽覽圖曰冬至之後三十日極寒、夏至之後三十日極暑、故坤爲暑、爲乙、坤喪於乙、爲年、日周天爲歲、陽也、月十二會爲年、陰也、爲十年、坤癸數十、爲戶、乾爲門坤爲戶、陰陽大小異名、爲義門、乾坤易之門、陰爲義、

爲闔戶、爲閉關、注云坤闔爲閉關、爲盇、惠徵士云與闔同、爲土、爲積土、爲

階、古者土階積土也、爲田、注云坤二稱田、爲邑、爲國、爲邦、爲大邦、坤有乾故大、

爲萬國、坤數衆、爲異邦、不同於乾也、爲方、至靜而德方、爲鬼方、皆土類、爲

裳、爲紱、韠也、裳類、爲車、即大轝、爲輹、車伏兔所以載輿、爲器、用物也、爲缶、土器、

爲囊、囊之括物猶大轝、爲虎、虎殺物而有文坤象也、爲兕、牛屬、爲黃牛、爲牝牛、

注云俗以离爲牝牛失之

震爲帝、帝出乎震、爲主、主器者長子、爲諸侯、逸禮王度記曰、諸侯封不過百里、象雷震百里

爲人、體乾元、人以生、爲士、乾初元士、爲兄、長男、爲夫、爲元夫、震爲巽夫、爲趾、注云震足爲趾、爲出、陽出、爲行、爲征、爲作、爲逐、爲驚走、皆動也、爲驚衛、震驚虩虩、爲定、注云震專爲定、爲百、震驚百里、注云從臨二陰爲百二十、舉其大略、爲言、爲講論、

爲議、爲問、爲語、爲告、爲響、答也、爲聲、爲音、爲鳴、爲應、皆震聲、爲交、乾交坤自震、爲徵、懲同、以乾正坤故爲懲、爲反、剝窮上反下、爲後、震主初、笑言啞啞後有則、謂初、爲後世、長子繼世、爲從、後故從、爲守、世守、爲左、震東方、爲生、春生、爲常、世守故常、爲緩、爲寬仁、木德、爲樂、陽出於地、物皆和樂、故樂象春、爲笑、爲喜笑、

爲笑言、樂之聲、爲道、路也、即大塗亦爲道德、爲陵、震爲阪生、阪陵也、艮三反下、故爲陵與

爲祭、震巽相究、震春兌秋坎冬离夏、春秋享祀、以時思之、爲鬯、鬯以鬱和、鬱、震草屬也、注云上震爲鬯下

體坎水、乃有此象耳、爲禾稼、阪生也、爲百穀、皆生之大者、故屬之震、爲草莽、萑葦之屬、
爲鼓、象雷聲、爲萑、竹所爲、爲馬、體乾健動、爲麋鹿、麋鹿善驚奔、
巽爲命、乾道變化各正性命、謂陽爲乾性、陰爲坤命也、巽坤元、故爲命、爲命令、爲號令、爲
敎令、爲誥、巽震同聲相應、陰宣陽命、故巽爲命令、爲號、爲號咷、雷風同聲、震陽笑言、巽陰
號呼、爲處女、巽伏處、又長女、爲婦、爲妻、巽爲震婦、爲商旅、近利市三倍、爲隨、陰隨
陽、爲入、爲處、爲入伏、陽出震入巽、退藏於密、爲利、近利市、爲齊、爲同、齊乎
巽、同亦齊也、爲交、坤交乾自巽、爲進、爲退、卽進退也、爲舞、象風、爲谷、坎水半見於下、
爲長木、巽又長也、爲苞、木之柔者、爲楊、柔木、爲木果、有果之木、爲茅、注云、巽柔白爲
茅、爲白茅、爲蘭、巽爲臭草、臭莫如蘭、爲草木、爲草莽、與震同、爲杞、杞柳、爲
葛藟、注云、巽爲草莽、稱葛藟、爲薪、草木、爲庸、城墉也、巽爲高、爲伏、高而可入、伏城墉之象、爲
牀、所以處、注云、巽木爲牀、爲繩、爲繩直、故亦爲繩、爲帛、帛陰功、布之屬、巽體坤而柔白、故爲帛、

為腰帶巽為帛為交坎為要巽覆坎要故為要帶、為繘汲水索注云巽繩為繘、為蛇位在巳

為魚震陽為龍巽陰為蛇為魚郭璞云魚者震之廢氣也、為鮒小魚

坎為聖、體乾九二為雲、為元雲、乾注云上坎為雲下坎為雨元天色、為川、為大川、

為河、溝瀆一也為心、坎得乾中爻乾之心也為志、為思、為慮、為憂、卽加憂為謀、聽作謀主耳也坎為惕、為疑、為艱、為蹇、為恤、為悔、為遜、注云憂也為忿、皆心之屬為勞、勞卦也為濡耎弱也水德為涕洟、坎為水加憂故為涕洟亦合离艮乃得象為眚、陽陷陰中故多眚不必輩矣為疾、為疾病、為疾厲、為疑疾、為災、

為破、為罪、為悖、為欲、為淫、注云坎水為淫為寇盜、卽盜為暴、為毒害也

為瀆、亂也皆心多眚為孚、注云信也水不失時為平、水至平為法、法平如水為罰、為獄、皆法也為則、則亦法也為經、六經法則也為習、習坎注云習常也常水之德為入、

為內、納也坎萬物之所歸故為入為內為聚、水會聚為脊、陽在中為脊不獨馬矣為要、

要腎水藏為臀、隱伏有穴故為臀為膏、注云坎水稱膏為陰夜、子中為歲、歲始冬至為三歲、上六三歲不得為尸、坤之鬼乾之尸為酒、水類為叢木、為叢棘、為蒺藜、堅多心之木常叢生為棘七、棘為之為穿木、坎穴震木為校、桎梏穿木也為弧、為弓彈、皆弓也為木、堅多心也為車、多眚也亦為牙車為馬美脊等是也

離為女子、中女為婦大腹妊身為孕、為惡人、離在四為惡人為見相見乎離為飛、離南方朱鳥為爵、位也古者爵位取義於爵酒爵之義又取爵之鳴節節足足則亦飛鳥之義為日、晝也為明、日光為光、為甲、乾為甲離日出甲上故亦為甲為黃、坤之中色為戎、戎兵戎器為折首、離上爻象為刀、為斧、為資斧、為矢、為飛矢、為黃矢、戈兵之屬為罔、為罟、罔罟取諸離為甕、為瓶、離火燒坤土大腹之象為鳥、為飛鳥、為鶴、為隼、為鴻、

艮為弟、為小子、少男為君子、為賢人、體乾三為童、為童蒙、為僮

僕、亦少男爲官、賢人爲友、與兌爲友爲閽寺、卽閽寺爲時、艮成終成始故爲四時爲斗、斗建四時爲星、爲沬、沬小星、皆斗屬爲霆、雷自上反爲果、淩也成終始故果爲愼、陽小故愼爲節、亦愼義爲待、止待之爲制、注云艮手止稱制爲執、卽拘也爲小、陽小爲多、爲厚、山所生物廣爲取、注云、艮手爲取爲舍、置也、手止稱舍爲求、艮兌同氣相求、爲篤實、愼而厚故篤實爲道、卽徑路爲穴居、山穴也、亦象入坎下爲石、卽小石爲城、爲宮室、爲門庭、爲廬、爲牖、爲居、皆門闕之屬爲宗廟、爲社稷、艮乾上、宗廟爻、成終成始故爲宗廟社稷爲鼻、山澤通氣、山虛受澤、故爲鼻爲肱、手也爲背、注云、艮爲多節故稱背爲腓、二爻象、注云、巽長爲股、艮小爲腓、蓋以咸二應五巽得象爲皮、爲膚、乾爲骨、坤爲肉、艮乾三覆坤在肉之外、故爲皮膚爲小木、堅多節之木恆小爲碩果、卽果蓏也、乾上故碩、爲碩、碩果也爲豹、爲狼、爲小狐、皆黔喙之屬、艮小故小狐爲尾、黔喙之屬多長尾兌爲妹、少女爲妻、艮妻爲朋、陽爲朋與震二爲友、氣爲友與艮通爲講習、象曰君子以朋友講習、爲刑人、注云兌折震足、爲見刑斷足者、爲刑、折、卽毀爲小、爲少、幼也兌少女、爲密、艮愼兌密同氣、爲通、山澤通氣、爲見、雜卦注云兌陽息二爲見、爲右、兌西方、爲下、澤下也、爲少知、乾爲知兌未成乾爲少知、爲契、刻木兩書一札同而別之、兌爲附決、連附而分之象

周易序卦　虞氏注

有天地然後萬物生焉（謂乾坤）盈天地之間者唯萬物、故受之以屯、屯者盈也、屯者萬物之始生也、物生必蒙、故受之以蒙、蒙者物之穉也、物穉不可不養也、故受之以需、需者飲食之道也、飲食必有訟、故受之以訟、訟必有衆起、故受之以師、師者衆也、衆必有所比、故受之以比、比者比也、比必

有所畜故受之以小畜物畜然後有禮故受之以履履者禮也履然後安故受之以泰泰者通也物不可以終通故受之以否物不可以終否故受之以同人與人同者物必歸焉故受之以大有有大有不可以盈故受之以謙有大而能謙必豫故受之以豫豫必有隨故受之以隨以喜隨人者必有事故受之以蠱蠱者事也有事然後可大故受之以臨臨者大也物大然後可觀故受之以觀【注】臨反成觀二陽在上故可觀也可觀而後有所合故受之以噬嗑嗑者合也【注】頤中有物食故曰合也物不可以苟合而已故受之以賁賁者飾也【注】分剛上文柔故飾致飾而後亨則盡矣故受之以剝剝者剝也物不可以終盡剝窮上反

下注陽四月窮上消遘至坤者也釋窮上之義巳午爲上亥子爲下也故受之以復復則不妄矣故受之以无妄有无妄物然後可畜故受之以大畜物畜然後可養故受之以頤頤者養也注天地養萬物聖人養賢以及萬民不養則不可動故受之以大過注人頤不動則死故受之以大過大過否卦否閉之卦棺槨之象也物不可以終過故受之以坎坎者陷也陷必有所麗故受之以离离者麗也

有天地注謂天地否也然後有萬物注謂否反成泰天地壹壺萬物化醇故有萬物也上經明乾坤下經明泰否故諸家並謂上經言天道下經言人事也有萬物然後有男女注謂泰已有否有讀如又否三之上反正成咸咸艮爲男兌爲女故有男女有男女然後有夫婦注

咸反成恆，震爲夫，巽爲婦，故有夫婦也。有夫婦然後有父子，注 謂咸上復乾成遯，乾爲父，艮爲子，故有父子。有父子，然後有君臣，注 謂遯三復坤成否，乾爲君，坤爲臣，故有君臣也。不言遯反成大壯、遯消卦、无反大壯之理，故消成否，反泰而息大壯也。有君臣然後有上下，注 否乾君尊上，坤臣卑下，天尊地卑，故有上下也。有上下，然後禮義有所錯。注 錯，置也。謂天君父夫象尊錯上，地婦臣子禮卑錯下，坤地道、妻道、臣道，故禮義有所錯者也。虞君注序卦之例，略見於此。然全篇之注殘闕已甚，以意補之，恐違闕如之義，故守其略，別於消息通之。夫婦之道不可以不久也，故受之以恆。恆者，久也。物不可以終久於其所，故受之以遯。遯者，退也。物不可以終遯，故受之以大壯。遯而傷物不可以終壯，故受之以晉。晉者，進也。進必有所傷故受之以明夷夷者傷也傷於外者必反於家故受之以家人【注】晉時在外家人在內故反家人謂離二也離二進麗五退反居下故晉爲家人此序卦消息也家道窮必乖故受之以睽睽者乖也乖必有難故受之以蹇蹇者難也物不可以終難故受之以解解者緩也緩必有所失故受之以損損而不已必益故受之以益益而不已必決故受之以夬夬者決也決必有遇故受之以遘遘者遇也物相遇而後聚故受之以萃萃者聚也聚而上者謂之升故受之以升升而不已必困故受之以困困乎上者必反下故受之以井井道不可不革故受之以革革物者莫若鼎故受之以鼎主器者莫若長子故受之以震震者動也物不可以終動止之故受

之以艮艮者止也物不可以終止故受之以漸漸者進也注否三進之四巽爲進也進必有所歸故受之以歸妹注震嫁兌兌爲妹嫁歸也得其所歸者必大故受之以豐豐者大也窮大者必失其居故受之以旅旅而无所容故受之以巽巽者入也入而後說之故受之以兌兌者說也注兌爲講習故學而時習之不亦說乎說而後散之故受之以渙渙者離也注風以散物故離也物不可以終離故受之以節節而信之故受之以中孚有其信者必行之故受之以小過有過物者必濟故受之以既濟物不可窮也故受之以未濟終焉乾鑿度曰孔子曰陽三陰四位之正也故易卦六十四分而爲上下象陰陽也夫陽道純而奇故上篇三十所以象陽也陰道不純而偶故下篇三十四所以法陰也乾坤者陰陽之根本萬物之

祖宗也。爲上篇始者，尊之也。离爲日，坎爲月，日月之道，陰陽之經，所以終始萬物，故以坎离爲終。咸恆者，男女之始，夫婦之道也。人道之興，必由夫婦，所以奉承祖宗，爲天地主也，故爲下篇始者，貴之也。既濟未濟爲最終者，所以明戒慎而存王道。孔子曰：泰者，天地交通，陰陽用事，長養萬物也。否者，天地不交通，陰陽不用事，止萬物之長也。上經象陽，故以乾爲首，坤爲次，先泰而後否。損者，陰用事，澤損山而萬物損也，下損以事其上。益者，陽用事，而雷風益萬物也，上自損以益下。下經以法陰，故以咸爲首，恆爲次，先損而後益，各順其類也。

周易雜卦　虞氏注

乾剛坤柔。注 乾剛金堅，故剛。八卦配五行，乾爲金，古人以金象陽也。坤陰和順，故柔也。

比樂師憂。注 比五得位，建萬國，故樂。師三失位，輿尸，故憂。

臨觀之義，或與或求。臨二陽通陰，故與。觀五在上，下觀而化，故求。

屯見而不失其居，蒙雜而著。注 陰出初震，故見。盤桓利居貞，故不失其居。蒙二陽在陰位，故雜。初雜爲交，故著。陰陽初雜，是其交。

震起也，艮止也【注】震陽動行，故起；艮陽終止，故止。損益衰盛之始也呂氏音訓：盛衰，陸氏曰：鄭虞作衰盛。今釋文闕。【注】損泰初益上，衰之始；益否上益初，盛之始。大畜時也，无妄災也【注】大畜五之復二成臨由萃五也時舍坤二五下居二故時舍，故時也；无妄上之遯初，子弒父遯子弒父，故上之初爲无妄以救之，故災者也。萃聚而升不來也【注】坤衆在內，故聚；升五不來之二五當升二，故不來。之內曰來也。謙輕而豫怡也【注】謙位三賤，故輕；豫薦樂祖考，故怡。怡或言怠也。噬嗑食也，賁无色也【注】頤中有物，故食；賁離日在下，五動巽白賁小利有攸往，謂五，故五動巽爲白，故无色也。兌見而巽伏也【注】兌陽息二，故見，則見龍在田；巽乾初入陰，故伏也。隨无故也，蠱則飾也【注】否上之初，君子弗用體乾初九，故无故也。

故謂舊也否陰卦隨通陽也蠱泰初上飾坤故則飾也剝爛也復反也

注剝生於遘陽得陰孰故爛復剛反初晉晝也明夷誅也

注誅傷也离日在上故晝也明入地中故誅也陽當有所誅傷井通而困相遇也注泰初之五爲坎故通也困三遇四三伏陽出四之正相遇也故相遇也咸速也恆久也注相感者不行而至故速也日月久照四時久成故久也渙離也節止也注渙散故離節制數度故止解緩也蹇難也注雷動出物故緩蹇險在前故難睽外也家人內也注离女在上故外也家人女正位乎內故內者也否泰反其類也注否反成泰泰反成否故反其類終日乾乾反復之道大壯則止遯則退也

注大壯止陽陰傷陽陽故止遯陰消陽陽故退巽爲退者也

大有眾也同人親也【注】五陽並應故眾也夫婦同心故親也革去故也鼎取新也【注】革更故去鼎亨飪故取新也小過過也中孚信也【注】五以陰過陽故過信及遯魚故信也豐多故親寡旅也【注】豐大故多多故謂故舊多旅无容故親寡六十四象皆先言卦及道其指及當爲乃至旅體离四焚棄之行又在旅家故獨先言親寡而後言旅离上而坎下也离五自遯初故上坎由觀上之二故下韓康伯云火炎上水潤下義亦通小畜寡也履不處也【注】乾四之坤初成震豫四之坤初爲復豫四卽乾四一陽在下故寡也小畜以一陰畜復乾三之坤上成剝剝上反三爲謙謙三之坤初息履故本剝言之也剝窮上失位故不處履以謙三行乾故不處需不進也訟不親也【注】險在前也故不進天水違行故不親也大過顚也【注】顚殞也頂載澤

中（載當爲滅）故顚也遘遇也柔遇剛也注坤遇乾也漸女歸待
男行也注兌爲女艮爲男反成歸妹巽成兌故女歸待艮
成震乃行故待男行也頤養正也注謂養三五（三五不正）五之
正爲功三出坎爲聖故曰頤養正與蒙以養正聖功同義
也既濟定也注濟成句六爻得位定也歸妹女之終也注
歸妹人之終始女終於嫁從一而終故女之終也未濟男
之窮也注否艮爲男位（否象父子正）否五之二六爻失正而來
下陰（下陰謂五也）未濟主月晦乾道消滅故男之窮也夬決也
剛決柔也君子道長小人道消也注以乾決坤故剛決柔
也乾爲君子坤爲小人乾息故君子道長坤體消滅故小
人道消諭武王伐紂自大過至此八卦不復兩卦對說大

過死象兩體遘決字誤當爲遘夬故次以遘而終於夬言君子之決小人故君子道長小人道消注唯言始遘終夬不言其次以君子決小人之義推之遘小人之始漸小人之行頤君子之始既濟君子之成歸妹陰終未濟陽窮也然六十四卦雜糅之次以大過言之皆由卦象消息注既不說今亦闕焉雜卦者雜六十四卦以爲義其於序卦之外別言也昔者聖人之興因時而作隨其所宜不必皆相因襲當有損益之意也故歸藏名卦之次亦多異禮記孔子曰吾得坤乾焉鄭氏注云其書存者有歸藏則歸藏之書漢末猶存鄭君與虞皆見之也於時王道踳駮聖人之意或欲錯綜以濟之故次序卦以其雜也自雜卦者以下文見正義

周易虞氏義卷之九　五月初九日校畢

周易虞氏消息卷之一

張惠言學

易有太極爲乾元弟一

繫曰易有太極是生兩儀注云太極太一也分爲天地故生兩儀也

又曰一陰一陽之謂道

又曰陰陽不測之謂神

又曰唯神也故不疾而速不行而至注云謂日月斗在天日行一度月行十三度故不疾而速星寂然不動感而遂通故不行而至者也

又曰聖人有以見天下之嘖注云嘖謂初又云元善之長

又曰天下之動貞夫一者也注云一謂乾元

又曰變化云為吉事有祥注云謂復初乾元者也

又曰此之謂易之道也注云乾稱易道

又曰知變化之道者其知神之所為乎注云陰陽不測之謂神

乾鑿度曰有太易有太初有太始有太素太易者未見氣也太初者氣之始也太始者形之始也太素者質之始也易无形畔易變而為一一變而為七七變而為九九者氣變之究也乃復變而為一一者形變之始鄭氏注云陽氣內動周流終始然後化生一之形氣也清輕者上為天濁重者下為地物有始有壯有究故三畫而成乾注云象一七九也乾坤相並俱生物有陰陽因而重之故六畫而成卦易无形畔者

太易也未見氣也一七九、曰氣變是太初也、鄭注以七爲太初九爲太始復變爲一爲太素者失之說文解字之義惟初太始道立於一、惟初太始太始之初二三四皆从積數、四古文作亖其从丱象四方分布蓋非初義五象交午、古文从乂六从入而八分七象氣出於一、初動屈而直出說文以爲微陰非也當爲微陽八象分別相背之形九象屈曲究盡、十象氣具四方中央易變而爲一者、太易動而有氣也積三午。五動。七。而上出。故曰一變而爲七、七至九。而究盡故曰七變而爲九陰陽之。氣相並俱生。易變而爲一、則二。亦生。矣。積。三。交。乂。而動、一變而七、則二。亦。變而爲。八。矣。陽動。而進。陰。動。而退。七。上。出。八。當下入。故。八象分別相背。也。七上究而九、則八。亦。下究。而六矣。故。六。从。八。入。也。五交於中十則具焉。函三爲一，故復變而爲一。此一爲形變之始，則猶太始也。有形而无質，是爲太極。分爲天地而有質，乃爲太素。天地既立，則太極之氣，出陽入陰，變天化地，以生萬物，是乃所謂易也。太極雖兼有陰陽，然陰不自生，麗陽而生。太易之所以動者，是陽而非陰，故言一七九，不言二八六。天地之所以變化者，亦皆陽，非陰也。鄭氏注乾鑿度下卷云：乃復變而爲一。一當爲二。二變而爲六，六變而爲八，與陽迭變而俱進，失之。太極不可見，以其主乎天，故指太一以況之。鄭氏云：太一者，北辰之神名，居其所曰太一，常行於八卦日辰之間曰天一，常行於八卦日辰之間，即變化消息也。太極之行又不可見，故指日月斗以況之。日月相運而成四時二十四氣七十二候。是太極變化之迹。故謂之神。神卽太極也。自太一居所則謂之道。一陰一陽。一二七八九六是已。易者合道與神而名太極者也。聖人以三畫象一七九而謂之乾。卽太極也。既立乾然後效之而爲坤。則以乾象天以坤象地。七九象陽之氣。八六象陰之氣。而以一爲乾元。故曰天下之動貞夫一者也。是天下之初。故曰至嘖也。其在爻則爲復。初以其爲乾之最初也。二麗於一。乾有元而坤凝之以爲元。其實坤无元也。乾元之氣正乎六位。則謂之道。卽太極之正也。行乎陰陽出入變化。則謂之神。卽太極之行也。

日月在天成八卦弟二

繫曰庖犧氏始作八卦注云謂庖犧觀鳥獸之文鳥獸謂日月則
天八卦效之易有太極是生兩儀兩儀生四象四象生八
卦八卦乃四象所生非庖犧之所造也故曰象者象此者
也則大人造爻象以象天卦可知也而讀易者咸以爲庖
犧之時天未有八卦恐失之矣天垂象示吉凶聖人象之
則天已有八卦之象

又曰縣象著明莫大乎日月注云謂日月縣天成八卦象三
日莫震象出庚八日兌象見丁十五日乾象盈甲十七日
旦巽象退辛二十三日艮象消丙三十日坤象滅乙坤注云二
十九日晦夕朔旦坎象流戊日中則离离象就己戊己土位
象見於中日月相推而明生焉故縣象著明莫大乎日月

者也

又曰兩儀生四象四象生八卦注云四象四時也乾坤生春艮兌生夏震巽生秋坎離生冬者也

又曰八卦成列象在其中矣注云謂三才成八卦之象乾坤列東艮兌列南震巽列西坎離在中故八卦成列則象在其中

又曰五位相得而各有合注云謂五行之位甲乾乙坤相得合木謂天地定位也丙艮丁兌相得合火山澤通氣也戊坎己離相得合土水火相逮也庚震辛巽相得合金雷風相薄也天壬地癸相得合水言陰陽相薄而戰於乾故五位相得而各有合或以一六合水二七合火三八合木四

九合金五十合上也

日月者太極之神天地四時陰陽詘信之象皆於日月著之月无光受日爲明以此知陰之生皆陽也繫曰天一地二天三地四天五地六天七地八天九地十注云此則大衍之數五十有五水一六火二七木三八金四九土五十甲一乙二丙三丁四戊五己六庚七辛八壬九癸十也水一六火二七者鄭氏云天一生水于北地二生火于南天三生木于東地四生金于西天五生土于中陽无偶陰无配未得相成地六成水于北天七成火于南地八成木于東天九成金于西地十成土于中甲一乙二者月令曰春其日甲乙夏其日丙丁中央其

曰戊己秋其日庚辛冬其日壬癸鄭氏注云日之行春東從青道發生萬物月爲之佐時萬物皆解孚甲自抽軋而出故名甲乙日之行夏南從赤道長育萬物月爲之佐時萬物皆炳然著見而强大故名丙丁日之行四時之閒從黄道月爲之佐至此萬物皆枝葉茂盛其含秀者抑屈而起故名戊己日之行秋西從白道成熟萬物月爲之佐萬物皆肅然改更秀實新成故名庚辛日之行冬北從黑道閉藏萬物月爲之佐時萬物懷任於下揆然萌芽故名壬癸然則五行之數爲四時之體十日之數爲四時之象所謂兩儀生四象者甲乙春丙丁夏庚辛秋壬癸冬也由是而觀日月之行則月三日昏

見於庚明生於下震象也八日上弦見丁明盛於下兑象也十五日盈於甲明滿乾象也是爲陽息十七日晨見於辛魄生於下巽象也二十三日下弦見丙魄盛於下艮象也二十九日入於乙明盡坤象也是爲陽消晦朔之閒日月藏於癸合於壬陰陽相通坎离象也故月至甲乙而乾坤象見故乾坤生乎春乾甲坤乙相得合木也至丙丁而艮兑象見故艮兑生乎夏艮丙兑丁相得合火也至庚辛而震巽象見故震巽生乎秋震庚巽辛相得合金也日月會於壬癸而坎离象見故坎离生乎冬日月之會不可見以望之月中晝之日中見其象故坎离生乎壬癸而位乎中宫坎戊离己相得合土天

壬地癸相得合水戊己壬癸皆坎离也此之謂四象生八卦

天地之數

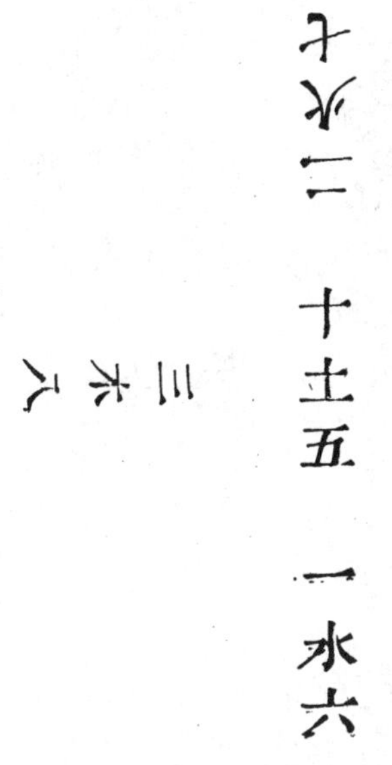

此即陳摶所謂形洛書也

日月之數

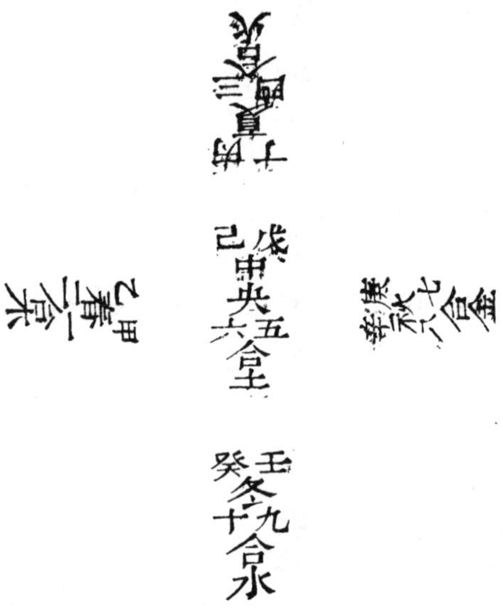

八卦之數

庚 震日出庚 三日象
辛 巽日退辛 十七日象

丁 兌見丁 八日象
丙 艮消丙 二十三日

坎戊 月精
離己 日光

壬 三十日月會於壬
癸 滅藏於癸

乙 坤入乙 二十九日消
甲 乾盈甲 十五日象

此圖惠徵士所作

庖犧則天八卦第三

說卦曰昔者聖人之作易也幽贊於神明而生蓍　繫曰无有遠近幽深遂知來物注云神以知來感而遂通謂幽贊神明而生蓍也　又曰探賾索隱鉤深致遠注云探取賾初也初隱未見故探賾索隱則幽贊神明而生蓍

又曰易有太極是生兩儀兩儀生四象四象生八卦注又云兩儀謂乾坤也乾二五之坤成坎离震兌震春兌秋坎冬离夏故兩儀生四象乾二五之坤則生震坎艮坤二五之乾則生巽离兌故四象生八卦

說卦曰乾天也故稱乎父坤地也故稱乎母震一索而得男故謂之長男巽一索而得女故謂之長女坎再索而得男

故謂之中男離再索而得女故謂之中女艮三索而得男故謂之少男兌三索而得女故謂之少女

日月之象若止觀其進退唯震兌乾巽艮坤六卦可見而乾坤之象疑於日月聖人觀天之文察地之理得乾坤爲天地之象因以得乾坤相合爲日月之象因以得日月進退爲乾元之象故其作易也先以三畫象太極之一七九又效法爲二八六之三畫以爲乾坤而象天地是太極生兩儀由是而觀乾元之行一施而爲坎再施而爲離一息而爲震再息而爲兌故曰乾二五之坤成坎離震兌二五者中氣非謂爻名皆陽生也由是而布之坎陽之中以爲月而配冬天地一生水乾元亦一生坎也離

陽之見以爲日而配夏天地二生火乾元亦二生离也震陽之生以爲雷而配春三生木也兌陽之成以爲雨而配秋四生金也此兩儀生四象矣既象其息乃復象其消兌之反爲巽雨之散則爲風震之反爲艮雷自上則爲霆於是乾下就坎以成陽而配寒坤上就离以成陰而配暑然後與日月之象合焉繫曰剛柔相摩八卦相蕩鼓之以雷霆潤之以風雨日月運行一寒一暑謂此也故震成艮坎藏乾兌成巽离藏坤此四象生八卦也由是而布之八卦成列乾得甲一坤得乙二艮得丙三兌得丁四坎得戊五离得己六震得庚七巽得辛八天九地十合於坎离得三十爲一月之日數則乾一艮

三坎五震七皆得天數故以乾爲父而生三男故曰乾二五之坤則生震坎艮也說卦云一索三索明易逆數坤二兌四离六巽八皆得地數故以坤爲母而生三女故曰坤二五之乾則生巽离兌也繫曰乾道成男坤道成女謂此也消息之象离震兌乾爲陽坎巽艮坤爲陰所以明乾元變化太極八卦已具則乾震坎艮爲陽坤巽离兌爲陰所以明乾坤正陰陽出入易道此庖犧所以幽贊神明也由是而乘天地之數五十有五地不盈而從天太元曰五與五相守十亦五也則大衍之數五十乾甲合离六爲七坤乙合坎五爲七七七四十九故其用四十有九虛一以象乾元焉陽息於震七陰消於巽八其數之奇偶與消息不

殊。故。七。八。爲。陰。陽。之。象。數。坎離合天地坎五進而天九地十退而離六陰動退陽動進坎。於。消。息。陰。而。數。變。陽。離。於。消。息。陽。而。數。變。陰。故。九。六。爲。陰。陽。之。變。數。不用三四者易數一七九二八六也故曰四營而成易則。七。八。九。六。謂。之。易。也。夫。是。之。謂。生。蓍。

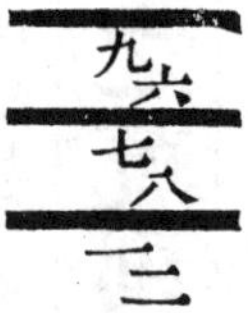

乾元

太極生兩儀

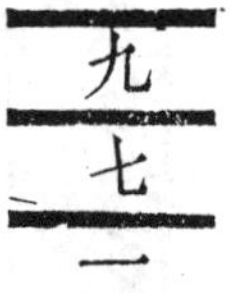

乾天

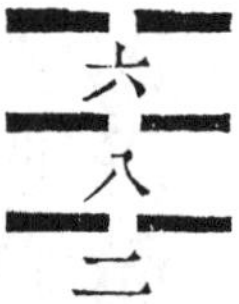

坤地

乾二五之坤

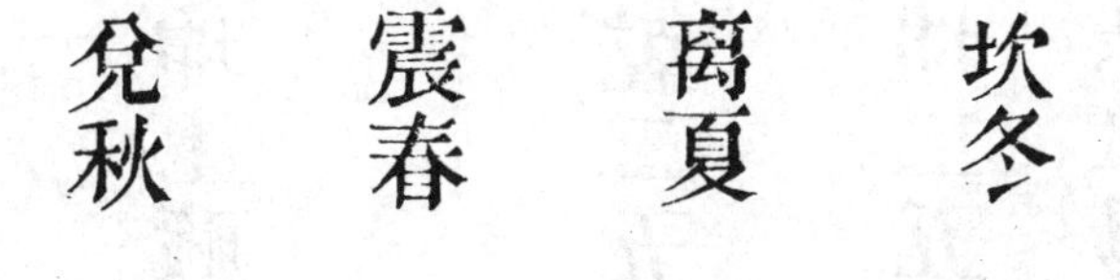

一水　坎冬

二火　离夏

三木　震春

四金　兌秋

兩儀生四象

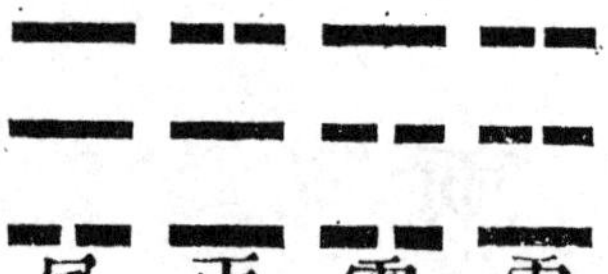

震反成艮

兌反成巽

乾下藏坎

坤上藏离

四象生八卦

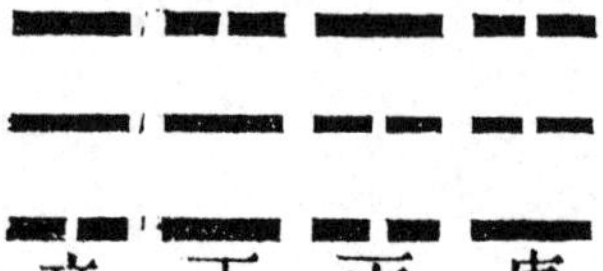

乾二五之坤

坤二五之乾

乾坤生六子陽逆七五三陰順四六八易逆數故坤亦八六四爲次

八卦成列
天地定位
山澤通氣
雷風相薄
水火不相射
一 二 三 四 五 六 七 八 九 十
甲 乙 丙 丁 戊 己 庚 辛 壬 癸

雷霆風雨日月寒暑者、四時八卦之象也、天地山澤雷風水火者、乾坤生八卦之象也、

乾坤六位第四

說卦曰、參天兩地而倚數、注云、倚立參三也、謂分天象爲三才、以地兩之、立六畫之數、　又曰、故易六畫而成卦、注云、謂參天兩地、乾坤各三爻、而成六畫之數也、　又曰、易六畫而成章、注云、乾三畫成天文、坤三畫成地理、

繫曰、錯綜其數、注云、倚六畫之數、卦從下升、故錯綜其數、逆上稱錯綜理也、

又曰、天尊地卑、乾坤定矣、注云、天貴故尊、地賤故卑、定謂成列、　卑高以陳、貴賤位矣、注云、乾高貴五、坤卑賤二、列貴

賤者存乎位也

又曰一陰一陽之謂道繼之者善也成之者性也注云繼統也謂乾能統天生物坤合乾性養化成之

太極一七九二八六並生分而畫乾坤雖已足明消息而於以陽統陰以陰成陽之道猶未能著故庖犧分乾三畫象天地人以坤兩之而爲六畫象陰並乎陽易氣從下生其畫一陽一陰逆上而鍇初乾二坤爲地道三乾四坤爲人道五乾上坤爲天道此則一七九二八六之正位三才之定理各正性命保合太和故曰一陰一陽之謂道也陰陽相並乾元統天坤化成之故曰繼之者善成之者性則率性之謂道也陰陽既各相並爲三

才故其象則陽七陰八變則陽九陰六數皆十五故乾鑿度曰一陰一陽合于十五之謂道象變之數若一謂此也乾元一七九无二八六則數不立參天兩地而七八九六之象顯故謂之倚數虞君注通其變云立卦之始乾坤各相親足以明之矣天道正位五故尊貴也地道正位二故卑賤也成列則一陰一陽之謂

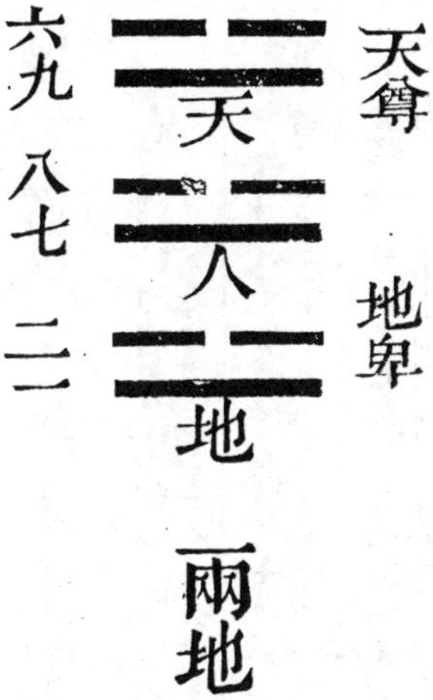

乾坤立八卦弟五

說卦曰觀變於陰陽而立卦。注云乾坤剛柔立本者。卦謂六爻。陽變成震坎艮。陰變成巽离兌。故立卦。六爻三變。三六十八。則十有八變而成卦。八卦而小成是也。繫曰陽一君二民。陰二君一民。不道乾坤者也。

繫曰剛柔相摩八卦

相蕩注云乾以二五摩坤成震坎艮坤以二五摩乾成巽离兌故剛柔相摩則八卦相蕩也　又曰其稱名也小注云謂乾坤與六子俱名八卦而小成

又曰天地定位山澤通氣雷風相薄水火不相射八卦相錯注云謂乾坤五貴二賤故定位也艮兌同氣相求故通氣震巽同聲相應故相薄射厭也水火相通坎戊离己月三十日一會於壬故不相射也錯摩則剛柔相摩八卦相蕩也　又曰雷以動之風以散之雨以潤之日以烜之艮以止之兌以說之乾以君之坤以藏之

一陰一陽乾坤成列易立其中而出消息則八卦各以其爻貞於六位乾坤貞二五是爲定位艮兌貞天位是

爲通氣震巽貞地位是爲相薄坎离貞八位是爲不相射卦位既正剛柔乃可相摩然必分陰分陽而後可以迭用柔剛是以重乾爲六爻皆陽七九重坤爲六爻皆陰八六爲陰陽消息之本故曰剛柔者立本者也於是乾以二五摩坤成三男卦坤以二五摩乾成三女卦各就其貞於六位而變成之六爻三變者謂坎則初二三离則四五上震則三四五巽則初二上艮則初五上兑則二三四也十有八變而六子之卦成乾坤與之俱出入八方之氣八卦相錯逆上而名之雷風雨日艮兑乾坤其次也所謂乾坤與六子俱名八卦而小成也乾坤必與六子並列然後可以消息而生六十四卦也

六子之序雖自下而上、然乾坤相摩、亦先定坎離、繫末章注云、乾二五之坤成坎、坤二五之乾成離、離有巽兌、坎有震艮、八卦體備是也

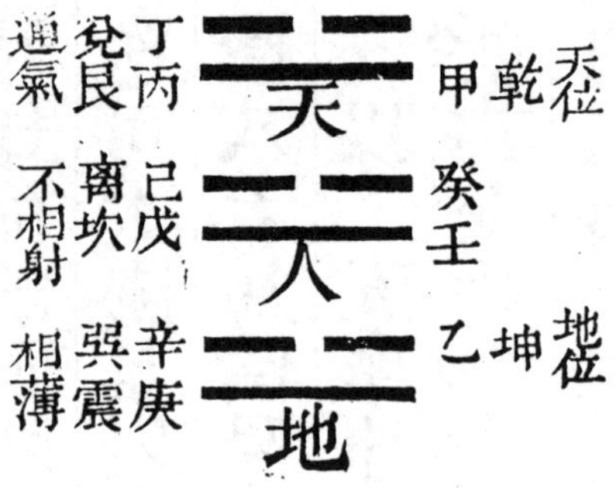

獨言天地定位者、六子皆逆上、唯甲乙上下正也

剛柔立本不由爻變

乾二五之坤

坤二五之乾

六畫爲六位分屬乾坤還爲三才故坎离貞八位在二五

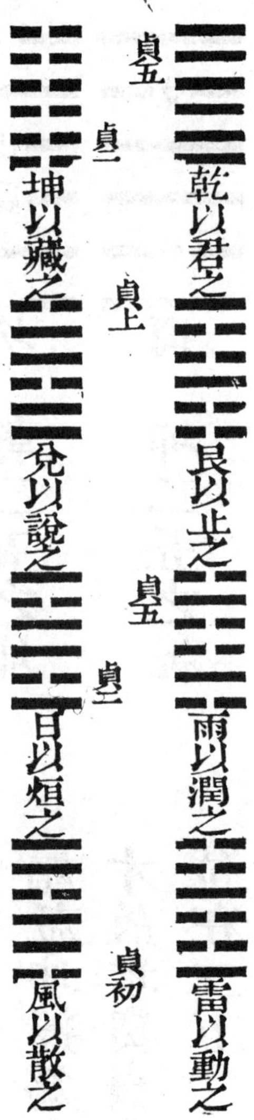

八卦消息成六十四第六

說卦曰發揮於剛柔而生爻注云發動揮變變剛生柔爻變柔生剛爻以三爲六也因而重之爻在其中故生爻　和順於道德而理於義注云和順謂坤道德謂乾以乾通坤謂之理義也　窮理盡性以至於命注云以乾推坤謂之

窮理以坤變乾謂之盡性性盡理窮故至於命與爲命也

繫曰觸類而長之注云觸動也謂六畫以成六十四卦其取類也大則發揮剛柔而生爻也　又曰其取類也大注云謂乾陽也觸類而長之故大也

又曰開而當名注云陽息出初故開而當名　又曰其稱名也小注云復小而辯於物者矣　又曰其稱名也雜而不越繫陳九卦之德而曰易之興也其於中古乎注以中古爲庖犧則六十四卦庖犧名之矣

以三爲六因而重之則八卦爲六十四亦只是各加八卦然若換次添加截然整齊天地之道不如此也故聖人必以乾元觸類而長六爻發揮旁通乃成六十四卦所以發明一陰一陽之道乾變坤化之神此聖人窮理

盡性之極功也、鬼神之情狀於是而見存亡吉凶於是而要、注中凡云自某之旁通某卦者皆是、

卦變消息蓋孟氏之傳也荀氏亦言之而不能具其他則多舛矣其法有爻之有旁通有消息卦有消息所生之卦、注雖殘闕考約求之蓋乾坤十二辟卦爲消息卦之正其自臨遯否泰大壯觀生者謂之爻例自乾坤生者不從爻例每二卦旁通則皆消息卦也消息卦皆在乾坤相合之時則剝復夬遘泰否之交也

䷀乾注云乾始開通以陽通陰、䷁坤注云陰極陽生乾流坤形坤含光大凝乾之元終於坤亥出乾初子、

乾通陰下有伏坤坤息陽中有凝乾、

䷗復注云陽息坤與遯旁通䷠遯注云消卦也與復旁通

繫曰龍蛇之蟄以存身也注云陰息初巽爲蛇陽息初震爲龍十月坤成十一月復生遯巽在下龍蛇俱蟄遯象傳注云復震二月東方遯五月南方巽八月西方復十一月北方皆總在初故以詰四方又注繫退藏於密云陽動入巽齊於巽以神明其德卽此復遯旁通之義葢謂乾陽牝坤出震伏巽在下以神明其德坤陰入乾體復一爻以通陰極遯而生巽也

䷒臨注云陽息至二與遯旁通䷠遯注云陰消遯二也臨消於遯八月有凶謂否泰反類也遯不云與臨旁通

者闕也鄭氏義以爲臨自周二月用事訖其七月至八月而遯卦受之終而復始明辟卦古有二卦貞一歲之法卽旁通意也

䷊泰注云陽息坤反否也䷋否注云陰消乾又反泰也雜卦曰否泰反其類也凡否泰之成无不卽反故乾九三陽息泰就三反復道能接乾生乾坤三已發成泰不能體復至四反成否故六四括囊而成觀又既濟彖注云終止於泰則反成否是其義也

䷡大壯注云陽息泰也䷓觀注云反臨也

觀不云陰消否者泰反復道則息大壯否不反泰括囊而成觀反臨爲義陽道也取義既別故不云旁通其實

亦旁通也。

䷪夬注云陽決陰也與剝旁通䷖剝注云陰消乾也與夬旁通

剝象曰君子尚消息盈虛天行也注云易虧巽消艮出震息兌盈乾虛坤夬出乾剝入坤皆乾爲之繫注云以乾原始以坤要終此之謂也

右十二卦陽出震爲復息兌爲臨盈乾爲泰泰反否括囊成觀終於剝而入坤復反於震陽虧於巽爲遘消艮爲遯虛坤爲否否反泰復成大壯決於夬而就乾復入於巽是爲十二消息坎離者乾坤之合不入消息中乾坤旣合則坎離爲舍出生萬物是其用也故復曰出入

无疾注云謂出震成乾入巽成坤坎爲疾十二消息不見坎象故出入无疾是也

䷜坎注云乾二五旁行流坤與离旁通於爻觀上之二

䷝离注云坤二五之乾與坎旁通於爻遯初之五

䷵歸妹注云乾主壬坤主癸日月會北天地以离坎戰陰陽所謂易出乾入坤者离坎之神也既從乾坤又云觀遯來者天地之交出入无形其成爻象必假十二消息凡乾坤詘信之卦皆同此或表嫌明微則不從十二卦矣

䷛大過注云大壯五之初或兌三之初

䷚頤注云晉四之初或臨二之上與大過旁通

大過坎象也。頤離象也。皆從乾坤來。大過象注云：陽伏巽中，體復一爻，潛龍之德，乾初同義。頤彖注云：反復不衰，與乾坤坎離大過小過中孚同義。故知大過體坎乾初所伏，頤體離坤初所伏。大過旁頤，故頤云與大過旁通。大過不言者，畧也。此別異之從兌晉，仍有大壯臨爻例者，蓋在消卦中依息卦而成象，坎離在息卦依消卦成象，明乾坤合也。兌陽之盛，晉乾之遊魂也。

䷽小過注云：晉上之三。當從四陰二陽臨觀之例，臨陽未至三，而觀四已消也。䷼中孚注云：訟四之初也。此當從四陽二陰之例，遯陰未及三，而大壯陽已至四，故從訟來。小過內離而外坎，中孚內坎而外離，此亦乾坤交通二

卦兼有消息不旁通

右此六卦坎离乾坤之合自剥至復陽由此出歸妹注云日月會壬震爲元黃天地之雜是也自夬至遘陰陽當會於大過頤大過所謂陽伏巽中體復一爻則通頤而巽生震下可知也以日月消息言之二十九日滅坤會壬三日而生震坎离之合也十五日盈甲十七日消巽則十六日會於中宮若正坎离交則當息陽故知大過頤合乾坤成消體也小過中孚不旁通其消息在臨觀遯大壯之閒則否泰反類乾坤所交泰消於小過否息於中孚亦與剥復夬遘同義也

䷎謙注云乾上九來之坤與履旁通彭城蔡景君說剥上

來之三。䷉履注云與謙旁通以坤履乾

䷆師注闕䷌同人注云旁通師卦以乾照坤

䷇比注云師二上之五得位與大有旁通䷍大有注云

與比旁通大有亨比以乾亨坤又繫注云乾五動之坤謂比五是乾五

右此六卦皆體坎離是乾坤之交蓋剝復之消息也注雖不備以爻推之復入坤出震之義可見乾盡於剝消藏坤中上九之坤爲艮成謙復注云剛不從上來反初又云三復位時離爲目坎爲心是也謙以三之坤初爲復上息小畜例通謙成履離坎在三謙三之坤二爲師師二之坤初爲復上息通師成同人坎離在二師二上之

坎三折本无坎字

坤。五。正。位。爲比、比。五。之。坤。初。爲。復。上。息、通。比。成。大。有、坎。离。在。五、天。心。正。矣、所。謂。復。見。天。地。之。心。者、繫曰、精氣爲物、遊魂爲變、原始及終、故知死生之說、其謂是乎、京氏積筭、乾遊魂用离、坤遊魂用坎、亦此義也、三微成著、故坎三息而元黄成、蓋。由。是。而。合。於。离。坎。

䷂屯注云、坎。二。之。初、剛柔交震、䷱鼎注云大壯上之初、與。屯。旁。通。

鼎彖注云、五得上中應乾五剛、此。乾。五。即。屯。五。也、鼎乾通屯坤、

右此二卦旁通、義同前六卦、蓋。离。坎。後。將。出。震。之。消。息。也。日月會壬癸、震爲元黄、天地之雜、此屯象也、鼎乾通

之陽出震而復見雜卦曰鼎取新則此也屯坎二之初
則鼎离二之初陽生不取陰卦故從大壯而變其例
䷏豫注云復初之四與小畜旁通䷈小畜注云與豫旁
通豫四之坤初爲復復小陽潛所畜者小故曰小畜
䷬萃注云觀上之四䷙大畜注云大壯初之上與萃旁
通此萃五之復二成臨臨者大也故名大畜
䷦蹇注云觀上反三䷥睽注云大壯上之三在繫蓋取
无妄二之五
右此六卦蹇睽雖不言旁通然蹇五注云睽兑爲朋是
旁通睽也睽注云五應乾五伏陽與鼎五同義乾五伏
陽則是蹇五故此二卦與豫小畜萃大畜同爲旁通注

闕耳此爻遘中閒消息也文言注云乾為積善以坤牝陽滅出復震為餘慶坤積不善以乾通坤極遘生巽為餘殃是知坤凝乾元麗陽而生爻之生遘亦乾元入坤為之遘注云爻時三動離為見蓋爻浸於上坤上六反三動而體坎為坤之遊魂豫自復初之四者遘復旁通復初本乾上降三爻三即乾三復初之四實爻三之坤四言復初明其為乾元也豫四降初為復息成小畜陰畜復陽所謂凝乾元也豫四息五成萃二陽反故云觀上之四萃五之復二成臨息大畜陰畜臨陽萃四反三成蹇蹇三之復二成臨息睽陰凝乾五故云睽五應乾五伏陽蓋由是而乾坤合於大過頤也剝復之卦唯以

乾坤通息妻遘之卦必兼爻變者乾施於陰非其消息
故假於消息卦來也
䷃蒙注云艮三之二䷰革注云遯上之初與蒙旁通彖
注云坤革而成乾
右此二卦以革乾通蒙坤猶屯鼎蠱大過頤後將遘巽
之消息也蒙二注云震剛為夫伏巽為婦此見遘巽成
於蒙震也革乾通之天地相遇雜卦曰革去故也故謂
乾陽屯鼎由坎離蒙革蠱由大過頤皆初之二以陰消
之故取艮成終遯消乾也
䷑蠱注云泰初之上與隨旁通䷐隨注云否上之初
蠱彖注云初變至二賁時至五无妄時是隨乾通蠱坤

䷩益注云否上之初 ䷟恆注云與益旁通乾初之坤四

恆彖注云終變成益終則有始云終則有始是以恆通

益恆變還成益也

右此旁通四卦泰否相變蠱隨泰爲否之消息也在

小過前益恆否爲泰之消息也在中孚前

䷷旅注云賁初之四否三之五非乾坤往來也與噬嗑之

豐同義明慎用刑而不留獄

䷶豐注云此卦三陰三陽之例當從泰二之四而豐自噬

嗑上來之三折獄致刑

右此二卦特變賁自泰來而旅從否噬嗑否來而豐從

泰否泰相接當在蠱隨益恆之前剝復夬遘明天道泰

否以明人事將泰折獄致刑將否无敢折獄亦其義也

䷲震注云臨二之四䷸巽注云遯二之四五爻注云震巽相薄雷風无形當變之震矣震究爲蕃鮮白謂巽白巽究爲躁卦躁卦謂震也

䷳艮注云觀五之三也䷹兌注云大壯五之三也象注云伏艮爲友

右此四卦非消息故云變伏而不旁通六子皆乾坤來而取爻例者不繫之爻无以成消息也

六十四卦消息

䷗復　陽初出震

䷒臨　兌二得朋

䷭升　初之三

䷣ 明夷 二之三

䷧ 解 初之四

䷲ 震 二之四

䷯ 井 初之五

䷊ 泰 乾○盈

䷾ 既濟 五之二

䷨ 損 初之上

䷵ 歸妹 三之四

䷻ 節 三之五

䷕ 賁 上之二

䷷ 旅 賁初之四 否三之五

䷑ 蠱 泰初之上

隨 否上之初

否 反泰○

小過 臨陽未至三而觀四已消於爻晉上之三

觀 反臨○

晉 四之五

艮 五之三

剝 消艮○

坤 入坤○

謙 乾上九來之坤

履 謙三之坤初爲復上息

師 謙三降之坤二

同人 師二之坤初爲復上息

比　師二上之五

大有　比五之坤初爲復上息

离　坤二五之乾於爻遯初之五

坎　乾二五之坤於爻觀上之二

屯　坎二之初

鼎　大壯上之初實离二之初

復　以陰北陽滅出復震爲餘慶

陽盈

遘　乾坤相遇巽象退辛

遯　艮象消丙

无妄　上之初

訟　三之二

否 坤虛

家人 初之四

巽 二之四

困 二之上

未濟 二之五

漸 三之四

咸 三之上

渙 四之二

噬嗑 五之初

豐 噬嗑上之三 泰二之四

益 否上之初

恆 泰初之四

䷊ 泰 否。反。

䷼ 中孚 遯陰未及三而大壯陽已至四於爻自訟四之初

䷡ 大壯 陽。息。泰。

䷄ 需 四之五

䷹ 兌 五之三

䷪ 夬 陽。浅。陰。

䷀ 乾 陰。就。乾

䷏ 豫 復初之四

䷈ 小畜 豫四之坤初爲復上息

䷬ 萃 觀上之四實豫四息五

䷙ 大畜 萃五之復二成臨於爻大壯初之上

䷦ 蹇 觀上反三郎萃四反三

睽 大壯上之三實蹇三之復二成臨上息或无妄二之五

大過 陽伏巽中體復一爻於爻大壯五之初或兌三之初

頤 晉四之初或以臨二之上巽伏震中

蒙 艮二之三實頤初之二

革 遯上之初實大過初之二

遘 以乾通坤極遘生巽爲餘殃

陰虛

右圖以陰順陽以乾通坤所謂和順於道德而理於義復遘妟剝无生卦陰陽微不能變化豫自復初乃乾三也

臨遯所生各四卦臨二陽大而未通之三之四而不能

之五遯艮子弑父无妄與訟皆以乾來正之非消卦无妄上之初損益之例所以成中孚也故乾元復正訟陰陽相爭消則始矣家人睽皆之四不進上體不足爲消也爻例所生臨有頤遯有離革

大壯觀所生各二卦需晉皆四之五正例也所以接剝夬艮兑皆五之三變之所以扶剝陽正夬陰也爻例所生大壯有鼎大畜睽大過觀有坎萃蹇

泰否所生各九卦注云唯豐旅變噬嗑賁餘皆乾坤往來也蠱隨益恆旅豐爲消息其外各六卦自既濟未濟以下爲反類之卦泰之反否變也失其元矣故損以初之上爲特變以誡之既濟不以二之五者自上下下交

泰之道自二往雖盛德猶爲上干也賁不以二之上者泰之壞陰爲之也否之反泰小人悔禍也故漸咸以陰求陽正否則由君子故渙噬嗑變之由陽來也泰三陽初三之變而二則否二不正也否三陰二三之變初則否初陰微也二變失位爲困爲未濟三變正位爲漸爲咸

損初上行陰猶未入初上相易而巽消見事壞矣故爲蠱隨者所以飭之二五正震在初陰隨陽雖在否猶泰也陰不隨陽故小過矣益以上之初反其元非恆不貞終則有始故中孚矣

京氏積筭遊魂在四歸魂在三乾窮剝反三歸魂也坤

小畜在四者凝乾之魂乾以遊魂索坤也乾三息自三而二而五重正位也坤三凝自四而五而三始歸魂也於京氏六位坎初爻戊寅戊申於乾五爲正位离初爻己卯己酉於坤三爲中位乾以比五通大有离故乾歸魂在离坤以睽三凝蹇坎故坤歸魂於坎

由謙之大有乾坤坎离皆見焉屯鼎以坎离生震巽豫小畜乾坤坎离象見焉萃大畜大過頤之象見焉而交乾坤蹇睽兩坎兩离之象見焉明大過頤之爲离坎也蒙革大過頤坎离之象皆見焉而震巽生二二者坤乙之正位也故生遘巽

坎生卦一屯也故知离大過頤亦當生鼎蒙革也

艮兑各生卦一、蒙大過也艮兑陰陽之盛故亦之變然皆非正生若震巽則猶復遘也

非消息而生卦者晉有小過頤无妄有睽訟有中孚晉、乾遊魂卦也无妄取其正乾元訟明其消始皆以義取之也賁特變爲旅噬嗑特變爲豐亦是泰否相就假義以生爻耳

凡陽盈之卦三十有二剛爻八十柔爻一百一十有二

陰虛之卦三十有二剛爻一百一十有二柔爻八十

䷗復反也陽始反動

䷒臨大也陽進臨陰故大

䷭升初上之三故曰升臨二當升五初之三道之

䷣明夷夷傷也陰亂於上二之三未能上躋明猶傷於陰

䷧解散也初之四坤解散

䷲震之二

四陽震動而出故曰震

䷊ **泰** 通也乾成通坤天地交故通

䷯ **井** 通也亦辭也初之五乾元正位以乾別坤天地交通取義井汲故名井也

䷾ **既濟** 濟成也五之二六交各正地平天成

䷨ **損** 初之上損下益上

䷵ **歸妹** 妹陰也三之四三者泰成之交歸於陰陽終陰始象震兌嫁兌妹者陽不可以歸陰故象之嫁妹也泰否之卦多以人事名

䷻ **節** 三之五得位損之時自節止

䷕ **賁** 飾也上之二柔來文剛

䷷ **旅** 寄也賁初之四否三之五否道巳就陽寄於坤有似羈旅

䷑ **蠱** 事當治也泰初之上乾元失正巽消於下故蠱

䷐ **隨** 否上之初與歸妹正反兌陰隨震夫故曰隨

䷽ **小過** 小謂陰六五以陰過陽也此兼臨息觀消不以晉上之三名也

䷓ **觀** 陽正乎五大觀在上所以尊陽

䷢ **晉** 進也四進之五消陽

䷳ **艮** 止也陽消當止五之三止下正

䷖ **剝** 落也陽剝落

䷁坤 順也陽入陰中陰順陽

䷎謙 乾上九降居三故謙

䷉履 謙息履坤始履行乾德

䷆師 兵也謙三降坤陽出征陰

䷌同人 夫婦爲同人同人通師震巽爲夫婦同應乾五陽

䷇比 附也師二上之五正位陰皆順從

䷍大有 坤五合乾五離中有陽故大

䷝離 麗也坤二五之乾陰麗於陽牝乾已就

䷜坎 坎日習坎坎陷也習常也乾二五之坤正離陽陷陰中乃得其常

䷂屯 盈也坎二之初成震牝馬行地盈乎地中

䷱鼎 鼎所以執物陽交於離坎而出猶物和水火而成味故通屯出復之卦取象於鼎不取大壯上之初

䷫遘 遇也陰陽相遇

䷠遯 退也陰消至二陽當遯退

䷘无妄 妄亾也上之初乾元復正无所失亾

䷅訟 爭也三之二陽與陰爭明陰盛

䷤家人 女以男爲家初之四陰進而從陽故曰家人陰必居陽之家而後能消之

䷸巽 入也二進之四乾陽入伏陰下

否 閉也。以坤消乾。天地不交。故否。

困 二之上。陰弇陽。陽乃困。

未濟 二之五。六位失正。為否之極。曰未濟者。明將濟也。

漸 進也。三之四。始正位。進而承陽。

咸 感也。三之上。正位乾成乎中。陰感乎陽。

渙 散也。四之二。陽來動陰。陰渙散。

噬嗑 噬齕也。嗑。合也。五之初。陽道盛。噬陰合之。

豐 大也。噬嗑上之三。泰二之四。已合泰成。從者大。

益 否上之初。損上益下。

恆 泰初之四。以泰通否。終則有始。恆久之道。於是著之。

中孚 孚。信也。坎之德。此卦坎在中。故名中孚。兼有遯大壯消息。不以訟四之初為義。

大壯 大。陽也。壯。傷也。四失位。陰得乘之。故傷。

需 待也。養也。四之五自正。方傷當需。養之。

兌 說也。五之三。陽正而見陰。陰所說。

夬 決也。五陽去一陰。決開之。

乾 健也。以陽通陰。行健不息。

豫 怡也。復初之坤。陰得陽而怡豫。

小畜 畜。斂也。豫四之坤初為復。而息六四。陰得畜陽。復陽

小故
小畜

䷬萃
聚也。觀上之四，實豫四息
五陽正位，陰聚而歸之。

䷙大畜
萃五
之復
二成臨，臨上息五，畜臨
陽，臨陽大，故大畜。

䷦蹇
難也。觀上反之，卽萃四反
三也。陽入重坎，始蹇難。

䷥睽
乖也。睽五應蹇五，盡有乾陽，微陰已著，陰陽至
此而分，故睽乖。爻由大壯、无妄取其陰傷陽无
所以非
睽之義。

䷛大過
大過，陽死也。不言死，陽无息，但言過
而已，陽伏巽中。爻由大壯、兌，亦非其
義。

䷚頤
養也。通大過，以陰養陽，天地合，萬物
生，亦不以晉四之初、臨二之上爲義。

䷃蒙
昧也。艮二之三，實頤初
之二，陰陽雜居，故蒙昧。

䷰革
易也。遯上之初，實大過
初之二，故乾已去，巽陰
生，震下，故
革去故也。

右卦名

䷀乾
繼之
者善。

䷁坤
成之
者性。

䷎謙
乾
元

履

師

同人

比

大有

离

坎

屯

鼎

復 陽○出○

臨

遘 遘○復○午○在○乾○初○

遯 臨○遯○在○乾○二○

升　无妄

明夷　訟

解　家人

震　巽（震巽特變）

泰

否（泰否在乾三）

井　困

既濟　未濟

損　漸

歸妹　咸

節　渙

賁　噬嗑

旅　豐

蠱　隨

恆　咸

小過

中孚

大壯　觀　大壯觀在乾四

需　晉

兌　艮

夬　剝　夬剝在乾五

乾

豫　陽入坤

小畜

萃

大畜

蹇

睽

大過 陽死

頤

蒙

革 繼世

右圖原始及終以知死生之說自復至夬以乾推坤謂之窮理自遘至剝以坤變乾謂之盡性性盡理窮返入

於坤極遘生巽故至於命謂天壽不貳脩身以俟之矣

周易虞氏消息卷之一　五月十一日校

周易虞氏消息卷之二　　張惠言學

卦氣用事弟七

說卦曰萬物出乎震震東方也齊乎巽巽東南也離也者明也萬物皆相見南方之卦也坤也者地也萬物皆致養焉兑正秋也乾西北之卦也坎者水也正北方之卦也艮東北之卦也萬物之所成終而所成始也

虞於此注以震初不見東巽不見東南兑不見西故皆不言卦坤地不主一方故不言方離日中正南坎月夜中故正北乾象十五日晨見西北艮在甲癸之閒故東北則此方位與日月成象之列義本相通庖犧作八卦以坎離震兑象四時故正四方乾盈在甲坤虛合癸艮

下弦晦望之中，故位之甲癸之閒，而在東北。雷風相薄，震成入巽，故位巽於東南，以齊震。乾居西北，以就坎十五日月盈西北也；坤居西南，以就离晦朔月合日也。乾就月而居前，坤就日而居後，陽尊陰卑也。是爲八卦布散用事之序。乾鑿度：八卦成列，天地之道立，雷風水火山澤之象定矣。其布散用事也，震生物於東方，位在二月；巽散之於東南，位在四月；离長之於南方，位在五月；坤養之於西南方，位在六月；兑收之於西方，位在八月；乾制之於西北方，位在十月；坎藏之於北方，位在十一月；艮終始之於東北方，位在十二月。八卦之氣終，則四正四維之分明，生長收藏之道備，陰陽之體定，神明之德通而萬物各以其類成矣又曰歲三百六十日而天氣周八卦用事各四十五日方備歲焉故艮漸正月巽漸三月坤漸七月乾漸九月而各以卦之所言爲月也此爲三才八卦用事之氣注每言震春兌秋坎冬离夏及震二月兌八月之等是也

通卦驗候卦氣乾主立冬坎主冬至艮主立春震主春分巽主立夏离主夏至坤主立秋兌主秋分然若以冬至起子四十五日立春而艮受之是艮不得位十二月坤不得位六月也當是八卦各以中爻用事二分二至

初大雪
中冬至
末小寒
初霜降
中立冬
末小雪
初白露
中秋分
末寒露
初大暑
中立秋
末處暑
初芒種
中夏至
末小暑
初清明
中立夏
末小滿
初雨水
中春分
末穀雨
初大寒
中立春
末驚蟄

繫曰變通配四時注云謂十二月消息也泰大壯夬配春乾遘遯配夏否觀剝配秋坤復臨配冬謂十二月消息相變通而周於四時也

又曰寒往則暑來暑往則寒來注云乾爲寒坤爲暑謂陰息陽消從遘至否故寒往暑來也陰詘陽信從復至泰故暑往寒來也

說卦曰數往者順知來者逆注云謂坤消從午至亥上下故順也乾息從子至巳下上故逆也

是爲十二月消息卦乃乾坤十二爻也乾生於子中盡於午坤生於午中盡於子其在經臨至八月有凶復先王以至日閉關是也此其用有三例體乾初即爲復乾

二卽爲臨故大過九二注云陽在二也十二月時周之二月是以九二爲臨也五注云陽在五也朞三月時周之五月是以九五爲朞也此其一例又每兩卦旁通十二爻而周一歲二也臨至于八月有凶者爲遯消臨然則遯受臨故鄭氏云臨自周之二月用事訖其七月至八月而遯卦受之終則有始虞注十二辟卦皆旁通是同此義也又以一日爲一爻三也復七日來復注云乾成坤反出於震而來復消乾六爻爲六日是也

午
夏至
姤
下
坤初
上
乾上
乾
巳
小滿
夬
乾五
辰
清明
大壯
乾四
卯
春分
泰
乾三
寅
驚蟄
臨
乾二
丑
大寒
復
乾初
子
冬至
坤
坤上
亥
小雪
剝
坤五
戌
霜降
觀
坤四
酉
秋分
否
坤三
申
處暑
遯
坤二
未
大暑

繫曰唯神也故不疾而速不行而至注云神謂易也謂日月斗在天日行一度月行十三度從天西轉故不疾而速星寂然不動隨天右周感而遂通故不行而至者也

又曰其出入以度注云日行一度故出入以度

歷家以斗爲陽氣右行正建與日月相合十二次而七十二候出焉乾道復子遘午出震成兌唯斗可見故以日月斗爲易之神也孟長卿卦氣六日七分其義出於此注於損言益正月損七月遘云巽八月井云五月中孚云十一月皆用六日七分

六日七分出易稽覽圖是類謀其傳有孟氏有京氏劉向所謂易家惟京氏爲異則孟氏之傳田何本學也孟

氏章句亾其說僅見於新唐書一行卦議故採其語焉
卦議云十二月卦出於孟氏章句其說易本於氣而後
以人事明之京氏又以卦爻配期坎離震兌其用事自
分至之首皆得八十分日之七十三頤晉井大畜皆五
日十四分餘皆六日七分自乾象歷以降皆因京氏惟
天保歷依易通統軌圖自八十有二節五卦初爻相次
用事及上爻與中氣皆終非京氏本指及七畧所傳案
郎顗所傳皆六日七分不以初爻相次用事齊歷謬矣
京氏減七十分爲四正之侯其說不經欲附會緯文七
日來復而已夫陽道消靜而無迹不過極其正數至七
日而通矣七者陽之正也安在益其小餘合七日而後

雷動地中乎當據孟氏自冬至初中孚用事一月之策、七九八六是爲三十、而卦以地六、候以天五、五六相乘、消息一變、十有二變而歲復初、坎离震兑二十四氣次主一爻、其初則二至二分也、坎以陰包陽、故自北正、微陽動於下、升而未達、極於二月、凝涸之氣消、坎運終焉、春分出於震、始據萬物之元、爲主於内、則羣陰化而從之、極於南正、而豐大之變窮、震功究焉、离以陽包陰、故自南正、微陰生於地下、積而未彰、至於八月、文明之質衰、离運終焉、仲秋陰形於兑、始循萬物之末、爲主於内、羣陰降而承之、極於北正、而天澤之施窮、兑功究焉、故陽七之靜始於坎、陽九之動始於震、陰八之靜始於离、

陰六之動始於兌故四象之變皆兼六爻而中節之應備矣易爻當日十有二中直全卦之初十有二節直全卦之中齊歷又以節在貞氣在悔非是

大衍歷步發斂術

天中之策五餘二百二十一秒三十一秒法七十二地中之策六餘二百六十五秒八十六秒法百二十貞悔之策三餘百三十二秒百三○辰法七百六十○刻法三百四各因中節命之得初候加天中之策得次候又加得末候因中氣命之得公卦用事以地中之策累加之得次卦若以貞悔之策加候卦得十有二節之初外卦用事因四立命之得春木夏火秋金冬水用事以貞

悔之策減季月中氣得土王用事。原注：凡相加減而秒母不齊，當令母互乘子，乃加減之，母相乘爲法。

常氣 月中節 四正卦	初候	次候	末候
	始卦	中卦	終卦
冬至 十一月中 坎初六	蚯蚓結	麋角解	水泉動
	公中孚	辟復	侯屯內
小寒 十二月節 坎九二	鴈北鄉	鵲始巢	野雞始雊
	侯屯外	大夫謙	卿睽
大寒 十二月中 坎六三	雞始乳	鷙鳥厲疾	水澤腹堅
	公升	辟臨	侯小過內
立春 正月節 坎六四	東風解凍	蟄蟲始振	魚上冰

侯小過外　大夫蒙　卿益

雨水正月中坎九五　獺祭魚　鴻鴈來　草木萌動

公漸　辟泰　侯需內

驚蟄二月節坎上六　桃始華　倉庚鳴　鷹化爲鳩

侯需外　大夫隨　卿晉

春分二月中震初九　元鳥至　雷乃發聲　始電

公解　辟大壯　侯豫內

清明三月節震六二　桐始華　田鼠化爲鴽　虹始見

侯豫外　大夫訟　卿蠱

穀雨三月中震六三　萍始生　鳴鳩拂其羽　戴勝降于桑

公革　辟夬　侯旅內

立夏 四月節 震九四 螻蟈鳴 蚯蚓出 王瓜生

侯旅外 大夫師 卿比

小滿 四月中 震六五 苦菜秀 靡草死 小暑至

公小畜 辟乾 侯大有內

芒種 五月節 震上六 螳螂生 鵙始鳴 反舌無聲

侯大有外 大夫家人 卿井

夏至 五月中 离初九 鹿角解 蜩始鳴 半夏生

公咸 辟遘 侯鼎內

小暑 六月節 离六二 溫風至 蟋蟀居壁 鷹乃學習

侯鼎外 大夫豐 卿渙

大暑 六月中 离九三 腐草爲螢 土潤溽暑 大雨時行

公履　辟遯　侯恒內

立秋七月節离九四　涼風至　白露降　寒蟬鳴

侯恒外　大夫節　卿同人

處暑七月中离六五　鷹祭鳥　天地始肅　禾乃登

公損　辟否　侯巽內

白露八月節离上九　鴻鴈來　元鳥歸　羣鳥養羞

侯巽外　大夫萃　卿大畜

秋分八月中兌初九　雷乃收聲　蟄蟲培戶　水始涸

公賁　辟觀　侯歸妹內

寒露九月節兌九二　鴻鴈來賓　爵入大水爲蛤　菊有黃華

侯歸妹外　大夫无妄　卿明夷

霜降九月中兌六三　豺乃祭獸　草木黃落　蟄蟲咸俯

公困　辟剝　侯艮內

立冬十月節兌九四　水始冰　地始凍　野雞入水爲蜄

侯艮外　大夫旣濟　卿噬嗑

小雪十月中兌九五　虹藏不見　天氣上騰地氣下降　閉塞而成冬

公大過　辟坤　侯未濟內

大雪十一月節兌上六　鶡鳥不鳴　虎始交　荔挺生

侯未濟外　大夫蹇　卿頤

各以通法約其月閏衰爲日，中朔術通法三千四十得中氣去經朔日筭，求卦候者各以天地之策累加減之，凡發斂加時各置其小餘，以六爻乘之，如辰法而一，爲半辰之數，

不盡者三約爲分、原注、分滿刻法爲刻、若令滿象積爲刻者卽置不盡之數十之十九而一爲分命辰起子半筭外、

右大衍歷七十二候、依周書時訓與通卦驗異、其二十四氣則三統歷以穀雨爲三月節、清明爲三月中、漢以前歷又以驚蟄爲正月中、雨水爲二月節、時訓亦與大衍歷同者、傳寫誤也

卦氣之序、先儒未始言之、俗士疑其但以卦名爲次、義似淺非也、六十四卦之名、本以陰陽消息之象命之、舉其名則其象其氣自无不應、卦氣之候、雖不依消息卦次、而以消言消、以息言息、各從其氣、故比其名而氣應、別詳虞氏易候揚子雲作太元、以中準中孚、以周準復、以礥閑

準屯少準謙戾準睽則知卦氣精義卽在卦名學者知卦之所以名則无疑於其義矣如序卦亦只用卦名相次韓康伯以爲非易之精不知名生於象象生於氣此正易之精也故卦氣以候日序卦以貞歲吉凶各以其類應後世如先天後天圖整設而排比之自謂整齊自然不知於消息已顛倒謬盭豈有名不相次而義通者哉故風雨寒溫驗於此而不驗於彼也

莊侍郎存與云自中孚迄井陽爻八十九陰爻九十一共一百八十當半歲實其在晉以前陽爻三十八解以後陽爻五十一歷日在春分前則少在春分後則多之象也自咸迄頤陽爻九十一陰爻八十九共一百八十當

半歲實其在大畜以前陽爻五十四賁以後陽爻三十七歷日在秋分前則多在秋分後則少之象也陽爻多則陰爻少象行度之縮焉陽爻少則陰爻多象行度之盈焉自解迄大畜陽爻一百有五陰爻七十五晝永而夜短也自賁迄晉陽爻七十五陰爻一百有五晝短而夜永也二至相距陰爻陽爻不正九十而多一少一者何也曰吾以是知歲實之有消長也此言定朔亦出於卦氣也略附一隅世有精於歷法者自能通之

乾元用九第八

繫曰聖人有以見天下之動而觀其會通以行其典禮繫辭焉以斷其吉凶是故謂之爻注云重言聖人謂文王也動

謂六爻矣、

又曰天下之動貞夫一者也注云一、謂乾元、

又曰爻也者言乎變者也注云謂九六變化、 吉凶者言乎其失得也注云得正言吉、失位言凶也、 悔吝者言乎其小疵也无咎者善補過也注云失位爲咎、悔變而之正、故善補過、

又曰天下何思何慮、注云易无思也、既濟定、六位得正、故何思何慮、

說卦曰神也者妙萬物而爲言者也故水火相逮、雷風不相悖、山澤通氣、然後能變化既成萬物也注云謂乾變而坤化、乾道變化、各正性命、成既濟定、故既成萬物矣、

繫曰上下无常剛柔相易 其出入以度外內使知懼注云

出陽知生入陰懼死

又曰亦要存亾句吉凶則居可知矣注云謂知存知亾要終

者也居乾吉則存居坤凶則亾故曰居可知矣

又曰吉凶以情遷注云乾吉坤凶六爻發揮旁通情也故以

情遷

乾坤立位一陰一陽自成三才非爲兩象消息至泰二

五合坎离成既濟卦焉六爻皆正乃反乎乾坤之元文

王推爻陰陽之位乾變坤化使之各正性命六十四卦

之爻皆就乾坤六位之正故曰同歸而殊途一致而百

慮天下何思何慮然不可云變成三才又不可云變成

太極故假既濟之卦以爲名也既濟坎离之象也九六者坎离之數也乾變坤化皆以坎离爲用故曰用九用六繫注云乾六爻二四上非正坤六爻初三五非正是謂雜物此知卦位皆當成既濟也其在消卦德不備或消息中陰陽未成乃爲別例如坤之成觀師之成比之等是也經注詳之九六二用卽說卦之所謂神乾鑿度曰物感以動類相應也易氣從下生初以四二以五三以上此之謂應故乾坤之神運乎六子初四則震巽也二五則坎离三上則艮兑乾主初三五坤貞二四上乾二坤五相易是謂水火相逮乾四坤初相易是謂雷風不相悖乾上坤三相易是謂山澤通氣故神之變化既成萬

物則上下无常剛柔相易是也然陰陽雖分用九六皆一以乾元摩蕩故曰天下之動貞夫一乾元用九而天下治故聖人必觀其會通以行其典禮是故謂之爻爻者效也效乾元者也會合也謂乾坤交通旁通謂以乾亨坤典禮謂三百八十四爻法日行一度出乾入坤則出入以度既有典常是也皆謂消息之次也有會有通典禮行出陽入陰生死分爲所謂存亾者也存亾之道與六位相權自六位言得正言吉失位言凶自存亾言陽生爲吉陰殺爲凶故陽息吉也陰得位則麗陽出陽知生陰之吉皆陽也陰消凶也陽失位則傾而入陰入陰懼死陽之凶皆陰也故曰要存亾則吉凶之居可知

吉凶以情遷者此也是以明消息之理而後可以言變化之道

元弟九

卦辭言元亨利貞者七　乾元亨利貞　坤元亨利牝馬之貞　臨元亨利貞至于八月有凶　隨元亨利貞无咎

屯元亨利貞勿用有攸往　无妄元亨利貞其匪正有眚不利有攸往　革元亨利貞悔亡

右臨隨屯息卦无妄革消卦

卦辭言元者六　升元亨　損有孚元吉无咎　蠱元亨比原筮元永貞　大有元亨　鼎元吉亨

右皆息卦

爻辭言元者十四　復初九元吉　泰六五以祉元吉　損六五元吉　井上六元吉　坤六五黃裳元吉　履上九其旋元吉　離六二黃離元吉　訟九五訟元吉　渙六四元吉　益初九元吉无咎　九五勿問元吉　萃九五元永貞　大畜六四元吉　睽九四遇元夫交孚

右消息卦各七爻

復初九元吉所謂陽出變化云爲吉事有祥者也不言於卦而言於爻復小陽潛其辯物在初也至臨則大矣動而成乾故臨元亨利貞也言三正則乾其德在浸長故至于八月有凶戒其消也升息卦之始交也自臨而來又有臨象二升坤五故卦辭元亨明乾道之變化也易曰君子慎始此之謂也正升之元則明夷解以下統之矣泰泰否反類故泰不言元亨利貞亦其德已備於臨互明之也六五元吉明泰五體乾五所以之二而定既濟也井泰將成既濟也於上六既濟成而言元吉明泰之保合乾元在既濟也損衰之始也繫元於卦明持泰

之道也六五既濟定又繫之元吉明既濟正不可損也井之上言之損之五言之則既濟不言備之矣泰當之否蠱乾坤爻繫之日元亨明天道也隨通蠱仍反泰終則有始隨時之義乾道莫著於此故元亨利貞也曰无告明其善存乎悔也自觀至剝陽消元无焉坤元亨凝乾也利牝馬之貞利出震也凝乾在五故六五黃裳元吉乾上九之謙乾魂歸以生元履通謙至上交三而爲一微故上九其旋元吉也比大有乾五正而通坤三微而著比曰原筮元永貞言師同人震巽相通貞於五而乾元凝也大有元亨乾性復也比言原筮故師同人不言備之矣坎离乾坤之合乾歸魂於离离二坤正以麗

乾所謂坤凝乾元者在此离二即坤五故六二黃离元吉也乾元合於离坎而出於屯鼎屯元亨利貞元黃成乾道備未出震故勿用有攸往也鼎應屯乾五故元吉亨則與復初同義矣此息卦十卦七爻之義也消卦始於遘成於遯消不可成也故遯上之初爲无妄乾復正於上震復正於下繫曰元亨利貞明乾元消道也其辭危故曰其匪正有眚也遯消在二三之二救之爲訟九五獨正位辭曰元吉明救遯在正乾元之道也否反泰在益渙體益益之始也六四元吉否泰交故元在四也益初乾反下體復五乾正上成既濟息道備焉故二爻皆元吉隨蠱皆言元恆不與益同者恆反泰道著可以

不言也故曰幾者動之微吉之先見則聖人明之自大壯至夬息卦著无元焉入於乾以大終也豫小畜猶息卦之謙履也履言元而小畜不言者所畜者小坤元未凝也萃大畜猶師同人也履已言故師同人可以不言小畜未言元故萃九五元永貞與比之元永貞同義謂豫小畜震巽相通而貞五也大畜六四元吉以承五而言不於五而於四者以陰凝陽四正位也蹇睽猶比大有也睽九四曰遇元夫元夫謂初震初震本復故曰元蹇不言者義无取於蹇其三即萃五元也大過頤陽老非坎离正體故不言元革去故陰將出巽乾革坤成故革元亨利貞悔亾明坤與乾同元也不可於遘言之故

言革也此消卦二卦七爻之義

中弟十

文言曰乾九三重剛而不中注云位非二五故不中也

此以二五爲中上下經卦爻皆同義

繫曰若夫雜物撰德辯是與非則非其中句爻不備注云中正乾六爻二四上非正坤六爻初三五非正故雜物句因而重之爻在其中故非其中則爻辭不備道有變動故曰爻也

此以正位爲中繫辭皆同此義

復六四中行獨復注云中謂初震爲行四得正應初故曰中行獨復以從道也俗說以四位在五陰之中而獨應復非

也四在外體又非內象不在二五何得稱中行耳
益六三有孚中行告公用圭注云公謂三伏陽也三動體坎
故有孚震爲中行爲告位在中故曰中行　六四中行告
公從注云中行謂震位在中震爲行爲從故曰中行公謂
三三上失位四利三之正故曰告公從矣
解无所往其來復吉彖曰乃得中也注云謂四本從初之四
解臨初之四失位於外而无所應故无所往宜來反初復得正
位故其來復吉也二往之五四來之初成屯體復象故稱
來復吉矣
漸彖曰其位剛得中也注云三在外體之中故稱得中文言
曰中不在人謂三也

此以復初爲中也。益初九注云：體復初得正，三四中行注謂震，其爲復初可知。注必兩言位在中者，中謂內，復初幽隱，故在內。明非初，雖體復，不得稱中行也。故復四注云：四在外體，又非內象，對初而言。非以內卦得稱中也。漸注云：外體之中，卽引乾三中不在人。明漸三體乾三，乃爲中。乾三終日乾乾，反復道，卽是復初，唯漸三行權定旣濟，體乾三之德，故特明之曰剛得中，旣自三爲復初，則中得云外體之中也。

乾元者，太極，極中也。故復初爲中。中庸曰：中者天下之大本也。董子以二至爲天之中，復乾元二分爲天之和，遘坤元皆是也。乾元變化，各正性命，故正位爲中。繫曰：六爻之動三極之道也謂三才皆得其中保合乾元也二五乾坤中氣也故乾以二五摩坤坤以二五摩乾乾坤所以變化在乎二五故爻位爲中然彖象所以謂之中者皆謂其有中德能正己正人故乾二稱中謂其變而利見也坤五黄中謂其變而正位也蒙二時中謂其通五養正也故中者乾元也

權弟十一

家人上九有孚威如終吉象曰威如之吉反身之謂也注云謂三已變與上易位成坎坎爲孚乾爲威如三動坤爲身上之三成既濟定故反身之謂此家道正正家而天下定矣

漸彖曰進以正可以正邦也其位剛得中也注云謂初已變爲家人四進已正而上不正三動成坤爲邦上來反三故進以正可以正邦　上九注云謂三變受句成既濟與家人彖同義象曰進以正邦爲此爻發也三已得位又變受上權也孔子曰可與適道未可與權宜无怪焉

家人遯消卦也次訟陽不克訟陰居陽家消道成矣消卦不成既濟以其不能正也九三體乾三以乾元濟遯故權變受上則既濟成繫曰巽以行權家人者巽之所由成而體巽三在巽下又乾陽入伏巽初之象故可與權凡卦不成既濟者多爲家人成家人則統乎九三之權也漸否爲泰之始也君子行權之時故又發此義既

成家人然後變受則亦家人之德也其在遯三消成否四之初成家人上來之三既濟定其在鼎三變未濟則初四二五變正上體家人皆是家人之權故知權變統乎家人九三六十四卦中可以例求矣然家人三體乾三剛得中不於家人言之而於漸者家人不能止遯漸能反否於其盛者也

反卦弟十二

觀注云觀反臨也　二爻注云臨兌爲女兌女反成巽

明夷注云臨二之三而反晉也

漸女歸吉注云反成歸妹兌女歸吉

繫曰君子安其身而後動注云謂反損成益

序卦注云咸反成恆。

反卦與旁通表裏。此序卦消息也。序卦注闕，其義不詳。

今畧依虞例次而說之。

䷀䷁ 乾坤旁通

䷂䷃ 屯蒙反　乾交坤，出震爲屯，故曰萬物之始生也。屯反成蒙，坤凝乾成性，震動而止，地上艮爲少，故曰物之穉。

䷄䷅ 需訟反　需即謂大壯遯也。大壯通坤，所以養就乾元。需坎水流兌口，蒙頤中无物，故需養之爲飲食之道。然大壯陽傷之，需傷陰，陰陽相傷，故消遯而反成訟。

䷆䷇ 師比反　遯消至二，乾二入於坤而通陰，坤爲眾，震爲起，故訟有眾起，反成比，二升正五，五陰比之也。

䷈䷉ 小畜履反　陰比陽則畜陽，故曰比必有所畜。豫四比五，皆復初也。復小陽潛，故小畜反成履。天正乎上，兌卑乎下，陽畜乎陰則尊，故曰物畜然後有禮。

䷊䷋ 泰否反亦旁通　坤闔成乾，則息交泰。巽入坤安，故履然後安也。泰否反類。

䷌䷍同人大有反 否乾消師二爲復息同人乾坤通故曰物不可
以終否也反成大有比五之息乾有於坤五陽
應陰乾爲人爲物故曰
與人同者物必歸焉

䷎䷏謙豫反 謙坤同於乾乾元復歸
謙豫其象也大有五
動則乾盈盈將入坤乾元不居五而居三故曰有大有
不可以盈謙反成豫體復初通陰陰皆怡豫故曰有大
而能謙
必豫

䷐䷑隨蠱反亦旁通 此泰否旁通卦也謙乾元正
又將息泰故以隨蠱況泰也
隨陰隨陽否家之卦豫爲陰元故曰豫必有隨隨反成
蠱隨又通之否爲泰治事也故曰以喜隨人者必有事

䷒䷓臨觀反 臨泰之前則臨者以陰隨陽之道也故曰有
事然後可大可大則盈泰也泰反否消觀本
由臨大雖消猶
中正以觀天下

䷔䷕噬嗑賁反 此否泰相反卦也噬嗑否來陽噬陰合之所以
救消陽觀陰欲合之故曰可觀而後有所合賁
泰來剛柔相文故曰物不可以
苟合然致飾之道泰所以消也

䷖䷗剝復反 賁與噬嗑否坤
泰相尋乾
之美盡故曰亨則盡矣故消剝入坤也復反於下乾元
終始此先剝後復以乾出於屯而窮於剝復者彖繼世

䷘䷙无妄大畜反 元无亾自遯消而始正乾元至剝盡而入坤出
更本復元也本由遯消乾復正上震復生下乾

復即此也。未出不可見。由其復知其无亡。故曰復則不
妄矣。无妄反爲大畜。明无妄之畜於坤中。乃以出復也
故有无妄物䷚頤旁通。頤乾牝於坤。故曰物畜然後
然後可畜䷛大過旁通。可養大過乾死。故注云人頤
不動則䷜坎旁通。謂乾坤二五合乾有盡而无息也
死也䷝離旁通。陷於陰中而陰麗之。即謂頤牝乾
也。所以剝之反即復

右上經明天道。言乾坤也。屯蒙爲始。坎離爲終。原始及
終之道備矣。出於屯蒙。養於大壯而遯。消通於師比。成
於泰。而否。消息於同人大有。大於臨。而觀
消。往來於噬嗑賁。而剝。消正於无妄。合於坎離。復出焉
故自乾而遯而否而觀而剝。爲消之次。數往者順。自坎
離而復而臨而泰而大壯而乾。爲息之次。知來者逆。不
言支遘者。遘坤生。不言於乾元也。大壯遯不正。言者惡
以陽避
陰也

䷋有天地。注云䷊然後有萬物。注云謂否反成泰。天
天地否也。地壹壺。萬物化醇。故有萬物也
有萬物然後有男女。注云謂泰已有否。否上䷞有男女然
之三反正成咸。咸艮爲男。兌爲女。故有男女。後有夫婦

注云、咸反成恆、震爲夫、巽爲婦、故有夫婦也、

䷠

有夫婦然後有父子、注云、謂咸上復乾成遯、乾爲父、艮爲子、故有父子、

䷋

有父子然後有君臣、有君臣然後有上下、有上下然後禮義有所錯、注云、謂遯三復坤成否、乾爲君、坤爲臣、故有君臣也、乾君尊上、坤臣卑下、天尊地卑、故有上下也、天君父夫、象尊錯上、地婦臣子、禮卑錯下、坤地道、妻道、臣道、故禮義有所錯者也、

䷞䷟ 咸　恆　反

禮義起於否也、咸男女、反恆夫婦、由泰通也、自少而長、故不可不久也、

䷠䷡ 遯　大壯　反

遯否前卦也、咸上在恆、巽爲入處、復乾成遯、震行居艮山、故曰不可以終久於其所、否反泰而復息大壯、遯而復息、故曰不可以終遯、

䷢䷣ 晉　明夷　反

大壯爲陰所傷、傷則消入觀、觀四進五、以陰麗陽、消道時止、故曰物不可以終壯、晉反成明夷、坤亂於上、臨二之三、傷於陰、進有所傷、

䷤䷥ 家人　睽　反

晉二麗五、退反居下成家人、故曰傷於外者必反其家、家人自遯來、消卦也、消時故家道窮、反成睽、睽通蹇、息乾元、

䷦䷧ 蹇　解　反

蹇三乾元、泰三也、睽旁通蹇、陰陽乖而三入坎、故有難、反成解、解臨生也、則息泰、

䷨䷩ 損　益　反

損益衰盛之始也、解息泰、泰生損、反否、故曰緩必有所失、否生益、又反泰、故曰損而不已必益

夬遘反否反泰則浸陰故益而不已必浸陰入乾出而遇陽成遘天地相遇品物咸章故曰浸必

有所遇

萃升反萃五乾元所以通陰也以陽聚陰故曰相遇而後聚乾元正則又息故反成升

升則上而成泰故曰聚而上者謂之升

困井反困井既濟未濟之前卦也升息泰泰反而否否成困則未濟否之極也極則反泰泰成井則既濟

泰之極也由升至困歷泰否故曰升而不已必困困時五困於上成井反於二爲寒泉故曰困乎上者必反下

革鼎反革鼎皆乾元也否泰相尋極於既濟是謂一終乾元易世故曰井道不可不革鼎所以孰

物故曰革物者莫若鼎新震出於故乾時當之否故先革而後鼎

震艮反乾老震生象長子震

則泰矣反否消觀而成艮陽止於上故曰物不可以終動

漸歸妹反否三進之四所以反泰反成歸泰三之四陽歸於陰又反否

豐旅反否至噬嗑

泰來變豐否又反泰陽來合陰故陰得所歸而大泰至賁否來變旅泰又反否陽道之極故曰窮大乾寄於坤

故无所容

巽兌反巽否之前兌泰之後陽寄陰則消入巽成否否反浸陰成兌又過乎泰也

䷺渙節反否將泰成渙陽自四之二入陰散之故曰說而後散之既泰將否成節泰三之五陽自節止陰猶歸陽故曰物不可以終離所以持泰

䷼䷽中孚小過旁通否消至息其卦中孚節上復乾坎形乎中故曰節而信之泰息至消其卦小過中孚下體臨小過行臨而消於坤故五過故曰有其信者必行之

䷾既濟未濟反由臨之觀必歷既濟故曰有過物者必濟物謂泰乾坤也既濟窮矣反成未濟漸生於下歸乎中孚又以反泰終則有始故終焉

右下經明人事言泰否也始乎咸恆通乎既未濟泰否往來之義備矣否感於咸往來於遯大壯正乾元於蹇元於萃而升息泰困窮未濟井終既濟而泰運極正乾元於革鼎而震復生消於艮泰不定矣漸歸妹互正消巽入否而出兌已過乎泰矣渙節承漸歸妹者也中孚小過消息也既未濟其成也言不正泰者既濟不可終也故咸恆爲始困井爲交既未濟爲終自咸恆而損則困未濟也困則漸漸則豐豐則渙渙則中孚中孚則既濟矣是爲否反成泰自咸恆而益益則井既濟也井而歸妹歸妹則旅旅則節節則小過小過則未濟矣是

爲泰已又否

兩象易弟十三

繫曰上古穴居而野處後世聖人易之以宮室上棟下宇以待風雨蓋取諸大壯注云无妄兩象易也　古之葬者厚衣之以薪葬之中野不封不樹喪期无數後世聖人易之以棺槨蓋取諸大過注云中孚上下易象也　上古結繩而治後世聖人易之以書契百官以治萬民以察蓋取諸夬注云履上下象易也又云此三蓋取直兩象上下相易故俱言易之

此兩象易唯三事蓋非易之消息聖人偶取之耳易含萬象非可執一論也

繫辭引爻弟十四

上繫引七爻：中孚二、同人五、大過初、謙三、乾上、節初、解三。下繫引十一爻：咸四、困三、解上、噬嗑初及上、否五、鼎四、豫二、復初、損三、益上。

注於上繫說解三云否上之二成困三暴慢以陰乘陽二變入宮爲萃五之二奪之成解下繫注困三云困本咸咸三入宮以陽之陰則二制坤故以次咸注損三云謂泰上也先說否否反成泰故不說泰注益上云謂反損成益以例求之則此十一爻自爲消息相次明矣七爻首中孚復前六日七分卦也十一爻首咸遘前六日七分卦也解本臨息卦注別取困來象則以爲否屬也

節泰屬也損益否泰也則上下繫皆終於泰否中孚乾初注君子謂初也同人震巽同心以應乾復之所以息也復初有伏巽藉乾則息遇乾則消故次大過初謙三成終陽之成也乾上亢盈乾之傾也泰將消節初愼密不出故能反屯困二入宮所以解否亦此義也皆愼樞機之動天地咸初龍蛇俱蟄感陽則吉感陰則凶動於遘而陰消否成矣三所以入宮而爲困及五解否三乃出而射隼以救否也否初易懲其終難解始於遘初成於否三噬嗑乾五之救否也故言其初上而次舉否五自否反泰正乾元與剝復同鼎復消息之卦也五爻吉而四獨凶以明雖有其時非其人不濟也豫四知幾則反復初

泰然後成焉說損則泰可知也泰以損反否否以益反

泰皆陽吉陰凶窮神知化之義

歸奇象閏第十五

繫曰歸奇於扐以象閏注云奇所掛一策扐所揲之餘不一則二不三則四也取奇以歸扐扐并合掛左手之小指爲一扐則以閏月定四時成歲故歸奇於扐以象閏者也五歲再閏故再扐而後掛注云謂已一扐復分掛如初揲之歸奇於初扐并掛左手次小指閒爲再扐則再閏也又分扐（此扐字當爲掛）揲之如初而掛左手第三指閒成一變則布掛之一爻謂已二扐又加一爲三并重合前二扐爲五歲故五歲再閏再扐而後掛此參五以變據此爲三扐不言

三閏者閏歲餘十日五歲閏六十日盡矣後扐閏餘分不得言三扐二閏故從言再扐而後掛者也

李鼎祚集解經注文如此案再扐而後掛釋文云京作卦云再扐而後布卦今虞云成一變則布掛之一爻於文不辭與京氏布卦之文實合則知虞氏本掛亦爲卦後人傳寫誤從他本作掛幷其注文改之耳乾鑿度亦云再扐而後卦說文引易亦作卦蓋古本實然布卦之一爻者七八九六也乾鑿度曰歷以三百六十五日四分度之一爲一歲易以三百六十析策字同當朞之月此律歷數也五歲再閏故再扐而後卦以應律歷之數論掛扐者當求端於歷而後其義可明日行三百六十日而盈五日四分度之一月行

三百六十日而虛五日八十一分日之五十五積盈虛氣餘而閏生焉故注云閏餘歲十日以爲率也易坎离之數三十月行之日數也揲四象月行揲之餘月之餘分也掛一以象三三者人道人道乾陽於天象日君象日是也故以掛一象日之餘分古法歸餘於終四時終乃計餘餘分盈則置閏分二之策象陰陽左右揲之象寒暑往來畢揲象四時成總其所餘掛之指間象一歲成而筭餘冬至大小餘也是之謂扐後儒以左右爲二扐象二歲者非矣既得月餘乃取日餘合積之而置閏在歲之終故既扐而後歸奇則乃象閏後儒以奇卽爲扐者非矣已一扐一閏復掛一以起日餘再扐則二歲矣一閏之餘

前分未足故不復起分并合前扐以象又歷一歲而乃歸奇則三歲再閏矣歷法起天元三歲一閏五歲再閏今一歲而起閏則前積二歲之分再閏之後當以餘分歸之後閏故重掛一以起日分三扐爲四歲并合前扐爲五歲而不歸奇象閏餘之後分注云五歲閏六十則日盡矣通率計之一變成扐本三重合之爲五三扐而歸奇二亦爲五故曰此參五以變謂以三爲五也惠徵士解以爲參其五非是然則每扐則別起一掛歸奇常在扐合之後此其法也後儒乃以爲虞氏之法三扐唯一掛而三歸奇其誣甚矣

扐之訓爲餘通作仂王制曰祭用數之仂喪用三年之仂同義也其字从手故知掛於指閒初掛左手小指次

扐并合初扐掛左手次小指閒三扐并合前二扐掛左手弟三指閒注於再扐云歸奇於初扐蓋因再揲之餘并合初扐故云初扐則并合見非歸奇在并合之前也若先歸奇而并合前扐則閏在二歲矣此蓋揲餘卽各掛其處合者以前扐來并之耳若掛一則當在右手惠徵士以爲於右手之中掛其一於左手小指謂爲虞義今謂虞云扐并歸奇掛左手小指若掛一本在其處則是歸扐於奇非歸奇於扐矣以義涖之掛一者當於左手之中取其一掛於右手小指左象陽也掛一象日餘分義則益明

占弟十六

繫曰君子所居而安者易之象也注云象謂乾二之坤成坎月离日日月爲象　所變而玩者爻之辭也注云謂乾五

之坤坤五動則觀其變　是故君子居則觀其象而翫其辭動則觀其變而翫其占注云謂觀爻動也以動者尚其變占事知來故翫其占　是以自天右之吉无不利注云謂乾五變之坤成大有有天地日月之象文王則庖犧亦與天地合德日月合明天道助順人道助信履信思順故自天右之吉无不利也

此觀大有上九爻辭其言爻動凡有三例云乾二之坤爲坎月离日者消息之次師二上之坤五爲坎成比師二則乾二也比五之坤初爲復上息通坎爲离是爲大有是坎月离日皆乾二所爲此爲觀象翫辭之法又云乾五之坤坤五動者亦謂乾五之坤成比坤五之乾成

大有以通比直以當爻消息故不云乾二而云乾五其實一也此爲坤五之乾由乾五先之坤故通二卦視其消息爲觀變翫占之法又云乾五變之坤者謂比五變之坤初爲復上息成离有天地日月之象義亦同特就一爻言之耳此乾之坤非乾之大有何者大有亨比上九具全卦之義彖所云其德剛健而文明應乎天而時行正是自天右之吉无不利故觀象以上九爲占也若乾之大有則不得爲坤五動天地日月之象不備義主六五爲大人失位不得用上九辭占蓋大有之象及比之大有比之復若比之坤皆得占此象

三國志曰關羽既敗權使翻筮之得兑上坎下節五爻

變之臨翻曰不出二日必當斷頭果如翻言權曰卿不及伏羲可與東方朔爲比矣蓋臨二陽之卦節從泰來三陽之卦五正乾位折入坤中是乾滅也乾爲武人爲首入坤爲殺故曰斷頭坤數二故二日

五月十二日點畢

周易虞氏消息卷之二

周易虞氏義後序

右周易虞氏義九卷虞氏消息二卷武進張臯文先生著先生初爲鄭氏禮學於歙金脩撰榜既復學易乃博求衆家易說於唐李鼎祚周易集解中得虞氏仲翔注善之潛心探索三年乃通其要領成虞氏消息又章解句釋成虞氏義壬戌春善赴禮部試侍先生於京邸講席先生授以最後定本未幾善赴河南距數月而先生歿今兵部侍郎浙江巡撫儀徵阮公先生座主也將刊先生遺書適善自河南旋里公索先生書於善爲序其虞氏義幷消息命善校刊乃與先生之甥武進董君士錫及武進李君兆洛劉君逢祿參校始於癸亥春二月及九月而工竣其書原例則經文皆依李氏陸氏本

閒有從衆家者如師貞丈人作師貞大人履不咥人亨無利貞二字之類亦有依注改者如輿說腹作車說腹戚差若作戚嗟若之類以有釋文及注可證不著所出從簡也注文或分象入卦辭如需利涉大川注比不寧方來後夫凶注之類或分象入爻辭如屯六四求婚媾往吉无不利注泰初九九二注之類省讀也宋人易說所引如漢上易所引虎眎眈眈注林至德禪傳外篇所引六爻之動注之類概置不錄傳信也近時易說於惠氏棟外附載江承之說承之爲先生弟子早卒先生輯其遺學因採其說於書同善也繫辭分章有師說可考者大書無可考而以文義分者細書謙也音義有讀爲讀如而無反切依經注立義也注文隱奥者句讀之鐂脫者補之譌謬者正之葢古人爲學非苟爲稱述而已必會通其條例糾正其譌脫信之至亦好之至也至虞學宗恉先生之序盡之序

曰翻之言易以陰陽消息依物取類暢茂條理遂於大道由是言之君子之參消息也爲明道也彖三言消息陽息於臨而卽戒其消思患豫防之道備陰消於剝而因知其息硏幾存義之道備至明動成豐而已伏艮食之機則安不忘危存不忘亾其憂深其思遠矣夫君子明憂患與故與時偕行而無須臾離道此所以能正性命而保太和也然非虞氏無以知消息之指非先生亦無以知虞氏之指虞氏指明而四聖人以易傳道之功益顯於後世先生諱惠言嘉慶己未進士終翰林院編脩所著又有虞氏易禮二卷虞氏易事二卷虞氏易候一卷周易鄭荀義三卷鄭氏易注一卷荀氏九家易注一卷易義別錄十七卷易緯略義三卷易圖條辯一卷儀

禮圖十八卷雜記一卷墨子經解一卷握奇經正義一卷青囊天玉通解五卷說文諧聲譜二十卷文集四卷詞一卷七十家賦鈔六卷皆未刻虞氏易言太元述虞皆未成其已刻者唯詞選二卷嘉慶八年九月癸巳朔門人仁和陳善謹識

張氏易説後序

凡先生所著易説周易虞氏義九卷周易虞氏消息二卷虞氏易禮二卷虞氏易事二卷虞氏易候一卷虞氏易言二卷周易鄭荀義三卷周易鄭氏注一卷周易荀氏九家注一卷易義别錄十七卷易緯略義三卷易圖條辯一卷其自序虞氏義消息曰自魏王弼以虚空之言解易而漢儒之説微其後古書亾而漢魏師説略可見者十餘家然唯鄭荀虞氏三家略有梗槩可指説而虞又較備又曰虞翻之言易以陰陽消息六爻發揮旁通升降上下歸於乾元用九而天下治依物取類遂於大道其序易禮曰記曰夫禮必本於太一分而爲天地轉而爲陰陽其降曰命故知易者禮象也竊嘗論之

易曰君子尚消息盈虛天行也又曰乾道變化各正性命保合大和乃利貞蓋天之道主陽獨陽不能生故易一陰一陽以窮消息之變變而皆陽人之道主治盈治不可久故易一治一亂以寓世運之變變而皆治治亂相尋天道也復遘是也以治救亂人道也否泰是也元亨利貞者消息貞變之用而聖人之所以治天下也古之君子其自命皆有以天下爲任之心其爲學皆有以禮樂爲治之志雖漢之儒師若董仲舒伏生京房毛公鄭康成何休荀爽虞翻之徒或耑治一經旁袪他說意亦欲明其所學周公仲尼之道以措諸天下故往往詁訓不備則著以己意博取典禮張而翼之六經皆然豈獨易哉先生初學爲詞賦古文既成以爲空言未足以明

道乃進求諸六經取漢諸儒傳注讀之尤善鄭氏禮盡求鄭氏書得其易注善其以易說禮而其注殘闕不備乃更求諸易家言於唐李鼎祚周易集解得所引虞氏注文稍完具遂深思天人之際性命之理求其義例三年乃通述虞氏義虞氏消息又推衍其義依象比事述易禮易事易候易言又旁及漢魏諸儒說究其根柢辭而闡之述鄭荀義別錄又通論緯書之得失後儒之蔽僞述易緯略義易圖條辯凡四十四卷非苟爲其多也葢不通乎天道則禮樂法度猶器也習之而不可以損益也不明乎人事則日月寒暑之數猶術也知之而不可以守執也先生既思著書以致天下之用而又以爲天人之道莫備於易故其言禮雖僅稱述周制發明文王

所以變禮改法之意而百王不易之道皆已由此而可以推說然則後之有志於古者當必於是有所取法又無疑也先生入翰林四年而以疫卒其舉進士座主中丞阮公悲先生之身不獲行其所學徵其遺書將刊木而傳之先生固不藉汲汲以傳其書然可以使天下皆知先生之學也故序其後俾讀者知其指焉先生姓張氏諱惠言武進人翰林院編脩序其書者其甥董士錫嘗受易於先生者也